JN439563

커피 한 잔의 풍경

– 영 · 독 · 불 문예기행

전 규 태 지음

신아출판사

■ 책 · 머 · 리 · 에

유럽에 대해 우리들은 어떠한 이미지를 지니고 있는 것일까. 그리고 유럽 여행에 매료되는 까닭은 무엇일까? 유럽은 갑오개혁 이후 우리 근대화의 모델이었고, 현대 예술의 원천이기도 하다. 특히 영국, 독일, 프랑스 등은 산업, 과학, 예술 등에 있어 지대한 영향을 우리에게 끼쳐 왔다.

나는 우선 유럽 문화의 정화(精華)로 알려진 나라들을 되도록이면 많은 고장을 두루 다니면서 예술가 특히 문인들의 애환(哀歡)과 입김과 사연이 서린 유서깊은 현장들을 애써 찾아 보았고, 마치 새삼스레 연애를 하는 기분으로 이들 나라에 매료되기도 했다.

일찍이 책이나 영화 등을 통해 익히 보아왔던 고장을 찾아 보는 경이로움, 그곳에서 뜻하지 않았던 인물과의 관련을 발견하는 즐거움을 얻게도 되는 여행길, 물론 옛 모습을 간직한 곳도 있고, 많이 변해버린 고장도 있긴 하지만, 그래도 이상한 깊은 감개를 안겨준다.

내가 이처럼 명작의 고향을 70년대초부터 최근까지 많이 찾아왔던 까닭은 보봐르가 말했듯이 그 나라의 예술가 특히 문학을 통해서 이해하는 것이 첩경이라고 생각되었기 때문이다.

프랑스를 여행하면 그 누구나 이 고장이 예향(藝鄕)임을 실감하게 되며 또한 이 나라의 독특한 품격이 한껏 매료되고야 말 것이다. 프랑스의 어디를 가보아도 나그네의 눈을 어리둥절하게 하는 예술적인 건축물과 기념물들이 즐비해 있어 찬연했던 역사와 문화의 앙금을 피부로 느낄 수 있다.

하지만 결코 그것만이 프랑스의 품격은 아닐 것이다. 프랑스 사람들의 일상 생활 속에 살아 있는 문화, 봉상스(bon sense)가 통하는 흐뭇한 삶, 어떻게 하면 유익한 시간을 보낼 수 있고 또 어떻게 하면 무위(無爲)하지 않게 지낼 수 있는가를 아는 지혜, 충족감을 갖게 하는 프랑스 사람들의 삶 속에서 나그네는 누구나 많은 것을 배워 가지고 돌아올 수 있을 것이다.

유럽에 가는 여행객이라면 누구나 독일에 들리게 된다. 왜냐하면 독일은 유럽의 중심부에 위치하고 있기 때문이다. 우리나라의 유럽행 항공기중 프랑크푸르트 왕복편이 비교적 많은 편이어서 이 도시가 우리에겐 유럽 현관구실을 하고 사통팔달 교통편도 편리하다.

한때 우리와 마찬가지로 분단 국가였기 때문에 통일을 열망하는 우리로서는 이 나라가 큰 관심거리이기도 하다. '라인강의 기적' 을 낳은 나라, 독일의 경제는 왜 그다지도 강력한 토대 위에 서 있는 것일까, 경제만이 아니다. 괴테, 베토벤 등 천재 예술가를 가장 많이 낳은 독일인의 예술적 창조력에 감명을 받게 되고 또 그들의 고향을 찾으면서 우리는 근대화 과정에서 독일의 과학과 의학기술, 음악과 문학 등을 이 나라를 통해 많이 전수 받아왔기 때문에 남다른 친밀감을 느끼게 한다.

일찍이 '유니온 젝(영국 국기)' 이 세계에서 해질 날이 없었던 영국은 지금도 그들의 언어가 세계를 지배하고 있다. 자본주의의 선진국이고 축구, 럭비(야구의 전신) 등 각종 스포츠의 원조이기도 하고 브리티쉬 록크의 메카이기도 한 영국은 아름다운 자연과 어우러져 오랜 역사를 지녔고 전통을 존중하는 '신사의 나라' 다.

요즘 영국하면 먼저 떠오르는 것은 세계적인 베스트 셀러인 조엔 롤링의 <해리 포터> 그리고 얼마전까지만 해도 세계 젊은이의 우상이었던 비틀즈를 떠올릴 것이다. 하지만 그 보다는 한때 그들의 최대 식민지였던 인도와도 바꿀 수 없다는 셰익스피어를 그 첫번째로 연상할 것이며, 오늘날 영어가 세계어가 된 까닭을 영국 문학의 고장을 통해 짐작할 수 있게 한다.

나의 유럽 여행기는 책을 따로 하며 이어지겠지만, 아무쪼록 졸저가 매력 넘치는 예술의 고장 여행에 조금이라도 길잡이가 되고 예술적 상상력을 자극하여 한층 즐거운 추억을 더하게 하는데 일조가 될 수 있다면 더 이상의 보람이 없겠다.

지은이

커피 한 잔의 풍경
■ 차 례

Ⅲ. 그 힘과 끈기의 底力

▲파리 예술가들의 메카 카페 두마고

▲에이본 강변의 셰익스피어 극장

▲디킨즈가 소설화한 골동품점(런던)

▲독일 라인에쎈의 길놀이(여분)

▲로렐라이 바위(라인강)

▲'피리부는 사나이' 상징물(라메른)

▲브레맨의 音樂隊像

▲파리 퐁피두 문화센터 광장에서의 장끼 자랑

▲템즈江 가의 런던 타워 브리지. 고딕풍의 타워 브리지 위에서 통통배가 오르내리는 템즈 강을 굽어보며 역사의 무상함을 느꼈다.

▲괴테의 고향으로 유명한 프랑크푸르트 암 마인의 마인江 가에서

▲하이델베르크 대학 정문 앞에서. 독일 최고의 대학이요, 세계 굴지의 대학이기도 하다.

▲뮌헨 오데온의 거리카페

▲영국 에딘버러 '로얄 마리' 거리

◀백건우 · 윤정희 부부와 함께 샹젤리제 거리의 까페에서 커피와 아이스크림을 먹으며 프랑스 영화 얘기로 화제의 꽃을 피우기도 했다. 오른쪽 끝이 筆者.

Ⅰ. 마음의 앨범

명작을 찾는 마음

지금은 세계여행이 '자유화' 되었지만 한땐 우리나라 사람으로서는 가까운 일본이나 대만의 여행조차도 어려운 형편이었고 보면, 더군다나 유럽 여행 같은 건 좀처럼 엄두를 내기가 어려웠었다.

설령 기회가 주어져서 가 본다고 하더라도 그저 어리둥절해져서 건잡을 수 없는 여행이 되기가 쉬웠다.

여행을 하는 나그네가 비행장에서 호텔로, 이 나라 호텔에서 다른 나라 호텔로, 식당에서 요리집, 요리집에서 캬바레 등만을 왔다갔다 하면서 보낸다면 그런 사람은 여행의 참뜻, 즉 여행의 문화적인 뜻을 모르는 사람이라 할 수 있다.

여행은 하나의 순례(巡禮)이다. 특히 유럽 여행의 경우는 더욱 그러하다. 딴은 유럽이란 고대 그리스, 로마의 고전 문화와 게르만 민족의 정신과 그리스도교, 이 세 기둥에 의해서 형성된 세계로서 그 어느 하나도 우리들에게는 인연이 먼 것들이다. 유럽을 여행하면서 그 숱한 그리스도 교회를 둘러보면 누구나 놀라움과 함께 당혹해지는 것은 그 때문일 것이다.

우리들은 고등학교에서 서양사를 배웠고, 대학에 진학하면 교양 과목으로 누구나 세계 문화사를 배운다. 그래서 대강 서양 역사에 대한 지식을 어느 만큼은 갖추고 있다. 하지만 막상 유럽에 이르러 고색창연한 도시와 고적들을 살펴보았을 때 그러한 지식이 얼마나 하잘 것없는 것이었던가를 뼈저리게 느낀다.

런던의 웨스트민스터 사원이나 파리의 노트르담이나 쾰른의 대가람이나 바티칸의 성 베드로 사원 앞에 섰을 때 그런 얄팍한 '지식'이란 내겐 아무런 소용도 없었다. 물론 이런 대사원 앞에서 안내인으로부터 이 건물은 서기 몇 년에 누구에게 의해서 지어졌다는 등의 설명을 듣긴 하지만 그런데서 별반 의의를 느끼지 못한다.

나는 그 엄청난 대가람 앞에서 그저 침묵할 따름이었다. 그리하여 동과 서와의 먼 거리감을 새삼스럽게 실감할 수 있었다. 이런 느낌은 과연 어디에서 오는 것일까 하고 고즈넉이 생각해 보았다. 아마도 그것은 지식으로서의 유럽과 실상(實像) 또 실감으로서의 유럽의 거리가 아닐까. 짐짓 알고 있었다고 생각했던 유럽이 실제로 와서 보고 느낀 실감과는 너무나도 동떨어졌다는 것에 대한 발견 같은 것이라고나 할까.

이러한 지식과 실감과의 괴리(乖離)는 유럽 이외의 어느 다른 데서는 도저히 찾아 볼 수 없을 것처럼 느끼게도 한다. 유럽 여행의 의미는 바로 이 두가지의 거리를 좁히려고 노력하는 데에서 찾아야 되지 않을까 하는 어렴풋한 생각마저 든다.

나의 첫 유럽 여행은 갑작스레 이루어졌기 때문에 어리둥절해서 제대로 깊이 파고드는 여정(旅程)을 마련하지는 못했지만, 그 후 자주 드나들면서 가능한 한 음악 · 미술 · 문학 등 예술 기행을 하는 것이 내게 유익하다고 느끼게 됐다.

흔히 유럽 여행의 '정식(定食) 메뉴'는 런던, 파리, 프랑크푸르트, 로마 알프스 등지를 잇는 걸 코스이기 일쑤다. 그리고 거의가 명소 관광으로 그치고 만다. 명소를 찾는다는 것도 별로 나쁠 건 없지만 앞서 말한 바와 같이 얄팍한 유럽의 역사적 지식만을 가지고 웨스트민스터다, 성 베드로 사원이다, 파리의 사크레 쾨르다, 하며 돌아다녀 보았댔자 그저 어리둥절할 따름이다. 그런 명소는 다만 잠깐 스쳐 지나치고 오히려 평소에 작품을 통해 친숙했던 명작의 무대를 찾아 보는 편이 훨씬 더 유럽을 실감할 수 있다고 생각한다.

나는 평소에 취미로 유화(油畵)를 그려 왔고, 이에 대한 책자를 비교적 많이 읽었던 탓으로 관심있는 회화와 내가 전공하는 문학의 유적지를 되도록이면 샅샅이 찾아보려고 애썼다.

예술, 특히 문학 작품이란 한 나라의, 한 사회의 뭇 사람들 마음을 가장 충실히 반영하고 있다고 나는 생각했기 때문이다. 평소에 탐독했던 작품의 주인공의 안내를 받아 가면서 유럽 여행을 하는 것은 얼마나 보람된 일이겠는가.

나도 처음에는 명소 관광에 치중했었다. 하지만 그런 명소 관광은 나의 경우, 나중에 별로 대단한 인상을 남겨주지 않는 것 같다. 그저 기억에 남는다면 바티칸의 성 베드로 사원의 돔이 아찔할 정도로 높았다.라는 정도의 느낌이었다.

가령 런던탑이나 에펠탑, 피사의 사탑 앞에서 기념 촬영을 하는 것보다는 셰익스피어의 집이나 프루스트의 옛집을 찾는 편이 훨씬 더 깊은 인상을 가슴 깊이 세기게 된다. 내가 번역하기에 무척 고심했던 서간 문학의 고전이라고도 불리우는 비련(悲戀)의 주인공 아벨라르와 엘로이즈의 집을 파리 세느 강변의 시테 섬에서 찾아냈을 때의 감격이란 지금도 잊을 길이 없다.

이번 유럽의 여로(旅路)란 내게 있어서는 영국의 여행의 경우는 셰익스피어와 카알라일이, 독일에서는 괴테와 하이네가, 프랑스에 있어서는 베를레느, 뮈세가, 이탈리아에 있어서는 단테가 스페인에서는 세르반테스가 나의 알뜰한 안내자요 반려자였다.

제대로 옹글게 명작의 고향 순례를 하지 못했지만, 명작이야말로 여행의 최상의 가이드 북이라는 것을 돌아와서 더욱 절실히 느끼게 된다.

커피 한 잔의 풍경

아침 일찍 호텔 앞에 있는 카페에 커피를 마시러 나갔다. 직장에 나가려든 사람들, 그리고 이 근처에 출근한 사람들이 하루 일과를 시작하기 전에 이곳에 모여 오손도손 담소(談笑)하고들 있다.

'봉 쥬르(bon jour)'

'사 봐 비앵(ça va bien)

정겹게 인사들을 나눈다. 푸른 작업복 차림의 한 젊은이가 뭔가 우스갯 소리를 하자 장내의 모든 사람들이 호들갑스럽게 한바탕 웃어댔다. 전축에서는 멋들어진 샹송이 흘러나오고…. 정말 생동감 있는 쾌활함이 방안에 충만해 있었다.

비단 파리에서만 느낀 것은 아니지만 이러한 분위기의 유럽 카페 풍경을 보면 다른 무엇을 보는 것보다도 유럽을 실감하게 된다. 그리고 유럽 사회의 체질 같은 것을 느끼게도 된다.

이런 분위기란 서울의 커피숍이나 레스토랑 같은 데에서는 결코 볼 수 없는 정경이다. 물론 카운터에서 서성거리면서 마시고 얘기를 나누는 유럽식의 카페란 서울에는 아직 없다.

우리들은 이런 데서 남과 얘기를 나눈다든가 하는 것을 별로 좋아하지 않는다. 오히려 타인의 존재를 무시하려는 것 같은 느낌마저 든다. 한국인은 유럽인들에 비하면 훨씬 더 인간관계에 있어서 신경질적이고 무뚝뚝한 편이다. 하지만 일단 맺어지면 편애(偏愛)하는 경향이 있다. 무슨 회(會)니, 계(契)니 하여 족벌(族閥), 학벌, 지벌(地閥)로 뭉치면서 자기네들끼리만 형제적인 결속으로 다정하게 지내면서 집단이기주의로 흐른다.

그래서 초록(草綠)이 동색(同色)으로, 가제는 게 편만 든다. 따라서 타인 무시(無視)와 '초록동색' 사이의 중간항이 될만한 자유스럽고 부드러운 예사 인간관계를 우리 주변에서는 좀처럼 찾기 힘들다.

이날 아침 내가 느낀 유럽 사회의 체질이란 이러한 중간항적인 인간관계가 생동적으로 기능화되어 있다는 사실을 실감한 데 지나지 않는다.

이런 분위기 속의 사람들끼리는 우리 사회에서처럼 타인 무시가 아니라 서로를 인격적으로 인정하고 있다. 사랑하고 괴로워하고 즐거워하는 존재로서 서로 '뭐 그런 거지' 하는 식의 깊은 상호이해에서 본능적으로 이어져 있다. 그렇다고 응석부리거나 간섭하는 일도 없다.

아마도 각각 다른 직장에서 일하고 있는 듯한 맞벌이 부부가 커피를 마신 뒤, 카페 카운터에서 얼싸안은 채 입술을 맞추고는 서로 헤어져 나갔다.

카페에서 담소하던 사람들은 아무도 이 부부의 동작을 눈여겨 보지 않고 있었다. 매우 당연하다는 듯이 말이다. 사랑하는 남녀는 당연히 어디서나 포옹하고 애무해도 무방한 것이다. 그렇게 하지 않는 편이 더 부자연스럽다.

이런 광경을 공항에서부터 공원 그리고 거리마다에서 얼마든지 보았지만, 이 아침의 카페에서 뭔가 표상(飄爽)한 미풍에 흐뭇해지 듯 유럽인의 체질을 또렷이 느낄 수 있을 것 같았다.

지금 기행문을 정리하면서도 그 카페의 독특한 향취, 샹송이나 칸쪼네의 멜로디, 포근한 카페 의자의 감촉, 피가로의 잉크의 냄새라든가, 카운터 저쪽에서 흘러나오는 짜릿한 커피 냄새 등 그 생생한 느낌이 창졸간에 두 달 동안의 유럽 생활의 추억을 불러일으킨다.

그것은 추억 속에서 멀리 조망(眺望)되는 그런 생활정경이 아니라, 마치 자기가 침전(沈澱)되어 있는 생활 그 자체로 되돌아와 생각키우는 그런 상념이다. 그건 이와 같은 무수하고, 섬세한 감각의 미립자(微粒子)를 가득 채운 크나큰 독과도 같은 것으로 그 속에 한번 흥건히 잠기지 않고서도 그 느낌을 재음미할 수는 없다. 하지만 그러한 감각을 잃어버린 한낱 기억이란 마르셀 프루스트가 아니더라도 역시 생활의 형해(形骸)일 수는 없다.

하긴 이런 분위기를 우리들은 말할 수 있고, 생각할 수도 있기도 하다. 그렇지만 나의 경우, 이 아침의 카페의 느낌과 분위기를 막상 붓을 들고 보니 제대로 표현할 길이 없다. 다만 부럽다고나 할까, 호젓하고 발랄하고 흐뭇하다고나 할까—그런 느낌이다.

커피 한 잔의 풍경, 아니 사상, 이렇게 혼자서 뇌어 본다.

헤세의 고향

여행길에 나서면 나는 두 개의 앨범을 가지고 돌아온다. 그 하나는 돌아다니면서 찍은 사진첩이고(나는 되도록이면 여행 중 사진을 뽑아 본다. 실패했을 경우 다시 찍을 수 있도록 하기 위해), 다른 하나의 앨범은 육안으로 볼 수 있는 그런 사진첩은 물론 아니다. 그건 마음의 렌즈를 통해서 찍은 기억의 앨범이다.

지난번 여행 때 찍은 사진 값만 해도 줄잡아 십오만 원은 넘을 것 같다. 그렇게 많이 찍었지만, 곰곰이 들여다보면 마음의 '앨범'에 붙은 정경이 전혀 찍혀져 있지 않음을 보고 저윽이 실망하지 않을 수 없는 때가 있다.

딴은 내가 숙련된 카메라맨이 아니라는 증거이리라. 아마도 그건 또 시각적으로 멋있다고 생각하고 찍어 놓은 정경보다도, 나도 모르는 사이에 내 마음의 렌즈에 박혔던 풍경이 나중에 생각하면 훨씬 깊은 인상을 부각시키고 있는 탓이리라.

여행을 마치고 집에 와서 그 여행을 반추해 보면 무의식중에 마음이 찍어 놓았던 경치가 마치 주마등처럼 떠오른다. 하지만 앨범을 아무리 뒤적거려 보아도 그런 정경은 거기에는 없다. 그러고 보면 여행이란 여행을 마치고 돌아온 다음, 비로소 그 정체가 나타나는 것이 아닐까 하는 생각이 든다.

친구들이 찾아와서 여행 앨범을 뒤적거리면서 어느 곳이 가장 좋았느냐고 물었을 때 나는 무척 난처해진다. 왜냐하면 마음에 드는 그런 곳은 아까도 말한 바와 같이 남에게 보일 수 없는 마음의 '앨범'에 붙여져 있기 때문이다. 그렇지만 나는 뭐라고든 대답은 해야 하고 대답을 하다 보면 내가 생각해도 흐리멍텅한 얘기가 되고 만다.

내 마음의 앨범에 있는 사진 한 장을 예로 들어 보자.

그건, 남부 독일 일대에 있는 사진 한 장을 예로 들어 보자.

그건 남부 독일 일대에 펼쳐진 창취한 숲, 슈바르쯔 발트(Schward Wald, 검은 숲)이다.

마침 해가 서녘으로 기울어져 가고 있었다. 검은 숲을 한참 달리다 보니 이윽고 시냇물 소리가 들려 왔다. 시냇가를 따라 차는 한참 달렸다. 낙조(落照)가 숲 사이로 금빛을 드리우고 있었고, 동녘에는 짙푸른 하늘이 숲 위에 펼쳐져 있었다.

과연 이런 마을이 어디 있단 말인가. 어쩌면 그림(Grimm) 동화의 헨젤과 그레텔처럼 마법의 숲 속에서 길을 잃어버리는 것이 아닐까 하는 가만한 두려움마저 생긴다.

돌연 숲 사이에 마녀의 집과도 같은 낡고 오랜 묘한 집이 보였다. 이어 동화책 속의 집 같은 농가가 여기저기 늘어서 있다. 이곳이 바로 찾아오고 싶었던 카르브(Calw) 마을이다.

몇 분 더 걸어가면 고만 이 마을을 지나쳐 버릴 그런 작은 숲 그늘의 마을, 여기가 바로 헤르만 헤세의 고향이다.

날이 저물었으므로 나는 우선 쉴 곳을 찾았다. 발트 호른(Wald Horn), 이 마을 분위기에 어울리는 자그마한 여관을 찾아들었다. 여관 주인은 깜짝 놀랄 정도로 큰 열쇠를 내게 주었다. 이층 방은 시냇가에 면해 있었고 눈 아래 예쁘장한 돌다리가 보였다.

아래층에서 이따금 시냇물 소리와 버무러진 합창이 아스라히 들려 오는 소리를 들으며 커피 한 잔을 마셨다. 카르브 마을의 어떤 클럽에서 노인들이 맥주로 건배를 하면서 합창을 하고 있었던 것이다. 그 가운데 어쩌면 《차륜(車輪) 밑에서》의 한스 소년의 아버지가 섞여 있을 것만 같다.

나는 조용히 계단을 내려가서 바깥으로 나왔다. 돌다리를 건너 후미진 언덕길을 천천히 걸어 올라가자, 자그마한 분수가 있는 광장이 나왔다. 그림엽서에서 흔히 보는 고풍스런 독일식 삼층집이 광장을 둘러싸고 있었다. 그중 한 채, 지금은 양복점이 되어 있는 집이 바로 헤르만 헤세의 생가다. 위층을 쳐다보니 창가에 소년과 소녀의 그림자가 움직이고 있었다.

광장을 한참 서성거리다가 때마침 훤히 떠오른 달, 그 빛을 등에 지고 여관으로 돌아왔다.

노신사들의 파티도 어느 새 끝난 듯 여관은 한결 조용했다. 이 시골 여관에는 오늘밤 나만이 숙박객인 모양이다. 밤이 이슥토록 졸졸거리는 시냇물 소리에 잠을 이룰 수가 없었다.

이튿날 아침 일찍이 눈을 떴다.

다시 한스 소년이 떨어져 죽은 나고르트 시냇물을 따라 차는 달렸다. 그후 차가 어디를 어떻게 달렸는지 지금 나는 잘 기억할 수 없다.

슈튜트가르트에 도착했을 때에야 나는 잿빛 도시가 가랑비에 살포시 젖어 있는 것을 보고 깜짝 놀랐다(그 무렵 유럽 전역은 가뭄 때문에 야단이었다).

카르브 마을을 회고하면 나는 늘 미묘한 기분에 사로잡힌다.

그런 조그마하고 아담한 옛스런 마을이 어떻게 아직껏 이 지상에 존재하고 있다니 하고 말이다. 물론 싱겁고 어처구니없는 소리를 내가 하고 있는지도 모른다.

다시 그곳엘 가 본다고 해도 슈바벤 지방 한 녘의 카르브는 여전히 숲 사이에 고즈너기 도사리고 있을 것이다.

물론 두번 다시 그곳을 방문하게 될 것 같지는 않다. 왜냐하면 여행이란 단 한번만의 경험, 두번 다시 되풀이될 수 없는 체험이기 때문이라고 여겨져서 말이다. 만일 내가 다시 그 고장을 찾게 된다면 아마도 나는 십중팔구 환멸 같은 것을 느끼게 될른지도 모르리라.

여행의 맛이란 한 생애에 단 한번, 한 고장에 몸을 둔다고 하는 그런 일회성에 있다고 여겨지기 때문이다. 그렇게 생각해 볼 때 나는 늘 이런 생각을 해본다.

– 첫 번째는(카타르시스하게 하는) 비극, 두 번째는 희극.

눈이 먼 파우스트

□ 메피스토페레스의 역할

일찍이 괴테는 《파우스트》의 '하늘 위의 서곡' 에서 이렇게 노래했다. 신이 창조되던 날과 똑같은 그런 장엄함을 늘 지니고 있다. 작품 속의 천사들의 노래가 여기에 메피스토페레스(Mephistopheles) 신에게 나아가 파우스트의 영혼을 신으로부터 앗아가 달라고 부탁하고 이에 응락을 받는다.

만일 메피스토페레스가 이렇게 진언하지 않았더라면 신의 창조는 더 이상 전개되지 않고 또 만물은 천지가 창초되던 날과 똑같은 그런 장엄함을 늘 지닌채 그냥 끝장나고야 말았을지도 모른다. 결국 메피스토페레스가 신의 창조를 계속시킨 계기를 만들어준 셈이다.

아놀드 토인비는 여기에서 유럽 문명사의 한 모멘트를 찾았다. 즉 두 인격의 만남과 싸움, 도전과 응답, 이것이야말로 문명의 동력이라고《시련 위에 선 문명》에서 갈파했다. 괴테의《파우스트》는 이런 의미에서도 유럽 문화의 출발점이 되는 것이다.

뮌헨의 빈민가에서 고독을 달래면서《서양의 몰락》을 집필했던 슈펭글러도 역시 유럽 문화를 단적으로 '파우스트 문화'라고 규정지으면서 고전 그리스, 로마의 아폴론 문화와 확실히 구분지었다. 그것은 무한의 세계를 지향하는 모든 한계를 뛰어 넘으려는 '個의 魂'을 그대로 표출한 문화이며 고딕 건축으로 상징되는 수직의 문화인 것이다.

나는 남부 독일의 '슈바르트 발트(검은 숲)'에 둘러쌓인 마울브론 수도원의 첨탑을 기억한다. 그 수도원을 방문했을 때 몸을에는 삭풍이 몰아치고 있었다. 꽁꽁 얼어붙은 샘물 뒤에 로마네스크풍의 승원이 있고, 그 옆에 본당이 있고 바로 그 뒷편에 연필날처럼 뾰족한 첨탑이 하늘을 찌르고 있었다. 이 같은 고딕풍의 첨탑에 파우스트가 살고 있었다. 매서운 바람 탓으로 첨탑이 매우 을씨년스럽고 스산하게 느껴졌다. 돌이켜 생각해보면 그 첨탑의 분위기야말로 유럽의 모습이 아닐까 하는 생각이 든다.

□ 유럽의 약탈

스웨덴의 작가 스벤 린드크비스트는 유럽의 역사는 '문명이란 이름의 약탈과 학살'이었다는 것이다. 세계로 유럽의 문명을 확

산시킨다는 미명 아래 이 같은 만행이 자행되었다는 것이다.

다윈의 진화론이 탄행한 이후 생물학은 이른바 '적자 생존의(Survival is the fittest)'의 논리를 보편화시켰다. 이어 스펜서는 이를 사회적 진화론으로 둔갑시켜 제국주의 팽창 이념의 골격을 만들어 냈다. 이 논리에 따라 아메리칸 인디언과 인디오, 아프리카와 호주의 원주민(아보리진) 등은 과학의 이름으로 이 같은 인종차별주의를 합리화 시켜버렸다. 그리하여 한 동안 세계는 인종의 생물학적 팽창과정으로 둔갑했다. 독일의 라첼은 앞에서 말한 인종주의 논리에 공간이론을 결합하여 우수 민족에겐 자유로운 공간이 필요하다고 주장했다.

스페인의 역사학자 코라르는 자기자신도 어쩔 수 없이 되어버린 만큼 마술에 홀려 있었던 파우스트 속에서 오늘의 유럽의 모습을 보았다. 그는《유럽의 약탈》에서 약탈사로 얼룩진 유럽을 비판하면서 오늘날 유럽에 결여된 것은 생명력도, 결단력도, 실천력도 아니고 다만 빛일 따름이라고 술회했다. 즉 유럽이 결여한 것은 역사를 보는 빛, 역사의 정세를 파악하는 지성과 파악력이었다는 것이다. 파우스트는 눈이 먼 장님이 되어버린 것이다. 그리고 문득 깨달았을 때엔 유럽 문명은 약탈되고 과거의 거인은 이미 아니었던 것이다.

슈펭글러를 비롯해서 토인비, 코라르 등 유럽의 상대화, 왜소화를 목격한 대학자들은 한결같이 파우스트에게 그 운명을 뒤집어 씌웠다. 유럽은 이제 더 이상 세계사의 중심이 아니라는 것을《파우스트》의 비유를 통해 일깨워주었다.

이제 세계사는 제각기 얘기의 꽃을 피우는 한낱 옛 이야기거리에 불과하게 되었다. 이렇게 말하면 유럽 사람들은 쉽게 동의하지 않을지 모르지만, 이런 석학들의 증언을 통해 지성들은 마치 "예리한 칼날이 눈 위에서 번뜩이는 섬뜩함"을 느끼기도 하리라. 그런 자각이 이제 유럽인에겐 필요하다.

코라르가 말한 것처럼 유럽이 세계의 전부처럼 생각했던 착각에서 벗어나 세계의 일부에 지나지 않음을 깨달아야 한다. 물론 유럽인들은 일찍이 세계의 구석구석을 돌며 식민지화하고 군림해왔다. 다른 한편으로 보면 '5세기부터 시작된 대항해 시대에 접어들면서 유럽인들은 유럽을 세계의 일부에 위치해 있다는 인식과 더불어 세계를 유럽의 일부로 종속시켜 버린 것이다. 이른바 대항해 시대는 그런 여행의 연속이었다.

마젤란, 컬럼부스의 대여행 장정은 고난의 연속이었지만. 그들이 발딛인 곳곳을 유럽의 빛이 투사됐다. 대항해 시대와는 달리 현대는 쾌적하고 빠른 여행이 가능한 시대가 되었다.

나는 한때 이웃집 드나들듯 유럽을 나들이 했다. 컬럼부스 시대에는 상상도 못했던 일이다. 이 같은 시간과 공간의 초극이 유럽을 세계의 전부에서 일부로 인식케한 것이고 보면 정말이지 아이러니컬한 일이 아닐 수 없다. 그러고 보면 내가 유럽으로 나들이 하는 항공기나 공항에서 도심으로 들어올 때 탄 버스나 호텔의 엘리베이터 등 그 모두가 유럽의 파우스트적 지성이 만들어낸 소산임에 틀림없다. 그 뿐만 아니라 자본주의도, 사회주의 조차도 파우스트적 산물이다.

커피 한 잔의 상념

ㅁ 두 개의 혼

파리로 비행하는 비행기를 탔다. 오늘따라 또 《파우스트》를 떠올리며 생각에 잠긴다. '하늘 위의 서곡'에서 괴테는 다시 이렇게 노래한다.

"천상의 가장 아름다운 별을 따려고/ 이렇게 골몰하는가 하면/ 다른 한편으로는 지상의 온갖 쾌락을 맛보려고 하는구나"

괴테는 당시 사람들의 지나친 욕심을 이렇게 탓했다. 그렇지만 오늘의 유럽을 이룩해낸 것은 바로 이 같은 과다한 욕망 때문이 아닐까. 물론 인간에게는 괴테가 《파우스트》에서 말했듯이 '두개의 혼(Zwei Seelen)'이 있게 마련이긴 하지만 말이다.

그러나 유럽이라고 하는 토양(전통)이 비옥한 대지에서 성장하며 성숙한 공업문명의 과실은, 코라르가 '약탈'이라고 지칭했듯이, 낯선 땅에서 잘 자라서 차츰 새로운 종류의 과실을 영글게 했다. 나는 세계 도처에서 이를 목격하고 확인했다. 그리고 지금 나는 파리 노르(북)역 근처의 허름한 여관방, 희미한 등불 밑에서 이같은 현상에 대해 생각하며 묵연(默然)히 앉아 있다.

□ 역전의 소시민 풍경

호텔 바로 앞에는 이발소가 있다. 머리가 희끗희끗한 노인이 늘 혼자서 일하고 있다. 그 윗층은 개축 중이었다. 못질하는 소리가 계속 들리고 바깥에서는 칠쟁이가 밧줄에 매달려 외벽을 칠하고 있다. 반년 전에 이곳에 들렀을 때에도 공사 중이었는데, 어지간히 오래도 끄는 공사인가 보다. 이발소 옆은 청과물 가게다. 이 가게 역시 뚱뚱한 노파의 단독 경영이다. 오렌지 한 개를 사도 '메르시'를 되풀이 하는 친절한 호들갑쟁이다. 그 옆에는 헝가리 풍의 레스토랑이 있다. 상호도 '헝가리'다. 말이 레스토랑이지 가게 한 켠은 푸줏간이고, 테이블 이래야 1층엔 고작 테이블 세 개밖에 안 된다. 푸줏간에 손님이 오면 레스토랑 일은 뒤로 미루어진다. 레스토랑 손님은 대개 이웃 사람들로 단골이기 때문이다. 느긋한 퇴직 노인들은 포도주 한 잔을 시켜놓고 두어 시간 동안 마냥 앉아서 희희덕거린다. 2층에 빈 자리가 있는데도 아랫층 자리를 아랑곳하지 않고 차지하며 주인 행세를 한다.

역전이라고는 하지만 대로변이 아닌 뒷골목이기 때문에 밤 9시쯤이면 거의 인적이 끊긴다. 이발소, 채소 가게도 8시가 지나면 문을 닫는다. 레스토랑은 자정까지 문을 안 닫지만 열시가 지나면 거의 손님이 끊긴다. 그런대로 주인은 혼자 앉아 TV를 즐긴다. 어쩌다 대형 트럭이 지나가면 책상 위의 꽃병이 흔들거릴 정도지만 주인은 TV드라마에 홀려 넋나간 사람같을 때가 많다. 이런 소시민들은 전혀 대항해 시대의 야망 넘치는 유럽 사람들의 후예 같지가 않다.

봄인데도 파리는 '春來不以春'이다. 아침 일찍 일어나 커텐을 열어 재쳤으나 어슴프레하다. 개축 중인 빌딩은 오늘따라 더욱 칙칙해 보인다. 하늘은 잔뜩 찌푸려 금방 눈이라도 쏟아낼 것 같다. 아침을 마친 다음 몽마르뜨르까지 걸어갔다. 늘 다니던 카페 드라 페에서 진한 에스프레소를 주문했다.

'오늘도요?' 하고 아가씨가 빙긋 웃으면서 물컵과 함께 가져왔다. 으레 주문하는 단골 메뉴이기 때문이다. 이날따라 나는 별로 할 일이 없어 오래 앉아 있었지만, 내가 앉아 있던 두 시간 남짓동안 쪽의자에 우두커니 앉아 창 밖을 내다보는 손님들이 더러 있었다. 나 역시 손털마냥 춤추며 내리는 봄 눈을 멍청하게 쳐다보며 앉아 있었다. 커피 한 잔의 풍경을 만끽하고 있었는지도 모른다.

그때 또 문득 파우스트의 싯귀가 떠올랐다.

미증유의 거창한 사업을 옹글게 하려면
수천의 손들을 대신할 하나의 정신으로 족하다.

그럴까? 글쎄 그럴지도 모른다.

이처럼 잔뜩 찌푸린 날이 언제고 계속 되지는 않을 것이다. 머지 않아 구름 사이를 뚫고 한가닥 햇빛이 몽마르트르의 석첩(石ᵃ ·)길을 비추고, 급기야는 맑은 하늘이 펼쳐질 것이니 말이다.

□ 魂의 역학

파리의 신(현대) 도시 라 데 팡스에 갔다 오는 길에 샹제리제에서 내렸다. 이따금 들리는 카페 라 화이엣에 들려 헤즐러 커피를 주문했다. 이 가게는 헤즐러의 향내가 독특하다. 테라스에 앉아 하늘을 우러러 보았다. 어제 보다는 하늘이 틔었지만 구름이 잔뜩 낀 서녘 하늘에 붉은 해가 뉘엿뉘엿 지고 있었다. 음산한 구름을 비집고 투사하는 불그누르죽죽한 황혼 속에 빠져드는 일몰, 이게 바로 유럽의 낙조다. 이같은 일몰은 '몰락'의 이미지를 지닌다. 문득 슈펭글러가 말한 몰락의 의미를 되새겨 본다.

그러다가 문득 베들레헴에서의 진홍(眞紅)의 노을이 내 뇌리를 스친다. 황량한 요르단 계곡을 넘어 사해(死海)연안을 지나 올리브밭 언덕을 오를 때 보았던 베들레헴의 너무나도 청징한, 붉은 노을과 파리의 불그누르죽죽한 황혼이 과연 같은 기독교 문명권이라고 말 할 수 있을까. 물론 아니다. 유럽은 베들레헴에서 싹이 튼 기독교를 유럽류로 바꿔 놓은 것이다. 다마스카스에서 나는 기독교에 회심한 바울이 유대인의 박해를 받아 예루살렘으로 피신했다고 하는 작은 교회에 가 본적이 있다. 바울이 다마스카스로 가는 길목에서 회심하여 안티오키아에서 로마로 나아가 전도의 길을 걷게 된 것은 시리아 세계에서 기독교가 유럽으로 옮겨가게 되는 행보가 되게 한 것이다. 그리하여 유럽은 사도 바울의 기독교를 다시 서방적으로 개변하여 오늘에 이른 것이다. 서쪽 혼은 서쪽으로, 동쪽 혼은 동쪽으로 말이다.

나는 오랜동안 문명 흥망의 땅에서 무수한 사원을 살펴왔다. 그럴 때마다 바로 이들 사원에 봉안된 신들이 역사를 움직여 왔음을 수긍케 된다. 하지만 따지고 보면 그 종교를 만들어낸 것은 바로 인간의 영혼이 아닌가. 유럽에는 유럽혼이 있게 마련이며 이 지구상에 비록 최신기계 문명이 유럽내에 판친다고 하더라도 영혼의 역학(力學)은 그 기능을 멈추지 않을 것 같다.

그것은 일찍이 헤겔이 말한 '절대 정신'만은 아니다. 그 보다는 보다 더 땀내나는 인간의 영위, 즉 눈물과 웃음과 우수와 희열, 그리고 애욕과 증오, 질투와 모멸 등《파우스트》에 등장하는 메피스토페레스의 간사한 계교와도 같은 인간 문명의 밑바닥을 흐르는 생활 감정의 무한한 짜맞춤 작업인 것이다.

샹제리제의 한 카페 테라스에서 한 잔의 커피를 마시면서 바라보는 황혼의 한 정경이 이를 조심스레 예언하고 있는 듯도 하다. 나는 지하철을 타고 노르역에서 내려 어제와 마찬가지로 싸구려 호텔을 향해 느린 걸음을 옮기면서 야채 가게, 레스토랑 주인과 손을 흔들며 인사를 나누었다. 그들은 '약탈의 후예'답지 않게 순진무구하고 정스럽다. 이발소는 벌써 문이 닫혀 있었다.

Ⅱ. 그 멋과 매력의 비밀

– 프랑스

프랑스, 그리고 파리의 매력

프랑스는 세계에서 관광객이 가장 많이 모이는 나라다. 누구라도 언젠가는 한번 이 화사하고 흥미로운 예술의 나라를 방문하고 싶은 꿈을 지니고 있을 것이다. 그림처럼 아름다운 경관(景觀), 장려(壯麗)한 건축미, 친근감을 물씬 느끼게 하는 알뜰한 시골 정경, 맛있는 요리와 와인 등, 이 모두 관광객을 깡그리 매료시키고도 남음이 있다.

프랑스는 조화에 넘치는 나라다. 숲은 오랜 가뭄에도 창취(蒼翠)하도록 우거져 있고, 경작지는 그림처럼 잘 다듬어져 있으며 여기저기 온 나라에 골고루 성당 · 성채(城砦) 등 우아하고 장엄한 건축물들이 널려져 있다. 프랑스는 고딕 건축의 발상지인 것이다.

고딕 건축만이 아니라 프랑스에는 브르타뉴의 거대한 입석

(立石)의 회랑(廻廊)과 같은 놀라운 선사(先史) 시대의 유적이 있으며, 브르고뉴 지방 등에는 고딕 이전 시대에 설계된 로마네스크 교회 등이 있어 프랑스는 세계 최대의 건축 박물관이기도 하다.

프랑스인들은 그들의 이와 같은 옛 유산을 큰 자랑으로 여기면서 한편으로는 거기에다 새로운 것의 융합에 힘을 기울이기도 한다. 그야말로 「온고이지신(溫古而知新)」이라고나 할까-.

프랑스 사람들은 독일인 만큼 기계적인 면에 있어 독창적인 재능이 없지만, 그 재능을 새로운 것의 개발 못지 않게 옛 도구의 재생에도 사용한다. 옛것을 버리고 새것으로 대치하기 위해서 그것을 사용하지는 않는다.

이와 같은 신구(新舊) 혼합의 인상은 대도시에서도 느낄 수 있었다. 마크 트웨인이 백년 전에 파리에 와서 놀란 구조가 거의 그대로 남아 있다.

파리는 뉴욕 사람들이 와 봐도 깜짝 놀랄 정도의 거미줄 같은 교통망이 있고, 엄청나게 폭이 넓은 큰 길이 많지만 이것들은 이미 백년 전에 이룩된 것이고, 그밖의 많은 골목길들은 몇 세기의 역사의 앙금이 깔린 역사적 고장이기도 하다. 그만큼 다른 도시에 비해 파리는 변하지 않고 옛 모습을 지니면서 새롭게 빛나고 있는 것이다.

이 나라의 수도이며, 도시의 여왕 파리는 예술하는 사람이면 누구나 꼭 가고 싶어하는 동경의 도시이기도 하다.

숱한 문학인을 기르고 또한 맞아들인 파리는 도시 구석구석마다 그 유적과 일화(逸話)가 남아있는 세계 문학의 요람이다.

일찍이 독일의 문호 괴테가 이 도시를 찾아보고는 "파리에는 거리의 어느 구석에도 역사의 앙금이 서려 있다"고 감탄한 것처럼 약 2천 년간에 걸쳐 파리장의 피와 땀이 스민 예술의 현장이 구석구석에 널려져 있다.

"파리는 기념비 중의 기념비이다. 그 자체가 기념물로서의 가치를 지니고 있는 도시 — 프랑스인에게도 가장 프랑스적인 프랑스의 마음의 고향"이라고 샤를르 페기도 얘기한 것처럼 파리는 도시 전체가 살아있는 역사박물관이며 예술의 요람임에 틀림없다.

흔히 나그네의 공상과 현실과는 늘 괴리(乖離)되는 법이다. 한 달 남짓 동안 구미 제국(歐美諸國)을 순방하면서 기대했던 것보다는 훨씬 못해 실망했던 곳도 많았지만, 파리만은 생각했던 것보다 훨씬 아름답고 매력적이다.

빅토르 위고의 「파리는 전우주(全宇宙)와 동의어(同義語)이다」라는 말이라든가 「파리는 지성(知性)을 실은 숭고한 선박」이라는 얼핏 들으면 과장스런 말도 파리를 음미하고 난 뒤에는 조금도 그것이 과장으로 들리지 않는다.

유사 이전부터 「유럽의 십자로」였던 고장답게 파리는 인종의 차별도 없는 차분하고 아늑한 도시이다. 흑인 남성과 백인 여성이 팔짱을 끼고 다녀도 누구 하나 눈여겨보지도 않는 포용력이 있는 도시이기도 하다.

그래서 조세핀 베이커는 "내게는 연인이 둘 있다. 하나는 내 고향이고, 다른 하나는 파리이다"라고 노래했고, 영화감독 사샤 기트리는 "파리장이란 파리에서 태어난 사람만을 이르는 것이 아니라, 거기서 재생(再生)한 사람도 포함된다. 지금 파리에 살고있는 사람들만이 아니라 파리에 의해서 삶을 영위하고 있는 사람도 다

포함된다"라고 파리쟝의 범주를 크게 잡기도 했다.

파리 시내를 이틀이나 틈내어 나를 안내해 주었던 왕년의 대스타 윤정희(尹靜姬) 여사도 "파리에 사흘만 살면 파리쟝이지요. 파리에 살고 있다는 그 자체가 벌써 예술이지요"라고 하면서 어렵기는 하지만 파리 생활을 만족하고 있었다.

파리에 매혹되었던 미국의 작가 헤밍웨이도 그의 작품 가운데에서 "만일 당신이 다행스럽게도 젊은 시절에 파리에서 살았던 일이 있었지만, 그후의 당신의 인생을 그 어느 곳에서 보내더라도, 파리는 항상 당신 곁에 붙어 다닌다. 왜냐하면 파리는 <moval feast(移動祝祭日)>이기 때문이다"라고 한 말도 파리에 어느만큼 매혹되고 보면 실감이 난다.

파리에 다녀왔던 어느 출판사 사장 왈 "파리는 꽃의 서울이라더니 암스테르담보다 훨씬 꽃이 안 보이더라"고. 딴은 파리란 관상(觀賞)하는 사람의 교양과 지성의 깊이에 따라 사뭇 그 느낌이 다른 오묘한 도시임에 틀림없다.

개선문, 르 오페라, 팡테옹, 마드레느 등 우아하고도 장엄한 건축미를 자랑하는 건물들을 큰 거리의 정면으로 놓고 설계한 도시의 구성, 17, 18세기 오랜 건물과 초현대식 건물이 어색하지 않게 어울리는 조화미, 새로운 건조물을 지을 때마다 이곳에서는 엄청난 미관(美觀) 논쟁이 열을 올리게 되고 건축한 뒤에도 끊임없이 이 논쟁은 계속되어 개조에 개조를 거듭하여 이룩한 알뜰한 도시, 「미학적으로 보아 어울리지 않는다」는 말을 가장 두려워하는 파리쟝들의 미적 감각으로 몇 세기에 걸쳐 이룩한 이 도시미의 극치는 나를 한껏 매혹시켜 주었다.

매력적인 파리의 「꽃」은 또한 역사의 꽃이기도 하다. 프랑스 혁명, 파리 코뮌, 레지스탕스 운동 등 파리는 세계사 가운데에서도 대서 특필(大書特筆)할만한 갖가지 대사건을 경험해 왔다. 「파리는 어느 거리의 일각에도 역사의 흔적이 남아 있다」고 독일의 문호 괴테가 말했듯이 약 2천 년간에 걸친 파리쟝의 피와 땀이 스민 역사의 현장이 곳곳에 널려 있다.

파리의 본격적인 미화 작업은 19세기 중엽, 그러니까 나폴레옹 3세기 조르주 오스망 남작의 설계에 의해서 조성된 것이라고 한다. 세느강의 굽이치는 흐름에 둘러싸인 브로뉴의 숲을 비롯하여 파리의 숱한 공원 등이 이때 조성되었다. 오스망 가는 이 설계자들 기념하는 가로이다. 그는 이와 같은 대 토목사업이 실업자를 구제하고 도로를 대폭 확장 녹화함으로써 시민 위생을 위하고, 기마 순찰을 용이하게 함으로써 도시 치안에 도움이 된다는 일석삼조(一石三鳥)의 노렸을 것이다. 세계의 어느 도시에 가 보아도 오스망의 천재가 조경한 파리의 장관에는 미치지 못한다.

뿐만 아니라 파리는 오스망 이전에도, 그리고 그 이후에도 시민들 전체가 아름다운 시가지를 만드는 데 혼연일체가 되어 노력하고, 또한 파리쟝 모두가 관광에 힘쓰면서 파리를 지켜가고 미화하고 있는 것이다. 그러니까 파리는 앞으로 아무리 세월이 흘러도 그대로의 가치 아니 그 이상의 가치를 지니게 되리라. 그래서 뭇 나라의 예술가들이 이곳에 다투어 모여 이 도시의 예술적 앙금을 더해주고, 관광객들이 접종하여 돈을 쏟아놓고 갈 것이다.

파리는 역사의 도시이지만 또한 새로움의 도시이기도 하다. 문학·미술 등 새로운 예술의 흐름이 여기에서 비롯되고 갖가지 새로운 사상, 누벨 바그도 여기에서 세계로 퍼져나가고 있다. 해묵은 오랜 역사의 건물이 소중스레 보존되어 있는가 하면 한편으로는 몽파르나스나 라 데팡스 지구에는 새로운 도시 계획에 의해 초현대적인 마천루(摩天樓)가 계속 솟아오르고 있어 새로운 파리의 이미지를 심어 주고 있다.

파리의 현관인 드골 국제 공항에 내렸을 때부터 그런 신선감을 느낄 수 있었다.

대가 없는 프랑스

르브르 박물관 바로 뒷문 쪽에 있는 노르망디 호텔에 여장을 풀었다. 루브르를 틈나는 대로 몇 차례고 드나들기 위해서였다.

간단히 샤워를 끝내고 근처 서점에 들러 이곳의 교통 지침이 될 지도와 지하철(메트로)지도, 그리고 <파리 문학 안내(Paris Guide Litéraire)>라는 두툼한 책도 곁들여 샀다.

다시 내 방으로 올라와, 파리에 거주하는 친지들에게 전화를 걸었다. 제일 먼저 이응로화백과 통화가 되었다. 무척 반가워하면서 저녁 식사에 초대해 주었다.

저녁까지는 몇 시간 남지 않았으므로 근처 극장에서 영화 한편을 보았다. 깜짝 놀라라 정도의 대담한 베드 신이 여러 차례 나오는, 비련(悲戀)을 주제로 한 영화였다. 이곳에서는 포르노 영화가 아니더라도 그 정도는 예사라고 한다.

택시 운전사에게 이응로화백의 주소를 보여 주었더니, 정확하게 집 앞까지 데려다 주었다. 파리 동북쪽의 변두리인 악소(Haxo)는 퍽 조용한 거리였다.

맨션 아파트 8층에 자리한 이화백의 거실은 한국적인 분위기를 물씬 살린 아담한 방이었다.

새로 사들인 패양궤 장이 서양식 거실에 퍽 어울리었다. 이화백은 이 장롱의 미학적 구도와 칠의 오묘함에 대해 한참 동안 열을 올려 설명하면서 우리 조상들의 슬기에 대해 새삼 감탄해 마지않았다.

여류 화가이기도 한 부인이 손수 정성스레 만든 된장찌개와 김치에 푸짐한 쌀밥을 오랜만에 먹으면서 한국의 고미술과 최근의 프랑스 화단(畵壇)에 대해서 이야기를 나누었다.

이화백이 동양화적 기법에 서구적인 회화 사상을 배합시켜 추상 표현주의적 내지 구조주의적 경향의 작품을 창출해 냄으로써 서구 화단에 큰 관심을 불러일으키고 있다는 평판을 들었다고 애기를 꺼냈으나 그는 자기 애기는 그만 두자고 하면서 파리 화단 애기로 말 꼬리를 돌렸다.

파리의 화단은 거장(巨匠) 피카소의 사망으로 일인 영웅주의 시대가 끝나고 그야말로 군웅할거의 시대에 접어든 느낌이라고 노 화가는 일러준다. 그야말로 무질서의 소용돌이라는 것이다. 하지만 그런 무질서 속에서도 찬란한 그들의 전통을 이으려는 창조 의욕은 대단하다고 한다.

나중에 소르본느에서도 들은 애기지만 오늘날 프랑스는 비단 화단 만이 아니라 모든 문화 상황을 볼 때 오늘의 대가(大家)가 없는 시대라는 느낌이 든다. 물론 강력한 개성을 지닌 사람들은 많지만 문화계 전반에 걸쳐 지도자로서의 구실을 담당할 만한 거장은 없는 것 같이 보인다. 이는 프랑스만의 현상이 아니고 모든 유럽 제국의 공통된 현상인지도 모른다.

가령 18세기 이래의 프랑스를 생각하면 볼테르(Boltaire), 몽테스키외(Montesquieu), 위고(Victor Hugo), 발레리(Valéry) 등과 같이 모든 지식에 통하고, 각각 그 시대를 뚜렷이 대표할 만한 대 지식인이 있었다. 그러던 것이 사르트르(J. P. Sartre)를 마지막으로 이러한 타입의 지식인이 없어지고 말았다. 더군다나 사르트르는 시력이 극도로 나빠져서 사실상 이젠 붓을 놓아버린 셈이고 앙드레 말로조차 와병(지금은 유명을 달리했지만 내가 파리에 머무르고 있을 때)하고 난 프랑스 문단은 적요(寂寥)롭기 이를 데 없었다. 장 다니엘의 말처럼 사르트르는 어쩌면 「프랑스의 전환기에선 최후의 자유 철학자」일지도 모른다.

다니엘이 지적한 것처럼 그보다 앞서 프로이트 같은 사상가가 있어 그 흐름을 이어받은 사람도 있는 셈이지만, 그렇지 않은 사람들은 베케트로 대표되는 부조리성 쪽으로 기울어지고 있다.

한때 유행되었던 레비 스트로스의 구조주의는 생활에 있어서의 행동 양식으로 설명한다. 또 소쉬르를 시조로 하는 언어학은 오늘날에도 프랑스에서 크게 유행하고 있지만, 이것도 단적으로 말하면 말에 의한 결정론으로 사상은 말의 뒤를 따르게 된다. 한편 정신분석학은 인간의 어린 시절의 생리학에 바탕을 두고 모든 것을 규명하려 들고 있다. 오늘날 프랑스의 현대 문화는 그전에 있었던 것처럼 모든 지식을 내포하고 자유로이 횡단할 수 있었던 상황과는 거리가 멀어진 것 같으며 오늘의 문화 현상은 자유의 영역을 차츰 좁혀가고 있는 것 같다.

또한 마르크스는 죽었다고 외치는 한 무리의 프랑스 소장(小壯) 철학자들이 제법 설치고 있었다. 지난 세기에는 한 독일 철학자에 의해서 신(神)이 죽더니, 전후(戰後) 프랑스 좌파(左派) 지식인의 신이었던 마르크스가 같은 운명에 처하다니 퍽 흥미롭다. 더군다나 한때 마르크시즘 신봉자(信奉者)였던 젊은 학자들에 의한 「처형(處刑)」이란 점에서 더욱 흥미를 느낀다. 이 새로운 소장 철학자들은 1968년 드골을 몰아냈던 「학생혁명」의 주역(主役)들로 소련의 억압정치에 실망하여 전향한 A.굴룩스만, H.레비 등 8~9명이다.

이화백 댁에서 저녁을 마치고 새로 사들인 르노 자가용차를 타고 화백의 아틀리에에 들렀다. 그날 마침 외아들의 운전 면허증이 나온 날이어서 시운전을 겸하여 조심스레 파리 시외에 자리한 아담한 집을 방문했다. 이화백이 손수 수축했다는 이 집은 겉모양부터 조형미 있고 미학적 구도로 되어있어 쉬르 레알리슴의 냄새가 물씬 나는 소옥이었다. 바깥벽은 깨진 기왓장을 울퉁불퉁하게 쌓아올려 마치 전위적인 조각 작품 같기도 했다. 아틀리에는 큰 작업실과 창고, 그리고 침대가 있는 조그마한 거실이 하나 있었다. 이화백을 사사하는 많은 학생들을 위한 작업실도 따로 있었다. 이화백은 프랑스어를 전혀 모른다. 그러면서도 많은 프랑스인 제자들이 줄을 잇는다.

"말이 통하지 않으시는데 어떻게 제자들을 지도하십니까?"라고 의아해 했더니, 이옹은 "이심전심으로 다 통하지요. 그리고 그들이 우리말을 하는 수 없이 배우기도 하지요"

우리 말을 배워가면서까지 사사할 만큼 파리 화단에서의 이화백의 위치는 대단했다. 프랑스 이외의 유럽 각지에서도 제작 주문이 쇄도하여 이응은 연거푸 즐거운 비명이었다.

영국 초대전에 전시할 작품들이 수십 점 준비되어 있었다. 이화백 특유의 번지기[渲染] 수법에 의한 추상표현주의적 작품과, 산수(山水) · 가축 등 동양화적인 소재들이 추상적인 형태 속에 녹아버린 이색적인 작품과, 고요로움 속에 부조리에 대한 항거와도 같은 의식의 몸부림을 감득케 하는 <구상> <구조> 등의 대작들이 즐비해 있었다. 이응의 부음을 듣고 얼마나 가슴 아팠는지 모른다. 끝내 고국땅을 못 밟고 돌아가셨으니 참으로 안타깝다. 이젠 그를 그리고 그의 작품을 접하기가 어렵게 된 것을 적이 아쉽게 생각한다.

바캉스 희비

내가 파리에 도착한 것은 8월 하순이었지만 아직도 대부분의 파리장들은 바캉스에서 돌아오지 않고 있어서, 파리는 외국 관광객들만이 간간이 눈에 뜨일 뿐 텅 비어 있었다.

여름 휴가가 프랑스에서처럼 잘 지켜지는 나라는 없다고 하는 말을 여기 와서 실감있게 느낄 수 있었다. 8월의 프랑스는 그야말로 민족 이동의 나라가 돼버리는 것이다.

이래서 8월의 파리는 프랑스 사람이 별로 없는 도시가 되고, 특히 교외 지역은 빈부(貧富)를 가릴 것 없이 온통 집을 비워버려서 한적하기 이를 데 없다. 각 상점의 쇼윈도에는 「9월 1일 재개점」이란 표지가 으레 붙어 있는 채 문이 닫혀 있다.

8월 1일부터 비롯되는 프랑스인의 휴가 인구는 약 3천만 명으로 추산되고 있다. 프랑스 정부에서는 시차제(時差制)의 이점(利

點)을 들어 이를 해마다 적극 권유하고 있지만 전혀 효력이 없다는 것이다.

매스콤에서도 이 문제에 대해 상당히 신경을 쓰고 있었다. 바캉스의 혼잡상을 기획 기사로 다룬 <르 주르나르>의 보도를 보니 경찰이 헬리콥터로 추적, 조사한 통계에 의하면 남프랑스나 이탈리아, 스페인 등 남부 휴양지로 향한 자동차의 행렬이 15시간 동안 무려 80킬로미터 이상이나 뻗쳐 있었다고 한다.

호텔에서 점심을 먹으면서 마침 옆에 앉아있던 호텔 매니저에게 신문 기사를 보이면서, 「참 큰 일이군요. 이 많은 사람들이 휴양지에 가서 어떻게 배기지요?」하며 넌지시 말을 건넸더니, 이 친구는 사뭇 퉁명스럽게, 「이런 혼란의 원인은 고용자들에게 四주일 간의 휴가를 의무화한 사회복지 규정의 탓이지요」라고 설명해 주었다.

그에 의하면 이 법이 처음 공포되었던 1920년 대에는 2주일 간으로 규정되어 있었는데, 제 2차 세계대전 이후에 4주일 간으로 바뀌었다는 것이다.

프랑스에서는 가정주부를 두고 있는 집주인은 그 가정부에게 한달 동안의 월급을 과외로 더 주고 휴가시의 숙식비도 일당으로 계산해서 따로 지불할 것을 의무화하고 있었다. 그래서인지 문화성의 고급관리 집을 방문했을 때에도 부인이 손수 음식을 장만해 주었고, 상당한 부잣집에도 가정부를 볼 수 없었다.

파리의 8월은 그래서 무척 살기에 불편하다. 하지만 신성불가침의 이 유급 4주 휴가는 프랑스 민주주의의 가장 중요한 권리로 남아있다.

그렇지만 내가 만난 많은 프랑스 문화인들은 당국이 휴가 기간을 비롯하여 고속도로나 휴양지 환경, 철로 등에 대해 강력한 행정력을 발휘하여 단속해야 한다고 입을 모아 말하고들 있었다. 물론 프랑스 사람들은 속박 같은 것을 무척 싫어하는 국민들이기 때문에 그 실행이 무척 어려운 일일지도 모르나 장기적인 안목으로 국가적인 혼란을 피하기 위해서는 엄격한 조처를 시행할 필요가 있다고 그들은 믿고 있었다.

이처럼 긴 바캉스 때문에 프랑스에는 또 하나의 새로운 골칫거리가 생겼다. 「바캉스 도둑」이 바로 그것이다.

「프랑스 사람들이여, 도둑보다 더 영리하라」 그 무렵 프랑스의 경찰과 보험회사들이 이와 같은 슬로건을 내걸고 방범(防犯) 캠페인을 벌이고 있었다.

프랑스 경찰 집계에 의하면 매 2분 20초마다 한건 꼴이 발생한다고 하는데, 르 마땅 지에서는 매 30초마다 한건씩 발생하는 미국에 비하면 약과라고 자위(?)하고 있었다.

모나리자의 미소

꿈에도 그리던 루브르 미술관에 이르렀다. 세계에서 가장 크고 가장 진귀한 보물들과 미술 작품들이 소장되어 있다는 이 미술관의 바깥 모양은 생각보다는 단조로운 누르스름한 석조전이었다.

루브르는 13세기에 세느강변에 구축된 파리 방위의 성곽으로 시작하여 16세기에는 르네상스 양식의 궁전으로 개축되었으며, 1768년에는 마리니라고 하는 귀족이 브르봉 왕가의 보물이 많은 이 궁전을 일반 공개용 미술 진열관으로 하자고 제안했으나 25년이나 찬반 양론으로 옥신각신 끝에 실현되어 오늘에 이르고 있다 한다.

건물로 둘러싸인 안뜰(Place du Carrousel)에는 형형색색의 꽃으로 무늬진 화원이 눈부시다. 사진사들이 몰려들어 사진을 찍으라고 귀찮케 군다. 사기 사진사들이 많다는 것을 짐짓 들어서 이들을 피해버렸으나 동행했던 양병식 씨는 이들에게 걸려들어 곧 퇴색해버린 흑백 사진 한 장을 찍고 자그마치 백 프랑을 빼앗겼다. 두근거리는 가슴을 억누르고 미술관 현관에 들어섰다. 입구 매점에서는 조각 모조품 · 그림 엽서 · 슬라이드 등 각종 기념품을 팔고 있었다. 안내서 한 권을 사가지고 우선 넓은 대리석 계단을 오르니 니께의 여신상이 두 날개를 활짝 펴고 나를 반기는 듯하다. 처음에는 정신없이 이방 저방을 기웃거렸다. 놀라울 정도로 정밀한 기법의 고전과, 특히 비드오 앙그르의 그림, 쿠로 · 드라크르와 등의 예술적 향기 드높은 로망파의 명작들에 압도되어 피로도 잊은 채 서너 시간을 쉬지 않고 걸었다. 그림만이 아니고 미술관의 내장(內裝) 자체가 대리석의 조각 작품이었다. 용솟음치는 흥분을 가눌 수가 없었다.

루브르 미술관의 특징은 프랑스 전국의 미술관을 총괄하고 있는 센터의 역할을 하고 있다는 점이다. 파리 시내는 물론 프랑스 전국에 흩어져 있는 숱한 미술관은 이를테면 루브르의 분관인 셈이다. 때로는 작품의 이용도 가능하다고한다. 수장(收藏) 작품 20만여 점을 자랑하는 이 루브르에는 이집트 · 메소포타미아의 고대 동방 세계의 역사 이전의 귀중한 출토품에서부터 19세기 말의 인상파 작품에 이르기까지 인류 역사의 거의 전시대에 걸친 회화 · 조각 · 공예 등의 명품들이 보존되어 있다. 이 점은 고고학적 유품을 중심으로 한 영국 박물관과 근세 회화를 중심으로 한 내셔널 갤러리로 양분한 영국의 경우와는 크게 유별된다 하겠다.

물론 프랑스에는 여러 갈래의 특수 분야로 나뉘어져서 그 나름의 특수 미술관이 따로 있기도 하다.

루브르는 크게 여섯 부분으로 나누인다. 「고대 그리스 · 로마」

로부터 시작하여 「고대 동방」, 「고대 이집트」, 「중세 · 르네상스 · 근대 조각」, 「회화와 뎃상」, 「중세 · 르네상스 · 근대 공예」의 순서로 이틀에 걸쳐 구경했다. 그리스 미술실 맨 끝에 있는 미로의 비너스상은 절말 감동적이었다. 그밖에 헬레니즘 조각의 걸작들도 볼만했다.

그림을 좀 그리는 탓이었는지는 몰라도 가장 감명 깊었던 것은 회화 작품이었다.

세느 강변을 따라 길게 뻗어있는 갤러리 데타에는 다비드 등을 비롯한 19세기 거장들의 대작들이 즐비해 있었다. 특히 나의 눈길을 끈 것은 갤러리 중앙에 자리한 다비드의 <나폴레옹 대관식(戴冠式)>이라는 제명의 유화였다. 그 엄청난 대 구도도 놀라우려니와 그 화려한 색감은 마치 방금 완성된 작품처럼 신선해 보였다. 이 작품은 본시 베르사이유 궁전의 벽화로 그려졌던 것을 이곳으로 옮긴 것으로, 베르사이유 궁전에는 대신 모조품이 걸려있는데, 원화와는 현격한 차이가 있다.

루브르에 보존되어 있는 모든 유화 작품들은 한결같이 오래된 그림답지 않게 신선한 느낌을 준다. 낯익은 그림들이지만 「복제(複製) 명화」에서는 도저히 감득할 수 없는 오묘함과 색채의 풍윤함을 느끼게 되는 것은 아마도 명작이 지니는 영원한 매력이리라. 뿐만 아니라 명화의 이러한 매력을 잃지 않게 하기 위해서 미술관 당국은 전문가들을 동원하여 쉬지 않고 세심한 주의를 경주한다는 것이다. 세월이 흐르면 유화란 퇴색하게 마련이다. 이를 그대로 복원(復元)한다는 것은 그리 용이한 일이 아니라고 한다. 이들 명화는 이따금 세정(洗淨) 작업을 하며 원형의 신선함을 그대로 보존하기 위한 수복(修復)을 게을리 하지 않는다고 한다.

갤러리 데타를 지나면 그랜드 갤러리가 있고, 그 중앙에는 레오나르도 다빈치의 <모나리자> 그림이 있다. 그 신비로운 미소 때문에 세계에서도 가장 널리 알려진 이 그림 앞에는 과연 많은 관객들이 붐비고 있었다. 여느 그림과는 달리 방탄 유리가 덮여 있으며, 주위는 줄을 쳐놓고 제복 입은 감시인들이 너무 가까이 하지 못하도록 막고 있었다. 수년 전 정신 이상의 젊은이가 이 그림에 돌을 던진 이후로 이 그림은 이렇게 유별난 대우를 받게 된 것이다.

마침 단체 관광객들이 몰려와서 하는 수 없이 여왕 알현의 순번을 기다리듯 줄을 섰다. 대명작이라는 선입견 탓인지는 몰라도 막상 그림을 접하자 어쩐지 이해하기 어렵다는 느낌이 들면서 문득 대학 시절에 읽었던 그로나우의 <레오나르도 다 빈치>라는 책에 그의 작품을 이해하려면 많은 시간을 필요로 한다는 구절이 생각났다. 처음 이 글을 읽었을 때에는 이상하게 여기면서 모든 아름다움이란 누구나 직접 감득되는 것이 아니겠는가 하고 작자에 대한 저항감 같은 것을 느꼈다. 물론 명작의 아름다움이 함축된 심도(深度)를 이해하는 데는 심미안(審美眼)의 성장을 수반해야 하겠지만 말이다.

그로나우의 말과 젊은 시절에 느꼈던 저항을 회상하면서 <모나리자>를 대하니 감회가 새롭다.

영국의 문학 평론가 월터 페이터는 <모나리자>의 미소에 대해서 상당히 장황하게 그 감상을 문학적으로 서술한 바 있는데, 딴은 실제로 이 그림을 대하고 보니 이 작품에는 작품을 넘어선 문학적인 상상력을 펼 수 있는 소지가 있는 것 같다.

많은 미술 사가(史家)들도 <모나리자>에 대해서는 유달리 깊이 천착하려 들었다. <모나리자>의 모델인 엘리자베타 부인이 나폴리 출신이라는 소전(所傳)에서 일부러 나폴리를 답사하기도 하고 조사하기도 하여 결국 그 부인이 피렌체 태생이라는 것과 그 생년월일, 성격, 그리고 레오나르도가 1503년부터 약 4개 년 간에 걸쳐 제작했다는 사실과 부인이 스물네 살부터 스물일곱 살 때의 일이라는 등 세세한 것까지를 밝혀내고 있다.

하지만 미술 사가들의 집요한 호사벽(好事癖)에도 불구하고 과연 엘리자베타 부인이 <모나리자>의 틀림없는 모델인지의 여부는 아직 자료적으로 확증을 잡을 수 없다. 그 부인은 당시 피렌체의 부유한 상인이었던 프란체스카 델 죠콘다의 세 번째 부인이었다는 것도 뒤에 밝혀졌지만, 그러한 조사가 이 명작에 어떠한 큰 의의를 더해주는 것은 아니리라. 다만 확실한 것은 레오나르도에 의해서 이 초상이 영원화 되었다는 사실 뿐이다. 즉 미술 작품으로서의 <모나리자>만이 확실한 것이다. 예술 작품이란 그것으로 족하다. 프로이트는 이 작품을 정신분석학적인 고찰을 시도해 보기도 했지만, 그는 예술 작품으로서의 그 의의나 가치에 대해서는 조금도 천착(穿鑿)해 내지 못하고 말았다. 미술 작품을 감상하는 것은 바로 우리들의 눈이다. 우리들에게 존재하는 것은 다만 작품으로서의 <모나리자>와 작가로서의 레오나르도 다 빈치만이 세계인 것이다.

마침 미국 관광단의 안내인이 레오나르도에 대해 열을 올려가며 해설하고 있었다. 그에 의하면 프랑스의 왕(프랑스와 1세)이 4천 스쿠디로 이 작품을 샀다는 것이다. 프랑스의 유명한 소설가 스탕달은 이 4천 스쿠디를 5만 프랑으로, 어느 미국 학자는 8만 달러로 환산했다고 하는데, 아무튼 그 당시로는 파격적인 그림값을 치른 것만은 틀림없는 것 같다.

그처럼 이 작품을 엄청난 고가로 샀을 뿐만 아니라 레오나르도를 경애한 나머지 왕성 근처에 쿠르 성관을 주어 노 화가를 대접할 줄 알았다. 프랑소아 1세에 대해 큰 흥미를 느낀다. 장쿠르에가 그린 그의 초상화는 눈과 눈썹이 가느다란 환상적 인물 같은데 프랑스와 드 보왈로의 메달 상(像)에는 퍽 의지적이고 청순한 모습으로 나타나 있다. 나는 후자가 레오나르도를 이해한 왕의 참모습으로 받아들이고 싶었다.

레오나르도는 생전에 그의 고국 이탈리아에서는 별로 큰 인기가 없었으며 오히려 다른 나라, 특히 프랑스 귀족들의 총애를 받았던 것 같다. <모나리자> 그림도 이탈리아에서는 별로 평가되지 않았다. 그의 생전 또는 그의 사후 얼마 안 있다 씌어진 이탈리아 회화사나 간단한 그의 전기 중에도 <모나리자>는 프랑스 왕에게 비싼 값으로 팔렸다는 삽화로서 곁들였을 뿐이고, <최후의 만찬(晩餐)>과 <성처녀(聖處女)와 성(聖)안나> 등을 걸작으로 다루고 있다. <모나리자>를 높이 평가하는 전통은 봐자리에 의해서 비롯된다. 그는 레오나르도의 「자연을 충실하게 재현하는 기교」의 탁월함을 극구 찬양했다.

봐자리 이후 17세기 중엽까지는 <모나리자>는 거의 언급되지 않았는데, 이는 아마도 작품이 왕궁 깊숙이 비장(秘藏)되어 일반에 공개되지 않았던 탓이리라.

정작 <모나리자>의 신비성이 평가되기 시작한 것은 19세기에 이르러 로망주의가 왕성해진 뒤부터였다. 이 무렵에는 이작품의 「자연에 대한 충실」이 문제도기보다는 「영원한 여성」의 상징으로서 다루어지기 시작했다. 이때부터는 벌써 한 부인의 초상화로서 문제시하지 않게 된 것이다. <모나리자>는 기교의 문제가 아니라 사상의 문제가 되었다. 20세기에 접어들면서부터 레오나르도의 「마음」의 문제가 중요시되고, 요즈음에는 「마음의 밑바닥」 즉 레오나르도의 무의식의 심리를 분석하려고 드는 것 같다.

무릇 인간의 미소란 마음의 유연성의 표출이다. 경직된 마음으로는 미소할 수 없다. 미소란 격정에 지배되지 않고, 억제할 줄 아는 마음의 표현이다. 이것은 소리없이 용솟음치는 샘들이고 격정에 사로잡히지 않는 자유로운 마음의 유로(流路)다. 따라서 미소란 꼬집어 말할 수 없는 막연함과 모호함이 있다. 미소란 미소할 수 있는 마음에 의해서만 수용될 수 있고, 또 이해될 수 있으리라. 조용한 수면을 미풍이 스치고 지나가면서 이는 잔잔한 파문과도 같은 <모나리자>의 미소를 보면 나는 이런 저런 생각에 잠기곤 했다.

<모나리자>의 표정은 적절한 표현이 될는지 모르지만, 미소만이 아니라 손에도 정겨운 표정에 차 있는 것 같았다. <모나리자>야말로 산 의식을 가진 마음, 내적인 의식을 본질로 하는 마음을 표현한 위대한 예술 작품이라는 것을 원화를 보고 또 보면서 새삼스럽게 느꼈다.

생존의 뜨거운 염원

콩코르드 광장에 있는 루브르 별관에도 들러 보았다. 실내에 발을 들여놓자 일순 환히 트이는 강렬한 분위기에 눈이 부실 정도이다. 이곳에는 서울 덕수궁 미술관에서도 진열된 바 있는 인상파 작가들의 작품들만이 진열되어 있었다. 친밀감 넘치는 눈익은 정겨운 그림들, 왜 그런지 서울에서 봤던 그림보다 싱그러움을 느낀다. 서울에서 전시되었던 것은 모조품이 아니었을까 하고 의아심을 가질 만큼 색다른 감회를 갖는 것은 이곳의 분위기 탓일까…….

모네, 피사로, 시슬레이, 르노와르, 마네, 기요망, 모리조 등의 정겨운 작가들의 색의 미묘한 뉘앙스는 직접 원화를 접하니 이를 실감할 수 있었다. 화려한 원색의 대담한 붓자국, 그늘 부분도 흑색이나 다갈색을 사용하지 않고 눈에 보이는 색으로 과감하게 입혔다. 여러 원색을 캔버스 위에 병치해 놓은 부분을 일정한 거리에서 보면 인접한 색편(色片)과 색편은 대립을 그치고 혼연한 한색으로 보이는 오묘함, 인상파의 이른바 「시각 혼합」의 기법에 그저 놀랍기만 하다.

1870년~80년대 사이에 프랑스를 중심으로 일어난 이 인상파는 마네의 <해뜨는 인상>에서 나온 것으로 이들은 사물의 형체나 고유색을 부정하고 태양의 찬란한 광선과 자연의 찰나적인 인상을 포착하려는 시도를 통해 기성 화단에 과감한 도전을 했던 것이다. 진실을 표현하려고 했던 세잔느, 고갱 등 후기 인상파의 작품들도 퍽 인상적이었다.

아무튼 프랑스의 회화는 대체적으로 색채의 조화와 미묘함, 그리고 대비적 효과가 유달리 뛰어나 있음을 새삼스레 느끼게 된다. 인상파들의 그림을 보고나니 어쩐지 마음이 확 트이는 듯 시원해진다.

특히 르노와르의 선명하고도 아름다운 원색의 대비에 의한 발랄하고 생동감이 넘치는 나부(裸婦)의 감각적 표현은 모사품에서는 도저히 맛볼 수 없는 절묘함을 느낀다. 가위 「색채의 마술사」라 이를만 하다. 그의 그림에는 다른 화가에서는 찾아보기 힘든 미묘한 감성이 들어있는 것 같다. 또한 그의 화려한 색채 속에는 생존의 뜨거운 염원이 담겨져 있는 듯싶다.

그밖에 모네의 <연못의 버들>, 피사로의 <수확(收穫)>, 시슬레이의 <홍수(洪水)>도 감동적이었고, 초기 인상파의 색채 기법을 이어받으면서도 그 객관주의와 도취적인 찰나성을 거부하고 견고한 형태의 장식적인 구성으로 작가의 창조적인 주관을 표현해 보려고 했던 세잔느, 고갱 등 이른바 후기 인상파의 작품 또한 매혹적이었다. 루브르 별관에는 젊은 미술학도들이 여기저기에서 인상파 명화들을 스케치 하는 모습이 눈에 띄었다. 나도 때마침 겨드랑이에 끼고 있었던 스케치북을 꺼내어 프로방스의 아름다운 전원을 그린 고갱의 유화를 선 채로 급히 소묘해 보았다.

루브르 별관을 나와 근처 세느 강변에 잇는 근대 미술관에 들렀다. 미술관 밖에도 많은 조각들이 즐비하여 미술관 분위기를 한껏 자아낸다. 건물 자체가 현대적 감각을 물씬 풍겨준다. 내부 구조도 초현대식이고 채광도 훌륭했다.

초현실파, 입체파, 야수파, 추상파 등 20세기에 들어 홍수처럼 쏟아져 나온 각종 유파들의 모던 아아트를 망라한 가위 현대 미술의 심포니이다. 티눈만큼의 허점도 없이 철저했던 사실화(寫實畵), 명암을 기조로 한 고전 미술을 전통으로 이어받은 유럽 화가들은 아마도 더 이상의 사실의 벽을 뚫을 길이 없어 단단한 표면 구조를 파괴하고 변형하여 이를 심층 구조로 승화시켜 새로운 자아를 표현하려고 했으리라. 이 미술관에는 피카소의 작품에 상당한 비중을 두고 있는 것 같은 인상을 준다. 젊은 시절의 피카소의 사실화는 신기(神技)에 가까운 것이다.

파리에는 미술관의 수효가 헤아릴 수 없을 만큼 많다고 한다. 욕심 같아서는 다 들르고 싶지만 잠깐 들린 나그네로서는 무리한 일이다. 동양 미술관, 브르델 미술관, 로댕 미술관엘 잠깐 들렀다. 과연 로댕은 근대 조각의 거장다웠다. 대작부터 소품에 이르기까지 어느 하나 소홀함이 없고 근육의 표현 하나하나가 정력의 결정체로 동감이 넘쳐흐르고 있었다.

브르델 미술관 안뜰에 있는 <과실을 쥔 나부(裸婦)> 조각은 여체의 아름다움을 새삼 실감케 한다. 가위 성(聖) · 진(眞) · 미

(美)가 융합된 명작이다.

그림과 조각은 미술관 안에만 있는 것이 아니었다. 공항 버스를 타고 시내로 들어와 파리에 첫발을 디뎠을 때 감회 깊게 보았던 엥바리데 안에 있는 나폴레옹 기념관 안에도 그 시대의 각종 장비와 함께 벽면에는 조각과 숱한 전쟁을 소재로 한 그림들이 걸려 있었다. 진열된 창과 칼 등도 금은보석을 넣은, 무기라기보다는 공예품이었다. 프랑스 사람들의 미의식이 여기에도 잘 나타나 있다.

그밖에 파리 남서쪽에 있는 국립 도자기 미술관과 베르사이유로 가는 길에 고고하가 미술관도 별견(瞥見)했지만 여기서는 이만 줄이기로 하자.

연일 미술관 관람으로 피곤한 다리를 이끌고 숙소로 돌아오자, 프론트에서 메시지를 전해 주었다. 백건우(白建宇) · 윤정희(尹靜姬) 부부로부터 전화를 바란다는 쪽지였다. 이응로화백 댁에서 전화를 했을 때에는 연주 여행으로 부재중이었는데 아마 돌아와서 내 소식을 들은 모양이다.

반가워서 곧 전화를 걸었다. 귀에 익은 윤 여사의 반가운 목소리였다. 저녁 시간이 되었으니 식사나 같이 하자는 것이었다. 외국에서 동포를 만난다는 것은 그지없이 반가운 일이다. 더군다나 우리 예술계의 대스타 두 분을 이역에서 만난다는 것은 더없이 기쁜 일이 아닌가. 피로도 잊은 채 파리 북쪽 교외에 자리한 두 스타의 신접 살림하는 아파트를 찾았다.

샹젤리제에서 두 스타와 함께

백건우(白建宇) · 윤정희(尹靜姬) 내외의 초대를 받아 파리 북쪽 교외 좡퀴에르에 자리한 신접살림의 보금자리를 찾았다. 엘리베이터도 없는 허술한 구식 아파트였다. 백건우 씨가 아파트 입구에 나와서 기다리고 있었다. 육중한 대문을 스스로 열고 들어가 비좁은 계단을 올라갔다. 윤여사가 반갑게 방으로 맞아들였다. 스크린에서만 보던 스타를 이국 땅에서 만나는 감회는 유별스러웠다.

방이라고는 단 두 개, 모두 합해서 일곱 평 남짓한 소시민 아파트였다. 응접 세트도 없이 망루에는 돗자리가 깔려 있었고, 값진 세간살이라곤 전혀 눈에 띄지 않았으며, 피아노만이 유난히도 돋보였다. 맥주 상자를 두 개 놓고 그 위에 널판지를 깔아 책상을 대신하고 있을 정도이니 가위 그 방의 분위기를 짐작할 수 있을 것이다. 두 톱 클라스 예술가의 보금자리가 고작 이 정도라니 그저 어안이 벙벙했다. (얼마 안 가서 풍요로워졌지만) 윤 여사가 손수 만든 음식을 먹어가면서 이곳 파리 이야기를 소상히 들었다.

식사 후 나는 먼저 프랑스의 음악에 라틴 민족 특유의 감성적인 기교라든지, 프랑스 무용에 보여지는 생명력에 찬 리듬과 같은 것이 깃들어 있지 않느냐고 화제를 우선 음악 쪽에 돌렸다.

백건우씨는 내 질문이 어설펐던지 한참 무엇인가 생각하는 듯하더니, "음악이란 국경이 없는 것 아니겠어요? 근래 오네게르, 미요, 플랑크, 메시앙 등의 현대 작곡가들이 새로운 프랑스적 음악 어법(語法)의 발전에 진력하고 있습니다만 꼬집어서 꼭 프랑스적인 음악이라고 말하기 힘들 것 같아요……."하고 말끝을 얼버무리면서 연주가로서의 자신의 얘기로 말꼬리를 돌렸다.

"연주가의 생활이란 얼핏 보기엔 매우 화려한 듯하지만 실은 힘들고 고달파요."라고 하면서, 그러나 객지에서의 어려움을 무릅쓰고 열심히 공부하고 있다고 자위했다. 옆에서 윤여사가, "하루에 세 시간 남짓 연습을 또 그 이상의 시간을 음악 이론과 그밖의 공부에 열중하고 있어요."하며 거들었다.

"그밖의 공부는 무엇을 하고 계신가요?"라고 내가 캐묻자, "요즘 죤 케이지 같은 사람은 동양 철학에 매우 심취(心醉)하여 주역(周易)의 내용 같은 것을 그의 곡에 반영하고 있어요. 가령 천체의 운동 법칙 같은 것을 음악화하는 시도도 하는 등 동양의 신비감 같은 것에 무척 흥미를 느끼고 있다는군요. 나도 차츰 우리의 것에 대한 관심을 갖게 되지요. 처음 외국에 나왔을 때에는 뿌리가 없는 것 같아 뭔가 흔들흔들한 듯하여 허전함을 느꼈었는데 이젠 든든해요. 연주가는 테크니샨에 그쳐서는 안된다고 생각해요.

철학이 있어야 한다고 생각해요. 앞으로 틈있는 대로 동양의 음악이론서 같은 것을 읽을까 해요."

참으로 가상한 말이라고 속으로 적이 감복했다.

"나그네로서는 한시가 아쉬울테니 이렇게 앉아있을 게 아니라 밤의 파리를 즐깁시다."라는 윤정희 여사의 제의로 백건우 내외와 나는 지하철을 타고 샹젤리제로 향했다.

지하철 역에서부터 윤정희 여사의 안내는 시작된다. 자동 개찰구에 표를 넣고 들어가는 것부터 배웠다.

차를 타고 가면서 각 지하철 역마다 내부 장치가 사뭇 다른 데 놀랐다. 프랑스인들의 섬세한 예술적 감각은 타일 하나를 붙이는 데에도 정말 놀라우리만큼 섬세한 배려를 하고 있었다.

콩코르드 광장 역에서 내려 호젓한 기분으로 밤의 샹제리제를 걸어갔다.「극한 정토(淨土)」를 의미하는 이 거리는 폭 71미터의 대로다. 개선문까지는 약 2킬로이고, 여기서 다시 그랑타르메를 거쳐 새로 개발된 라데팡스 지구까지 일직선으로 6천3백여 미터나 이어지는 신 · 구 파리의 연결로이기도 하다.

이 세계적인 산책로도 17세기까지는 세느 강변의 소택지(沼澤地)에 불과했다. 1616년 마리 드 메디시스가 여기에 「여왕의 산책 도로」를 만들게 한 것이 샹제리제의 시작으로서 마로니에, 플라타너스 등의 가로수를 심으면서 차츰 그 거리도 넓혀져 오늘에 이르렀단다. 1800년까지만 하더라도 이 근처에는 단 여섯 채의 가옥 밖에 없었다고 하는데, 제2 제정(帝政) 이후 호화로운 건물들이 들어서게 되었다는 것이다.

이 엄청나게 넓은 거리는 형형색색의 화단과 여섯 개의 아름다운 분수가 좋은 대조를 이루면서 롱 포앙Rond Point으로 양분되어 있다. 동쪽, 즉 콩코르드 광장 쪽은 무성한 나무와 잔디로 덮인 공원 지구이고, 서쪽은 고급 양장점, 각국의 항공 회사 사무실, 승용차의 쇼 룸, 카페, 영화관 등이 즐비한 고층 빌딩가이다.

휘황한 각종 조명 속에 거리는 눈부시다. 혹심한 가뭄에도 영국과는 달리 선록(鮮綠)을 잃지 않은 잔디와 무성한 나무 사이로 프티 팔레(Petit Palais), 그랑 팔레(Grand Palais)의 두 미술관 지붕이 올연히 보이는 공원을 지나쳤다.

이 지역은 소설가 마르셀 프루스트(Marcel Proust)가 어린 시절에 가정부를 따라 이곳에 놀러왔다가 지르베르트를 만났다는 곳으로 그후 한 세기 가까이나 지났지만 거의 옛모습 그대로 남아 있는 소공원이기도 하다. 그의 소설의 무대가 된 것을 기념하여 이곳의 산보로의 하나를 몇 년 전에 그의 이름을 따서 프루스트 거리로 명명했다고 한다.

프루스트의 불후의 명작 <잃어버린 시간을 찾아서>에는 계절따라 바뀌는 이 고장의 자연이 섬세히 묘사되어 있다.

예술을 존중할 줄 아는 프랑스인들의 기질에 대해 얘기를 주고받으며 우리는 개선문을 바라보면서 천천히 걸어 올라갔다.

샹제리제 거리의 카페는 밤 아홉시가 지났는데도 사뭇 흥청거리고 있었다. 좀 쉬었다 가자고 했더니 윤 여사가 더 좋은 곳으로 안내하겠다고 해서 우리는 개선문 근처까지 걸어갔다.

르노(Renault) 자동차 판매전시장 안으로 들어갔다. 각종 새 모델이 휘황한 조명 속에 눈부시다. 전시장 한 쪽 구석에 카페가 있었다. 그 카페는 자동차 모형의 좌석으로 되어 있어 특이했다. 멋쟁이 파리장들이 즐겨 찾는 곳이란다. 우리들은 백건우씨의 주문으로 아이스크림을 먹었다. 맛이 어쩐지 짜릿했다. 알콜 냄새가 물씬 풍겼다. 아이스크림에 나폴레옹 코냑을 탄 것이라 한다. 달콤하고 새콤하고……. 그 맛을 뭐라 형용하기 어렵다. 값도 엄청났다. 한 개에 백여프랑, 그러니까 당시 우리나라 돈으로 환산하면 2만원 이 넘는 금액같다.

아이스크림을 먹으면서 우리는 프랑스의 영화 얘기로 꽃을 피웠다. 예술적으로 보아 프랑스 영화는 세계적으로 매우 높은 수준에 있는데, 이는 프랑스의 영화인들이 항상 새로운 형식의 표현을 추구하며 노력하고 있고, 또한 소규모의 프로덕션이 많아서 각자의 개성이 강하게 반영될 수 있기 때문이라고 윤 여사는 이곳의 영화계 사정을 일러주었다. 요즘 프랑스 영화는 지나치게 문학적인 경향도 있으나 퍽 신선한 표현과 개성적인 사상을 카메라 기술만으로 구현하려고 하기 때문에 항상 새로운 매력이 있다는 것이다. 여기에 더하여 많은 훌륭한 배우에 의한 인간상의 다채롭고 매력적인 표현과 문학적 센스를 풍부히 지닌 대사, 작가 등 영화보다 앞선 여러 예술계 종사자들이 솔선하여 영화에 그 뛰어난 재능을 제공하고 있기 때문에 세계 각국의 영화계가 텔레비전의 위세로 사양(斜陽)길에 들어서고 있는데 비해 프랑스만은 예외라고 윤여사는 몹시 부러워하면서 우리 영화계의 부진상을 아쉬워하고 있었다.

윤 여사는 우리 영화계에 대한 미련을 버리지 못하고 있는 것 같았다.

이곳의 우리 대사관원 말에 의하면 윤 여사는 파리 영화계에서 상당히 주목을 받고 있다는 것이다. 소르본느에서 좀더 프랑스어를 마스터하면 머잖아 이곳의 중후한 주연급 배우로 발탁될 것이라고 어제 내게 귀띔해 주었던 일이 문득 생각났다.

우리는 다시 거리로 나왔다. 파테 시네마(Pathe Cinema)에 들렀다. 한 극장에서 동시에 여섯 개의 극여화가 상영되는 곳이다. <에마뉴엘 부인>도상영 중이었다. 이 영화는 개봉된 지 3년이나 된다는데도 아직도 초만원이라는 것이다. 일본에서 얼핏 보았다고 했더니 윤 여사는 "일본에서는 많은 곳이 가위질당하거나 지워졌으니 다시 한번 꼭 보세요."라고 신신 당부했다.

드럭 스토어에서 전숙희 여사가 부탁했던 문예잡지 몇 권을 사고 다시 거리로 나왔더니 어느새 개선문의 조명이 꺼져 있었다. 그전에는 밤새 켜놓았는데 유류 파동 이후 한밤중에는 소등(消燈)한다는 것이다. 밤도 이슥했으니 이제 그만 헤어지자고 제의했더니 백건우 내외는 샹젤리제에서 루브르까지는 연애 시절에 둘이서 즐겨 다니던 곳이어서 언제 다녀도 싫증이 안나는 길이라고 하면서 호텔까지 바래다 주겠다고 굳이 고집했다.

하는 수 없이 나는 다정한 부부의 뒤를 따라 한참 걷다가 메트로를 타고 루브르 역에 내렸다. 윤 여사는 루브르 지하철을 꼭 설명해 주고 싶어서였다고 나중에 일러주었다. 지하철 역 구내는 루브르 소장의 모조품으로 장식되어 박물관 분위기를 물씬 풍겨 주고 있었다.

지하철에서 나오자 윤 여사는 혼자 있을 때 살던 아파트의 3층 베란다를 가리키면서 외로웠던 시절의 객수(客愁)를 얘기하며 내외는 한껏 웃어댔다. 이튿날 파리 제일의 라파이에(Laffayete) 백화점에서 만나기로 하고 헤어졌다. 나는 별로 살 것이 없었으나, 윤 여사는 "여자란 값싼 하잘 것 없는 물건이라도 남편이 선물을 사다주는 것이 더없이 기쁘답니다"라고 하면서 여자의 마음을 헤아려서 쇼핑을 도와주겠다는 것이었다. 정말 고마웠다.

튀르리에서 개선문까지

이튿날 일찍 일어나서 호텔 근처의 튀르리 공원을 산책했다. 유명한 정원사 르 노틀이 조원(造園)한 25ha의 화원은 화사하기 이를 데 없었다.

1871년의 파리 코뮌 때 불타버린 튀르리 궁전은 루브르 남북의 양익단(兩翼端)을 잇는 선상(線上)에 있었다고 하는데 지금은 화단과 잔디밭이 되어버렸고 마이요르의 생명감 넘치는 여러 브론즈 상이 여기저기 눈에 띄었다.

이 튀르리 궁전 북단의 「기계의 방」에는 파레 르와야르 극장이 불타 없어진 뒤, 한때 오페라용 극장으로 개조되어 사용됐다는 곳이기도 하다. 코르네이유, 몰리에르, 뤄리, 게노 합작의 무용극 <프시셰(Psyche)>는 1671년 1월 이 가설극장에서 초연되어 히트된 것으로 알려지고 있다. 이 궁전 안에는 다른 상설 극장도 있었다고 하는데 1775년에는 유명한 <세빌리아의 이발사>가 초연된 곳이기도 하다.

튀르리 공원과 샹제리제 사이에 위치한 콩코르드 광장은 낮에 보니 주위의 건물과 경색(景色)과의 조화가 잘 이루어져 색다른 감회를 느끼게 한다. 프랑스 혁명 당시 피로 물들여진 혁명의 역사적 광장이기도 한 이곳에서 루이 16세와 마리 앙트와네트가 단두대의 이슬로 사라졌다. 오스트리아의 저명한 작가 츠바이크가 <마리 앙트와네트(Marie Antoinette)>에서 그 처형 광경을 생생하게 묘사했던 구절이 아른거린다.

샹제리제의 공원길에 들어서자 어젯밤에 눈에 띄지 않았던 하얀 빛깔의 동상이 푸른 숲 사이에서 유난히도 부각되어 보였다. 가까이 가 보니 바로 엽편 소설cont의 비조(鼻祖)인 인상주의의 대가 알퐁스 도데(Alphonse Daudet)의 동상이었다. 그의 <회상록(Souvenirs d'un homme de léttres)>에 보면 이 고장이 자주 나오기도 한다.

영화 구경하기에는 아직 일렀으므로 오스망 가(街) 102번지에 있는 프루스트의 집을 방문했다. 기관지 천식의 지병으로 이집에 칩거하여 사회와의 관계를 단절하고 장편소설 <잃어버린 시간을 찾아서>를 자그만치 14년 간에 걸쳐 집필했다는 그의 방은 거리의 소음을 막기 위해 골크 합판으로 창문을 막도록 되어 있었다. 그의 놀라운 작가적 집념에 그저 고개가 숙여질 따름이었다.

롱 포앙에서 개선문에 이르는 빌딩가는 낮에 보니 푸루스트가 그의 작품에서 쓴 「세련된 흐뭇한 회고의 거리」는 이미 아니었다. 좀 살벌한 빌딩의 숲이었다. 1920년 경부터 이렇게 변했다는 것이다.

2층에 화사한 발코니가 있는 三층 건물이 25번지에 보였다. 지금은 국제 여행자 클럽 건물로 되어 있지만, 여기는 일찍이 유명했던 문학 살롱이 있었던 파이바 관(Hotel de la Paiva)으로서 르네상스 풍의 살롱이었다. 내부가 옛모습 그대로 보존되어 있었다. 안내판에 보니 파이바 부인은 본명이 테레즈 라흐만(Thèrése Lachman)으로 폴란드 출신의 유태인이었다. 처음에는 포르투갈의 귀족 파이바 후작 부인이 되었으나 후에 프러시아 귀족 도네르스말크 백작 부인이 되어 이 호사한 집에 문학 살롱을 열었다. 콩쿠르 형제, 생트 뵈브, 데휠 고티에 등이 이곳에 모이곤 했다. 콩쿠르 형제는 1867년 5월 31일의 <일기(Journal)> 속에서 이 살롱의 여주인을 퍽 냉혹하게 묘사한 대목을 읽은 기억이 되살아났다. 이 일기는 형제의 합작으로 19세기 후반의 프랑스 문학인들의 생활이 자세히 기록되어 있고 문학 작품으로도 높이 평가될 만하다고 나는 생각한다. 그의 유산을 기금으로 해서 창설된 콩쿠르(Les Concourt) 상은 현재 프랑스 최고의 문학상으로서 그 수상작은 으레 베스트셀러가 되는 것이 이곳의 통례이기도 하다.

어제 눈여겨두었던 파테 시네마에 들어가 <에마뉘엘 부인>을 구경했다. <에마뉘엘 부인>은 3부작인데 1963년에 발표된 에로틱 문학의 걸작으로, 원작은 에마뉘엘 알상으로 되어 있지만 실은 저명한 소설가 피에르 망디아르그가 아닌가 할 정도로 높은 수준의 소설이다. 우리 나라에서는 판매 금지가 되고 압수 소동까지 벌어진 작품이지만 재고해야 할 일이다.

에마뉘엘이라고 하는 젊은 부인은 섹시한 지체(肢體)와 매혹적인 미소 때문에 뭇 남성은 물론 동성과의 성 체험을 거듭하면서 성의 심연(深淵) 속으로 빠져 들어간다. 한 정숙한 유부녀가 분망한 유녀(遊女)로 변신(變身)함을 통해 가져보는 자유로운 한 여성으로서의 비상(飛翔)이 퍽 환상적으로 잘 그려져 있다.

이 영화는 이와 같은 프로세스를 황홀할 만큼 아름다운 영상(映像)으로 묘출(描出)해 나간다. 데이비드 해밀턴 풍의 소프트 포커스(soft focus)의 우미한 화면 속에 패션이 용솟음친다. 노골적인 성 묘사인데도 조금도 추하게 느껴지지 않는다. 흐뭇한 기분으로 인파에 밀리면서 거리로 나왔다.

보도의 카프테리아에서 즐겁게 환담하는 젊은 애인들의 모습을 부럽게 바라보면서 걷는 동안 어느덧 눈앞에 거인처럼 우뚝 솟은 개선문(Arc de Triomphe)이 다가선다.

1860년 12월 15일에 이 대 아치를 통과했던 나폴레옹의 유해에 이어 1885년에는 프랑스가 자랑하는 대 소설가 빅토르 위고의 유해가 이곳을 지나갔다. 이로서도 프랑스가 위대한 문학가를 어느만큼 존중하는가를 짐작할 수 있다.

이 개선문에는 나폴레옹 군대에서 활약한 무장(武將)들의 이름이 새겨져 있는데, 이 당시의 장군이었던 위고의 아버지의 이름이 빠져 있다. 이에 대해 늘 불만을 품고 있었던 그는 시에 의탁하여 자기 부친의 명예를 곧잘 칭송하였던 탓으로 그의 시에는 개선문이 자주 나온다.

하지만 위고의 시 못지 않게 이 문을 보고 생각나는 것은 독일의 망명 작가 레마르크의 <개선문>이란 이름의 소설이다. 나찌를 피해 프랑스에 불법 입국한 외과의사 라뷔크와 고독한 가수 조안 마즈와의 비련(悲戀)을 그린 이 작품 속에 이들 두 사람이 만났던 이슬비 속의 밤의 개선문은 애수어린 정경으로 내 뇌리에 아로새겨져 있었는데 그 개선문을 바로 눈앞에 바라보니 그저 감개무량할 따름이다.

로댕의 무게

파리 체재 중 하루를 따로 잡아 로댕의 미술관에 들러보고 말로만 듣던 로댕의 위대함을 새삼스레 느낄 수 있었다. 백문이불여일견(百聞而不如一見)이란 이를 두고 하는 말인가 보다.

내가 로댕 미술관에 들렀을 때, 마침 현대 조각전이 미술관 정원에서 열리고 있었다. 입구에서 여학생 몇 명이 정원의 조각전만을 보고 싶으니 입장료를 할인해 달라고 매표소 사람과 열심히 교섭하고 있었다. 매표소 사람은 무표정인 채 연거푸 고개만을 흔들고 있었다.

발랄한 여학생들의 교섭하는 모습이 하도 재미있어 나는 발걸음을 멈추고 한참 구경하고 있었다.

끈질긴 교섭이 진효되어 가까스로 입장하는 것을 보고 나는 그들 뒤를 따라 들어갔다.

이 미술관은 정말 장관이었다. 한 인간의 자그마한 손이 짧은 생애 동안 이처럼 경고(硬固)한 거석(巨石)의 덩어리를 어떻게 새길 수 있었을까…… 그저 어안이 벙벙해질 따름이었다. 산도 깎아 조각할 수 있을 듯한 엄청난 힘의 저력을 느낄 수 있었다.

이 미술관에서 가장 흥미로웠던 것은 발작 상(像)의 생성과정을 보이는 습작의 계열이었다.

모델 없이 사진만으로 제작한 것이라고 하는데 로댕의 구상력에 의해서 발작 상(像)이 형성되어가는 공정이 잘 엿보였다.

그리고 마지막에 가서 잠옷 입은 포오즈로 낙착된다. 여기에 이르러 발작은 결정적 작품이 된다.

숱한 모색과 방황을 거친 후 이런 결정적 조형(造形)에 이르는 과정은 마치 시작(時作) 과정과도 같다고 느꼈다. 이러한 과정을 보면 조각에는 뭔가 그 자체가 존재하는 「형(形)」으로서 한 조각가를 불러들여 그를 호응케 함으로써 「만남」에 이른다는 느낌이 들었다. 미켈란젤로의 작품 <모세>를 연상케 했다.

정원에 전시된 추상 조각에서는 이와는 퍽 대조적으로 결정적인 형태를 느낄 수 없었다. 추상하여 어떤 결정적인 요소에 도달했을 텐데도 불구하고 다만 변형(變形)을 느낄 따름이다. 어딘지 불안하고 불안정해 보인다.

기하학적으로 매우 단순화되어 있지만 필연성이 결여된 주관적인 표상(表象)을 느낄 따름이다. 어딘지 불안하고 불안정해 보인다.

기하학적으로 매우 단순화되어 있지만 필연성이 결여된 주관적인 표상처럼 여겨진다. 로댕의 실물 조각을 보면서 나는 조각가란 인간의 얼굴에는 별로 흥미가 없지 않나 하는 엉뚱한 생각을 해보았다.

얼굴의 본질은 물론 표정이다. 모르기는 해도 표정이란 조각의 본래의 관심사는 아닌 듯싶다.

아까 입구에서 옥신각신하던 여학생들과 한 구석에서 마주쳤다. 한 학생과 대화를 나눌 수 있었다. 미술 학도였다. 내가 아까 품었던 의문을 던지자 그녀는 조각의 의도는 표정이 아니라 신체에 있다고 설명해 주었다. 표정을 무시하고 추상하는 데에 순수한 조각이 이룩되는 것이란다. 표정과 같은 내적인 표현은 회화의 소임(所任)이라는 것이다. 그래서 조각적 조형이 궁극은 나체라고 한다.

그리스 조각의 무표정 속에서 「위대한 정(靜)」을 느낄 수 있는 묘미와 로댕의 무겔 새삼 감득하면서 미술에 제법 조예가 깊다고 자처했던 스스로의 치기에 새삼 겸연쩍음을 금할 수 없었다.

로댕 미술관을 나와 시간 여유가 있어 파테 시네마에 들려 어제 윤정희 여사가 추천한 <에마뉴엘 부인>을 관람했다. 이 영화의 원작은 1963년에 발표된 <피엘 망디다르그의 에로틱 문학의 걸작으로 수준높은 판타지 소설이다.

어만엘은 섹시한 몸매와 매혹적인 매너 때문에 뭇 남성의 사랑을 받게 되고 깊은 성체험으로 엑스타시의 심연으로 빠져드는 프로세스를 데이비드 해밀턴 풍의 '소프트 포커스'로 현란한 영상으로 엮어낸 명작이었다.

노트르담의 위엄

프랑스 문화성에서 다시 얻은 <파리 문학 안내(Paris Guide Litéraire)>라는 두툼한 책을 참고삼아 2천 년에 걸친 이 고장의 문화가 정화(精華)로 얽혀 있는 구석구석을 헤매면서 무수한 예술가와 시인묵객(詩人墨客)들의 애환의 입김과 사연이 서린 유서 깊은 공원과 광장 그리고 묘지와 옛집 등을 나는 도착 첫날부터 순방하기 시작했다.

일찍이 시몬느 드 보봐르의 "외국을 이해하려면 그 나라 문학가을 통해서 이해하는 것이 가장 빠른 지름길이다"라는 말을 굳이 인용할 것도 없이, 예술의 도시 파리를 문학 기행을 통해서 더욱 깊이 이해하고 싶었다.

제일 먼저 파리의 젖줄 세느 강물에 둘러싸인 시테 섬(ile de la Cité)까지 자동차로 안내를 받았다. 여기서부터 오늘 하루는 걸어가면서 차분히 구경하기로 했다.

이 섬은 파리의 중심지일 뿐만이 아니라, 파리 탄생의 요람이기도 하다.

지금은 석축과 콘크리트 축조(築造)로 둘러싸인 이 섬도 서기 기원전 6세기 경에는 잡초가 무성했던 황량한 섬이었다. 파리지 Parisii라고 하는 수상족(水上族)이 이곳에 살면서 고기잡이와 운수업에 종사하면서 가난한 삶을 영위했다고 한다. 이 종족의 이름 「파리지」에서 「파리」라는 시명(市名)이 나온 것이다.

파리에 관한 가장 오랜 기록으로는 로마의 무장(武將) 줄리어스 시저가 쓴 <갈리아 전기(轉記)(Commentarii de bello Gallica)>가 있다. 이 작품은 기원전 58~51년 사이에 갈리아(현 프랑스)를 정복했던 기록 보고문이지만 문장이 뛰어나, 이 그로 말미암아 시저는 문필가로서도 후세에 그 이름을 떨치게 된 것이다. 이 전기(戰記)를 읽은 몽테뉴는 "시저야말로 가장 뛰어난 수사가(修辭家)요 문필인"이라고 격찬했다.

시저가 이끄는 로마군이 이 섬을 공략한 것은 기원전 53년 봄의 일이었는데 지금도 세느 좌안(左岸)에는 당시의 공동욕장(共同浴場) · 투기장 등의 유적이 남아 있다.

파리 2천년의 역를 비장한 이 시테섬에는 파리 전체를 위압할 듯한 대가람(大伽藍) 노트르담 사원(Cathédrale Notre-Dame)이 우뚝 솟아 있다. 과시 파리의 상징답다. 8세기에 걸쳐 파리와 함께 살면서 그 영고성쇠(榮枯盛衰)를 지켜 보아온 이 사원은 프랑스 중세의 대표적인 고딕 건축물이다. 프랑스 국도(國道)의 기점이 바로 이 건물 앞에 있다.

소설 <인간의 조건>으로 유명한 앙드레 말로(André Malraux)

가 문화상으로 있을 때 그의 제창으로 수백 년에 걸친 해묵은 때를 말끔히 벗겨내어 건축 당시의 휘황한 흰 살결이 그대로 드러나 8월의 태양 아래 눈부셨다.

이 사원을 제명으로 한 빅토르 위고(Victor Hugo)의 <노트르담 드 파리(Notre-Dame de Paris)>라는 소설이 있다. 그의 이름을 떨친 명작으로 이장중한 사원을 배경으로 하여 묘사된 인간 군상은 프랑스인의 중세 파리관의 일부를 옹글게 부각시켜주고 있다.

위고의 숭배자인 시인 바크리(Auguste-Vacquerie)는 「노트르담 정면의 두 개의 탑은 위고의 이름의 머리 글자인 H를 나타낸 것이다」라고까지 말할 정도로 위고와 이 사원과의 관계는 깊다. 두 개의 4각탑은 그 높이가 약 70m로서 남탑종루(南塔鐘樓)의 옥상으로 가는 387계단이 있다. 나선형으로 올라가는 이 어두운 돌계단을 오르노라면 위고의 작품에 나오는 노트르담의 꼽추가 에스메랄다를안고 오르는 모습을 연상케 된다.

사원 안은 어둡고 조용했다. 남쪽에 큰 기둥이 보이는데, 이 기둥은 시인 폴 클로델(Paul Claudel)이 <사텡(　子)의 구두>를 착상했고, 또한 크리스마스 미사 대 이 기둥 옆에서 잃었던 신앙을 되찾은 곳이라고 안내자는 설명해 주었다.

때마침 미사를 볼 수 있었다. 퍽 감동적이었다. 카톨릭 신자가 아닌 나로서는 카톨릭교의 핵심과 관계 없는 퍽 외면적인 미적 감동에 지나지 않을는지도 모른다.

하지만 나는 현대의 물질적인 객관주의, 쾌적함으 기준으로 하는 니힐니즘, 회의적(懷疑的)인 씨니시즘, 자포자기적인 종말관(終末觀)에 대하여 인간의 지고(至高)한 영역을 실현시키고자 하는 그 숭엄한 노력에는 감동되지 않을 수 없었다.

어쩌면 이런 미사는 형식화된 장려(壯麗)이지만 한편으로는 공허한 비잔티니시즘인 것인지도 모른다. 그렇지만 그와 같은 예배의 양식을 지탱하는 것은 어떤 한 준엄한 표명임에는 틀림없다.

사원 앞의 노트르담 광장(Place du Paris Notre Dame)에는 일찍이 페에브가(街)와 리코르누가였고 여기에는 르네상스 문학을 꽃피운 라블레(François Rabelais)의 걸작 <가르강튀아와 팡타그뤼엘(Gargantuaet Pantagruel)>에 등장하는 카바레가 있었던 곳이라고 한다. 이 카바레를 배경으로 하여 복음주의의 입장에서 스콜라 철학, 소르본느대학 신부학, 수도원 제도 등에 대한 신랄한 풍자가 오갔던 것이다.

19세기 초까지만 하더라도 이 광장은 무척 어수선했다고 하는데, 추리 소설가 쉬(Eugene Sue)의 인기 소설 <파리의 비밀(Mystéres de Paris)>에 나오는 매음가(賣淫街)도 바로 이곳이다. 1841년에 씌어진 이 작품은 10권이나 되는 방대한 것으로 신문소설의 효시이기도 한데 이곳을 배경으로 하여 그 당시 파리의 하층 계급을 휩쓴 야심과 선의(善意)가 알뜰하게 그려져 있다.

신시장 강변

노트르담 광장에서 서쪽으로 조금 걸어가면 신시장 강반(新市場 江畔, Quai du Marche)에 이른다. 여기의 八번지는 프랑스 최초의 신문이 발간된 곳으로 유명하다. 왕실사(王室史)의 편찬자요, 의사이기도 했던 르노도(Theophraste Renadot, 1586~1653)가 1631년 5월 30일에 발간한 신문 이름은 <라 가제트(La Gazétte)>였다. 후에 <라 가제트 드 프랑스(La gazétte de France)>로 고쳤는데, 이를 기념하기 위하여 1925년에 르노도 문학상이 마련되기도 했다.

이 강변의 36번지 사법청(司法廳)의 일각에는 조르즈 시므농(George Simenon)의 일련의 추리소설 <메그레 경찰서장(Commissaire Maigret)>의 독자들로서는 잊을 수 없는 사법경찰(P.J)이 있다. 사건 전개의 틈틈이 삽입된 계절감 넘친 강변의 풍경 묘사 그대로 이곳 강 언저리는 아름답기 그지없다.

여기서 다시 오른 편으로 돌면 황태자광장에 이른다. 1607년 앙리 4세로부터 이 땅을 양도받은 고등법원의 초대 의장 아드레이가 여기에 3각형의 광장을 만들고 그 주변에 건물을 지었는데, 당시 여섯 살이었던 황태자(뒤에 루이 13세가 됨)의 명예를 위하여 그렇게 이름을 붙였다고 한다.

이 광장은 회의주의 소설가 겸 평론가 아나톨 프라아스(Anatol France)의 <목마른 제신(諸神)(Les Dieux ont Soif)>에 보면 잘 묘사되어 있다. 미래의 행복과 평화라는 이상 아래 그만 잔인하게 변한 작품의 주인공의 그므랭은 이곳 광장을 자주 배회한다. 여기서 작가는 인간을 위한다는 사상, 철학, 개혁이 오히려 인간의 적이 되는 경우를 보이면서 인간을 넘어서는 가치란 결코 있을 수 없음을 나타냈는데, 프라아스는 이 작품의 구상을 이곳에서 했다는 것이다.

시테 섬 서쪽 끝에 놓인 다리가 유명한 퐁 뉴프교. 파리 최고(最古)의 다리로서 1578년부터 1604년에 걸쳐 건조된 것인데 아치형의 아름다운 경관을 이룬다.

이 다리의 한 가운데, 세느강 유역 아래쪽에 앙리 四세의 기마(騎馬) 동상이 서 있다. 오랜 종교 전쟁을 마무리한 명군(名君)으로 동상은 왕이 죽은 지 4년 만에 세워졌으나, 대혁명 때 포탄을 만들기 위해 부숴버렸던 것을 루이 18세가 1818년에 다시 세운 것으로 대좌(臺座)에는 볼테르(Voltaire)의 앙리 4세 예찬시 <앙리아드(La Henriade)> 2권이 수장되어 있다.

이 동상은 파리 젊은이들의 데이트 약속 장소로 많이 이용되고 있어 연애하는 젊은이들의 보금자리이기도 하다. 여기저기 사랑에 심취한 쌍쌍이 눈에 띈다.

다시 궁전 거리에 나와 북쪽으로 세느 강변을 걸어가면 대시계 강반(大時計江畔)에 이른다. 1번지는 프랑스 대혁명의 피어린 추억으로 물든 콩시에르즈리(La Conciérgerie)이다. 콩시에르즈리란 왕궁의 관리자였던 문지기란 뜻이다. 내부는 대혁명 이후 한꺼번에 1천 2백여 명을 수용할 수 있는 혁명 재판소의 감방으로 개조되어 단두대에 오르기 직전의 대기실로 사용되었다. 위병(衛兵)들의 방, 병사들의 방을 지나 안으로 깊숙이 들어가면 여름철인데도 오싹해질 만큼 한기를 느끼면서 음산한 분위기에 긴장감이 감돈다.

루이 16세의 왕비 마리 앙트와네트가 1893년 8월 2일부터 2개월 반 남짓 동안 갇혀 있었던 독방을 거쳐 수인의 낭하를 걸어갈 때 등 뒤에서 '머리를 조심하세요. 기요친의 칼날이 떨어질지도 모르니까요. 그리고 낮은 입구에는 조심하시구요' 라는 안내인의 외침에 등골이 오싹해진다. 인곳의 으마산한 분위기는 오스트리아의 유명한 전기 작가 츠바이크의 <마리 앙트와네트(Marie Antoinétte)>에 그려진 그대로였다.

여기서 단두대로 끌려간 문인 · 정치가 · 군인은 2천 6백여 명에 이른다고 하는데 <카르멘(Carmen)>의 작가 메리메(Prosper Merimé)도 여기에 2주간 구류되었던 일이 있다.

시테 섬 주유

신시장 강반(新市場江畔)에서 궁전거리로 다시 나오면 프랑스 사법청 쪽으로 되돌아오게 된다. 로마시대 사정관(司正官)의 숙소였던 것을 역대의 프랑스 왕들이 중 · 개축하여 온의 위용을 갖추게 된 것인데 시테 서북부 3분의 1을 차지한 대 건물이다.

서기 361년 여기서 황제가 되어 시집 <미소포곤(Misopogon)>을 쓴 율리아누스(Julianus) 황제에 대해서 <골사(Histoire de la Gaule)>의 저자 카미유 쥘리앙(Camille Jullian)은 율리아누스 황제가 세느 강과 강변 풍경을 얼마나 사랑했는가를 자세히 설명하면서 그의 시심(詩心)은 바로 세느 강심(江心)이라고 역설하기도 했다.

이 궁전 거리 주변에 대해서는 걸작 <르 시드(Le Cid)>로 유명한 고전 비극작가 피에를 코르네이유(Piérre Corneille)가 쓴 <궁전의 낭하(La Galérie du palais)>에도 잘 묘사되어 있다.

폼누프
세느강
환전교
샤트레
꽃시장
샤트레 광장
市立病院
시청
사법청
시테섬
신시장 강변
❶ 노트르담 사원
❷ 신문 발상지
❸ 사법 경찰
❹ 왕태자 광장
❺ 앙리 4세 상
❻ 콩세르 주리
❼ 생트 샤베르
❽ 아벨라르와 엘로이즈의 집
브르봉
파리 경찰청
寺院前広場
상루이 섬
橋
브로봉 강안
오르레앙 강안
시테섬
망주 강안
상루이섬
❶ 켄타울느의 집
❷ 알베르의 생가
❸ 폴란드 문고
❹ 로잔느 관
❺ 랑 베르관
주리교
二橋街
투르네르교
세느강

사법청 안뜰에는 그리스도의 성유물(聖遺物)을 봉납키 위해 성루이 왕이 세운 상트 샤펠 예배당이 있다. 파리의 보석이라고 이를 만큼 정교한 건물로 장중한 노트르담과 대조를 이룬다. 이 예배당과 세느강 사이의 마을이 볼테르(Voltaire)와 브왈로(Boileau)가 태어난 곳이다. 브왈로의 서사시 <뤼트린(La Lutrine)>은 바로 이 세느 강변을 주로 노래한 것이다.

대 시계탑 옆과 그 우안을 이어주고 있는 다리가 환전교(換錢橋)(Pont au Change)다. 나폴레옹을 상징하는 N마크가 새겨진 다리로서 유명할 뿐만이 아니라 시인 폴 포르(Paul Fort)의 시제명(詩題名)인 'Pont au Change'으로 유명하다.

퐁 토 샹쥬
화시(花市)의 밤!
바람결에 풍겨오는
여름수선의 향긋한 내음이여
향긋한 흙냄새여
마리아의 축제
밤궁전에 번지는 요란함이여
세느 강 너머
서녘 구름 사이로 노을이 지고
들끓는 무리 위에 담홍(淡紅)이 물드네

이 다리 주변은 폴의 시에 나오는 꽃시장으로 지금도 유명하다. 그는 앙드레 지드와 함께 즐겨 이 다리를 찾았다고 하는데, 이밖에도 세느 강변의 파리 풍정을 그 특유의 회화적 이미지와 음악적 문체로 엮은 많은 시를 남겨 놓았다.

노트르담 사원 북쪽 승원가(僧院街, Rue du Clotre Notre Dame)의 동편으로 걸어가면 시테 섬과 상루이 섬을 잇는 상 루이교가 있고 바로 이 다리 근처에 그 이름도 아름다운 꽃의 강변 Quai aux Fleurs이 있다.

九번지는 한때 온 세계를 감동과 흥분의 도가니로 휘몰았던 서간문학의 고전 <사랑과 수도(修道)의 서간집(書簡集)>으로 유명한 아벨라르(Abélard)와 엘르와즈(Heloise)의 옛집이 있다. 내가 번역했던 일이 있기 때문에 감명 깊게 둘러보았다.

두 사람이 살던 입구에는 두 사람의 얼굴이 원형 부조(浮彫)로 각각 새겨져 있었고 그 사이에 '엘로이즈와 아벨라르의 옛집', 1118년, 1849년 개축'이라고 새겨져 있었고 그 사이에 '엘로이즈와 아벨라르의 옛집, 1118년, 1849년 개축'이라고 새겨진 명판(銘板)이 붙어 있었다. 처절한 비련의 주인공들의 명복을 빌기 위해 꽃시장에서 산 꽃다발을 꽂아주고 나왔다.

세느 강 북안을 따라 서쪽으로 걸어갔다. 강변에 고서 고화상들이 즐비해 있었다. 루브르 박물관을 지나면 콩코르드 광장(Place de la Concorde)이 나온다. 여기서 샹젤리제(Champs Elysées)로 향하는 길가 공원 녹지에는 장편소설(掌篇小說, Cont)의 비조(鼻祖) 알퐁스 도데(Alphonse Daudét)의 동상이 있다. 그의 <회상록(Souvenirs d'un homme de léttres)>에 자주 나오는 고장이다. 이 책은 19세기 말엽의 샹젤리제를 무대로 한 당시의 문단 풍토를 알 수 있는 귀중한 문헌이기도 하다.

콩코르드 광장에서는 모파상(Guy Maupassant)이 가장 염오했던 파리의 상징 에펠탑(La Tour Eiffel)이 선명히 드러나 보인다.

학생거리 카르티에 라탱

시테 섬 좌안(左岸)에서 세느를 건너 곧장 걸어가면 청춘의 요람인 학생가(街) 카르티에 라탱(Quartier Latin)이 있다. 소르본느를 비롯하여 이공 대학, 프랑스 대학, 고등 사범학교 등이 즐비한 이 문교 지구는 양(洋)의 동서를 가릴 것 없이 학생 시절을 이곳에서 보낸 문인 · 학자들이 숱하게 많다.

이 지구는 프랑스 대혁명 때까지만 하더라도 소르본느 등에서의 모든 강의가 라틴어로 행하여졌고, 학생들도 라틴어를 일상 용어로 사용한 데서 카르티에라탱이라는 이름이 붙여진 것이라고 한다.

카르티에 라탱은 행정구(行政區)가 아니므로 어디서부터 어디까지인지 확실히 구획되어 있지는 않다. 안내인의 말에 의하면북쪽은 세느강, 남쪽은 몽파르나스 거리, 동쪽은 파리 대학가 신학부, 서쪽은 보나파르트 거리(Rue Vonaparte)로 둘러싸인 지구라고 한다.

카르디날 르모안느 거리(Rue du Cardinal Lemoine)를 끼고 돌면 그 반대편에 1870년 경 상징주의 시인 폴 베를레느(Paul Verlaine)가 그의 친구의 여동생과 결혼 직후에 살았던 집이 있다.

그가 이곳에 살면서 지은 명시 <낙엽(落葉)>(원제는 <가을의 노래(Chanson d'Automne)>이다)은 너무나도 유명하다.

이 시는 김억(金億)의 번역 시집 <오뇌(懊惱)의 무도(舞蹈)>에도 수록되어 우리나라에 널리 알려져 있다.

가을 날에
비올롱의
서글픈 소리
하염없이
애타는 마음
울려 주는구나.
종소리에
가슴 두근거려,
창백한 얼굴로
지나간 날
그리면서
눈물 짓는다.

쇠잔한
나의 신세

발람에 불려
이곳 저곳
휘날리는
낙엽인 듯 싶어라.

낙엽 지는 세느 강변에서 노트르담 사원의 종소리를 들으며 이렇게 한숨지으면서 노래한 그는 스스로의 불행한 앞날을 짐짓 예상하고 있었는지도 모른다. 그의 시를 되뇌면서 쑥스러운 감상에 젖어 강변에서 한참동안 머뭇거렸다.

여기서 다시 왼편으로 나아가면 아담한 르네 비비아니(Squre René Vivani)에 이르고, 보리수와 아카시아 나무가 우거진 사이로 생 쥘리앙 르 포브르 교회가 보인다. 12세기 후반에 건조된 파리 최고(最古)의 교회로서 <보봐리 부인>으로 유명한 플로베르가 쓴 <세 가지 이야기(Trois Contés)>에 나오는 건물이기도 하다.

교사를 갖추지 못했던 초기의 소르본느 대학이 이 교회를 빌어서 철학과 고전학 강의를 했다고 하는데, 학생들이 함부로 쓰는 바람에 건물이 형편없이 망가져 1524년에 폐쇄되었다고 한다.

이렇게 해서 낡아빠진 이 교회를 소설가 위스망(Huysmans)은 <세개의 교회(Trois Eglises)>에서 '시골의 오래된 교회, 폐허가 된 성곽, 버려진 곡물 창고처럼 보였다' 고 묘사했다.

중세풍 술집과 샹송 <낙엽>

이 교회 입구 오른 편에 샹송 술집, 카보 데 우블리에트(Caveau des Oubliettes)가 있다. 어두컴컴한 지하도를 따라 내려가 핏자국이 얼룩진 듯한 붉은 문을 열고 들어가자 쇼팡의 <샹송 드 라뒤 외>가 은은히 울려 퍼지고 있었다. 자리에 앉자 이어서 <몽 파리>, <낙엽> 등 감미로운 노래가 연주 되었다. 귀에 익은 샹송을 들으니 새삼스레 내가 파리에 와 있음을 실감하게 되고, 흐뭇한 낭만과 호젓한 여수(旅愁)가 교차하면서 눈시울이 뜨끈해지는 것 같았다. 값싼 낭만일까…….

동굴과도 같은 술집 내부는 중세의 창과 갑옷 등이 여기저기 걸려있어 얼핏 음산하면서도 특유한 중세풍의 유럽 분위기에 젖을 수 있어 좋았다.

피아노가 있는 무대 중앙에 걸려있는 십자군 원정시의 유물인

정조대(貞操帶)는 무슨 괴물처럼 신비롭기조차 하다.

불그스레한 내벽에 새겨진 죽음을 앞둔 자들이 새긴 저주의 유서들이 그대로 남아있는 이 술집에서 갈증나던 목을 축이고 나와 보릿짚 거리(Rue du Fouarre)로 발걸음을 옮겼다. 13~4세기 경 카르티에라탱에서도 가장 활기에 넘치는 중심가였다고 하는 이 거리는 十四세기 초엽에 이탈리아 대시인 단테가 살았던 곳이라고 하며 그의 <신곡(神曲)(Divina Commedia)>의 '천당편(天堂篇) 제10가'에 나오는 보릿짚의 오솔길 노래는 여기서 착상한 것이라고도 하지만 확증은 없다고 한다. 이 거리 이름은 강의를 듣던 학생들이 깔고 앉았던 보릿짚 방석에서 연유한 것이라고 한다.

보릿짚 거리와 이웃한 부슈리(Rue de la Bucherie) 거리 역시 활기찬 학생가이다. 十五세기부터 18세기에 결쳐 의학부가 있었던 곳으로 작가가 몰리에르(Moliére)의 <기분으로 앓는 사나이(Le Malade maginaire)>라든가, <연애하는 의사(Le Doctear amoureux)> <본의 아닌 의사가 되어(Le Medecinmalgre lul)> 등에서 이 거리 얘기가 자주 나온다. 특히 그는 이곳의 시험 광경을 묘사한 <기분으로 앓는 사나이>에 직접 기분으로 앓는 사나이 아르강으로 분장하여 열연을 하다가 피를 토하고 쓰러져 마침내 불귀의 객이 되었다는 점에서 이 거리와 몰리에르와는 깊은 인연이 있다.

뮈세와 상드의 연애의 거리

뮈세는 처녀시집 <스페인과 이탈리아 이야기(Contes d'Espagneet d'Italie)>의 우아한 댄디즘, 관능적이며 멜랑코리가 섞인 공상력으로 낭만파의 귀재로 지목되었고, 그후 그의 나이 스물세 살 때 상드(Géorge Sand)와 연애하다가 반년 만에 실연한 다음, 그의 시는 애수에 찬 다음과 같은 내성적인 무드로 바뀐다.

잊지 말고 생각하시오, 만일 운명이 나를 그대로부터 영영 떼어놓거든
내 슬픈 사랑을 생각하시오.
헤어진 그 시절을 생각하시오.
내 마음이 살아 있는 동안은

내 마음 그대에게 말하리라
「잊지 말고 생각하시오」라고.
잊지 말고생각하시오.
쓸쓸한 꽃잎이 한, 둘 내 무덤 위에 피면
그대는 다시 나를 못 보시겠지요……

— <잊지말고 생각하시오>의 일절

이 거리를 지나 약간 비탈진 거리를 올라가면 류 데 세콜(Rue des Ecoles) 즉 학교가(學校街)에 이르는데 그 어귀에 소시에테 제네랄이라는 은행이 보인다. 지금은 여행자들과 이곳 유학생들의 환금(換金) 은행이지만 옛날에는 이 건물이 카페 바세트였다는 사실을 알고 보니 자못 아쉬움이 앞선다.

이 카페는 19세기 말엽부터 제1차 세계대전 때까지 널리 알려졌던 문인들의 사교장이었던 것이다. 옛날 그대로 카페로 남아 있다면 얼마나 좋았으랴! 모리스 바레스, 장 지로도, 앙드레 비, 에밀 파게, 장 모레아스 등이 모인 파리 문단의 센터였으니 말이다.

소르본느 정문이 보이는 바로 북쪽으로 폴 팡르베 소공원이 있다. 이 공원 남쪽 학생가 쪽에 16세기의 대수필가요, 사상가 몽테뉴(Montaigne)의 대리석 좌상이 우뚝 서서 이 거리를 지나가는 학생들을 미소로 지켜보고 있다. 이 대석(臺石)에는 그의 대작 <수상록(隨想錄) (Les Essais)>에 나오는 「어린 시절부터 파리는 내 마음을 깡그리 사로잡았다. 모든 분야에 있어서 위대하고, 그 무엇에도 견줄 수 없을 만큼 변화무쌍한 이 알뜰한 도시가 있기 때문에 나는 비로소 프랑스인일 수 있는 것이다. 이 도시는 프랑스의 영광임과 동시에 세계에서도 가장 품위 있는 장식품이기도 하다」 라는 명문장이 아로새겨져 있다. 일찍이 <수상록>을 읽었을 적에는 무심히 지나쳤던 이 구절이 파리의 일각을 둘러보고 난 이제야 실감 있게 느껴지며 공명되는 바가 있다. 이런 매혹의 도시를 지니고 또한 이를 무한한 영광과 긍지로 아는 프랑스인들이 한없이 부럽기만 하다. 우리의 서울도 옛 정취를 살리면서 좀더 아름답게 가꿀 수는 없을까……. 성냥곽 같은 고층아파트만 즐비한, 황량해 보이는 한강(漢江) 주변을 생각하면서 홀로 씁쓸한 심정을 달래 보았다.

소르본느 광장의 진풍경

몽테뉴 동상에서 남쪽으로 걸어 내려가면 소르본느 광장(Place de la Sorbonne)에 나서게 된다. 이 광장의 한복판에는 프랑스가 자랑하는 대철학자요, 사회학의 아버지라고도 이르는 오귀스트 콩트(Auguste Comte)의 자비로운 모습의 흉상이 서 있다. 이 명문교에 들어갔다가 소동을 일으켜 퇴학을 당한 바 있는 콩트의 동상이 소르본느를 상징하는 광장에 서 있다는 것은 퍽 아이러니컬하면서도 흥미로운 일이라고 생각되었다. 이 동상 뒤에는 파리 대학의 기초가 된 문학부, 소르본느의 기념관이 맞닿아 보인다.

또한 이 광장 주변에는 학생들을 위한 서점과 카페들이 즐비하다. 시점가에는 여름철인데도 학생들로 붐비고, 카페에서도 독서하는 학생들이 많이 눈에 띄었다. 당구장 · 양장점 등이 복작거리는 우리나라 대학 주변과는 좋은 대조를 이루고 있었다.

이 서점가를 여기저기 기웃거리면서 우선 몇 권의 시집과 화첩을 샀다. 문학관계 진서(珍書)만을 취급하는 유명한 니제 서점과 철학서만을 전무능로 하는 고서점 블에도 들러 보았다. 이 광장과 생미셸이 교차하는 일각에 크세쥐(Qui sais-ju) 문고 발행으로 유명한 르레스 유니베르시케(Présse Univérsité) 서점이 있다. '크세쥐'는 바로 몽테뉴가 한 말에서 따온 말이다. 귀야르(Guy-ard)의 <비교문학(La Littérature Comparée)> 등 프랑스 대학 출판부 발행의 문고 몇 권도 아울러 샀다.

이 근처에서 빼놓을 수 없는 서점은 피카르 서점(Livrairie Picart)이다. 보봐르 부인의 자서전에 보면 젊은 시절에 이 서점이 사르트르와의 데이트 장소였고, 책을 산 다음에는 그 근방에 있는 「카페 마이유」에 들러 문학과 철학, 그리고 인생 얘기에 골몰했던 추억과 낭만이 거리이기도 하다.

이 거리에도 여느 카페 거리와 마찬가지로 신문을 파는 게오스트가 많았고, 특히 금발의 여대생이 신문을 들고 외쳐대는 것은 다른 곳에서 볼 수 없는 진풍경이다.

특보라고 외치는 소리에 한 장 사보았더니 바로 우리나라 서해에서의 북한 해군 남침사건이 톱기사로 사진과 함께 대서특필되어 있었다. 호젓한 마음이 금시 불안으로 바뀌었다.

예술의 마을 몽마르트르 풍정

이튿날 파리 부구 사크레 쾨르(Sacré-Coeur)(聖心) 사원이 우뚝 솟은 '문화의 마을' 몽마르트르에 안내되었다.

언덕에 오르기 전에 블랑슈(Blanche) 광장에 있는 로트렉의 유화로 유명한 물렝 루즈 앞에서 안내인과 기념 촬영을 하고 이 광장 바로 남쪽에 있는 뒤마 피스(Dumas fils)가 다녔다는 생 빅토르 기숙학교를 거쳐 그 서쪽 브뤼셀가 21번지에 있는 자연주의의 아버지로 불리는 에밀 조라가 연통이 막혀 중독사한 집엘 들렀다. <나나> 등 베스트셀러의 작가였지만 적이 많아서 그의 죽음에 많은 의문을 남기기도 했다고 하는 이자연주의 문학의 메카는 四층이나 되는 맨션이었다.

브뤼셀가 바로 옆 도우에가 50번지에는 러시아의 작가 투르게네프가 1840년 러시아 순회중인 프랑스 오페라단 가수 비아르도

(Viardot)와 연애를 하게 되어 이곳으로 이주하여 작가 생활의 태반을 보냈다는 집이 있다. 이 근처에는 「누벨 아테네」 등 문학 카페가 많다.

언덕에 오르는 길목에 있는 몽마르트르의 언덕에 들렀다. 입구에서 관리인의 제지로 카메라를 보관소에 맡겨두고 안으로 들어갔다. 이곳은 사진 촬영이 금지되어 있다. 에밀 졸라, 하이네, 오텐바하 등 저명한 예술가들이 잠들어 있는 곳이다. 검은 상복의 부인네들이 어기저기 눈에 띄었다.

얼른 한 바퀴 돈 다음 묘지 문을 나와 언덕으로 통한 지름길 계단을 올라가니 바로 이 묘지를 두 갈래로 나눈 하이웨이 육교가 있어 거기서 묘지를 한눈 아래 굽어볼 수 있었다.

육교에서 묘지 전경 사진을 한 장 찍고 언덕에 올랐다. 몽마르트르의 심장부 데트르 광장에는 많은 거리의 화가들이 관광객들의 초상화를 그리기에 여념이 없었다. 이들은 물론 대단한 화가들은 아니다. 이들 무명 화가 가운데에서 옛날처럼 샤갈이나 피카소가 나오기를 기대할 수는 이제 없지만, 여기에 많은 화가들이 들끓는 이 광장에 사람들이 많이 모이는 까닭은 이 분위기 때문이란다.

이 광장에서 조금 더 걸어가면 몽마르트르의 상징인 사크레 쾨르 사원에 이른다. 사원 앞 테라스에서 내려다보는 파리 시는 정말 아름다웠다. 얼마 전만 해도 여기서 내려다보는 파리는 음산하고 거무스레하여 고귀한 차가움이 있었다고 안내인은 일러주었다. 하지만 이제 바라보는 파리는 계란빛처럼 노르스름한 온호함이 감돌고 있었다. 어느 편이 더 좋으냐 하는 건 각자 생각하기 나름일 것이다. 노트르담같이 그 자체가 예술 작품인 건축물에 있어서는 그 인상 여하에 따라 사뭇 다른 효과가 있을 테니 말이다.

땀을 들이고 있는 동안 등 뒤에서 요라나한 악대 소리가 들려왔다. 이곳 특유의 페스티벌이 벌어진 것이다. 프랑스 고유 의상을 걸친 무희(舞姬)들이 민속춤을 추기 시작했고 춤이 절정에 이르렀을 때 다른 관광객과 함께 나는 한 무희에게 끌려 스텝도 모르는 춤을 추느라고 진땀을 뺐다. 하지만 파리와 더불어 좀처럼 잊을 수 없는 아름다운 추억의 한 토막이 되리라.

파리의 비밀

말끔히 단장한 파리의 관문 드골 공항 터미널은 정말 놀라울 만한 최신 시설이다. 각종 디자인 또한 깔끔하고 세련되어 있어 예술의 도시 파리의 관문다운 아늑함과 멋이 넘쳐 있다.

공항버스를 타고 시내로 들어가면서 차창 밖에 펼쳐지는 매혹적인 전원 풍경에 도취되어 카메라의 셔터를 연거푸 눌러댔다. 차 안에는 일본관광객들로 가득 차 있었다. 차는 이윽고 시내로 접어들었다. 내 앞자리에 앉은 젊은이는, "야아! 정말 파리는 멋있구나!"하며 옆에 앉은 친구더러 우리 버스를 스쳐지나가는 택시를 보라면서, "그놈 참 멋쟁이군"하고 감탄해 마지 않았다.

푸르스름한 골덴 상의에 빨간 머플러를 목에 두른 운전수는 바로 옆에 태운 강아지를 한 손으로 어루만지며 달리고 있었다. 그러자 옆에 앉아 있던 다른 일본인 친구는 "쳇! 꽤나 불성실한 녀석이구면. 강아지를 택시에 태우고 다니다니. 손님에게 실례가 되잖아"

이래서 두 젊은이는 서로 옥신각신하기 시작한다.

"강아지를 태우고 택시 일을 한다는 건 얼마나 멋있느냐말이야"

"웃기지 말아. 이건 공사(公私)를 혼동하고 있는 거지 뭐야"

"넌 틀렸어. 프랑스인의 에스프리를 모르다니"

"즐기면서 일하는 여유, 그런 여유가 바로 에스프리를 낳는 거라구"

"야, 집어치워라. 그따위 엉터리 같은 소릴……."

이리하여 두 사람은 파리 당을 채 밟기도 전에 이 도시에 대한 각자의 태도가 결정된 듯했다. 이처럼 파리에 대한 반응은 누구나 일정치 않다. 카페에서 들은 대화를 하나 더 소개하자.

"파리의 카페는 왜 의자를 바깥쪽으로만 돌려놨을까?"

"그거야 바깥쪽을 보면서 차를 마시라는 거지 뭐야."

"딴은 그렇겠지만, 안정감이 없고 서로 대화하기도 힘들지 않아? 그리고 반대로 왕래하는 바깥사람들이 안쪽을 기웃거리게도 되고……."

"뭐 어때"

"이런 의자 배열은 좋지 않아. 서로 마주봐야 얘기를 나누기도 좋고. 또 이건 프라이버시의 침해야."

"카페에서 무슨 얼어죽을 프라이버시야. 원."

"그래도 여기서 상담(商談)을 할 수도 있고 연인(戀人)끼리 속삭일 수도 있잖겠어"

"이곳 사람들은 남의 얘기 같은 건 아얘 귀담아 듣지 않는다구. 누가 옆에서 들을까 봐 걱정하는 게 벌써 촌놈이야"

"그리고 말이야, 커피 한 잔 마시는 데에도 이렇게 시간이 걸리구. 좀처럼 주문을 받으러도 안 오니 정말 이곳 사람들은 비능률적이야"

"커피를 마시는 데 무슨 능률을 따지나"

"하지만 가령 좀 짬이 나서 그동안에 커피 한 잔을 마시는 거 아냐. 헌데 이렇게 비능률적이어서야……."

"약간 틈이 나서 커피를 마신다……. 그건 미국적 감각이야. 미국에선 드럭스토어(일종의 약국) 같은 데서 훌쩍 마시고는 자리에서 일어나는 자들이니까 말이야."

"하지만 우리 감각으로는 미국적 감각이 더 좋은 것 같은데……."

아마도 파리에 정이 좀 들었던 자와 신참자와의 대화인 것 같았다.

이와 같이 파리에 오면 누구나 서로 다른 의견으로 맞서는 구실들이 숱하게 널려 있다.

나도 파리에 같이 왔던 불문학자 양병식씨와 늘 가벼운 의견 대립이 있곤 했다.

그런데 더욱 재미나는 것은 파리에 와서 며칠이 지나도 여전히 파리에 대해서 이러쿵 저러쿵 하게 되지만, 어느 사이에 어느 문제에 관해 의견이 거꾸로 바뀌어 버리기도 한다. 파리를 예찬했던 이가 나중에는 매도를 하고 파리를 싫어했던 자가 흠뻑 매혹되어 변호하기에 급급하기도 하다. 그러니까 파리만큼 첫인상이 정정(訂正)시키기 쉬운 도시도 없다. 파리에 관한 한(限) 어떤 사람의 의견도 확고부동한 것은 아니다. 파리는 뭔지 모를 비밀이 숨어 있는 매력적인 도시임에 틀림없다.

몽파르나스에서 생각나는 두 거장

몽파르나스의 번화가 라스파이유 거리에 이르면 로댕이 제작한 발자크 상이 나무 그늘에 우뚝 서 있다. 작업복으로 감싼 브론즈 상은 특히 턱과 눈이 퍽 인상적이었다. 그 턱은 한번 달라 붙으면 떨어지지 않는 그의 의지력을 잘 나타내 주는 것만 같았다. 발자크가 그의 나이 스물한 살 때 부모의 반대를 무릅쓰고 문학에의 뜻을 고집한 채 혼자 칩거(蟄居)했던 개선문 근처의 동네나 팟시 근처의 발자크 박물관에선 이제 그의 옛 자취를 찾을 길은 없지만, 그래도 그의 불후의 명작 <인간 희극>의 무대를 방불케 하는 분위기는 느낄 수 있다.

발자크 박물관이 있는 레이느아르 47번지는 고색이 찬연하다 못해 황폐한 듯도 한 슬쓸한 느낌이 감돌았다. 박물관 대문은 굳게 닫혀져 있었고 문짝에 백묵으로 「폐관 중」이라고 씌어져 있었다. 이 문으로부터는 곧 급하게 경사진 계단이 있고, 정원 또한 포물선의 경사를 이루고 있다.

근처 주민들에게 물어보니 제 2차 세계대전 무렵부터 줄곧 문이 닫혀진 채로 있다고 한다. 자못 괴이한 생각이 들었다.

박물관 뒤쪽으로 돌아보니 앞쪽에서는 단층으로 보이던 이 집이 三층임을 알게 된다. 20명 남짓한 이집 뜰의 경사가 얼마나 가파른가를 새삼 느끼게 된다. 항상 엄청난 빚 때문에 몰려든 빚쟁이를 피해 이 뒷문으로 도망쳤다고 하는 발자크의 큼지함 몸집이 문득 머리위에 떠오른다.

이 뒷문을 나서면 길 양쪽에 아름드리나무가 우거져 있고, 이 길을 비켜서면 돌담이 늘어진 골목, 그것도 가까스로 사람이 스쳐 지나갈 정도의 돌을 깐 좁은 비탈길이 있어 도망치기에는 퍽 안성맞춤이었을 것도 같다.

이에 반해 발자크가 숨을 거둔 집은 호화주택가에 있었고, 그 동네 한 모퉁이에는 발자크의 거리라고 새겨져 있었다. 그리고, 이 호화 저택 석벽 위에는 「인간 희극의 작가, 이 집에서 죽다」라고 새겨진 대리석 판이 붙여져 있었다.

발자크가 그의 생애를 마친 이 집은 또한 그의 신부의 집이기도 했다. 장장 17년 간에 걸친 폴란드 귀족 미망인에 대한 동경이 결실을 맺어 신부를 맞을 준비를 한 것도 이 집이었다. 「너무 심려하지 마십시오. 발자크 부인은 어떠한 훌륭한 저택과도 견줄 수 없는 집에 들어가게 되는 것이고…… 나는 별장의 집값을 전부 내부장식에 충당할 작정이지요. 이 1만 2천 프랑의 돈만 있으면 우리들은 절대적 왕후(王侯)가 되겠지요」라고 발자크는 이 집의 호사로움을 자랑했다고 하는데, 빅토로 위고의 눈에도 이 집은 너무 호화롭게 보였다고 전한다.

이렇게 하여 맞아들인 한스카 부인도 발자크의 임종을 지켜보지 않았고, 그 때문에 발자크 숭배가들의 세찬 비난을 받았다는 얘기가 문득 떠오른다.

그밖에 라시느의 집에서 가까운 발자크의 인쇄소, 그의 여러 옛집 등 바라크의 유적들은 파리에 많이 산재해 있으나 이에 반해서 스탕달은 그의 고국에 머물러있었던 기간이 짧았던 탓인지 파리 시내에는 그가 이탈리아 가수와 만났던 사교 시대의 집(오테르 드 리로아)과 몽마르트르의 무덤을 제외하고는 별로 그의 유적이 눈에 띄지 않는다. 그의 고향인 산도(山都) 그르노블에 고작 그의 생가가 남아 있을 정도다.

그르노블 중심가인 장자크 루소 거리는 길의 폭도 좁고 약간 경사진 듯도 한데 그의 생가는 이 거리 14번지에 있다. '1783년 一월 24일에 스탕달은 이집에서 죽다'라고 새겨진 대리석 판으로 조각된 글자가 약간 희미해질 정도로 마모된 것이 오히려 흘러간 옛날을 말해주는 듯 인상적이었다. 3층에 올라가 그의 방을 보려고 했으나 아무도 없어서 허사로 그치고 말았다.

여기서 조금 떨어진 곳에 그의 외가집(가니용家)이 있다고 해서 찾아보았으나 이곳 역시 상점으로 탈바꿈해 버려 옛모습을 찾아볼 수 없었다.

이 집의 정원은 '스탕달의 포도붕(葡萄棚)'이라고 불리워지기도 했고, 스탕달이 소년 시절에 늘 언짢아했던 집(아버지의 집)을 곧잘 뛰쳐나와 감지되었던 독서를 하며 몽상(夢想)가로서 잠겼던 곳이 이 뜰이었다고 한다. 이곳은 스탕달에 있어서는 추억하기조차 싫었던 고향이긴 하지만 가장 그리웠던 유일한 회억의 고장이기도 했다는 것인데, 프랑스 정부는 미처 여기까지는 생각이 미치지 못해 그 옛 자취를 볼 수 없게 된 것은 퍽 아쉬운 일이다.

그보다는 <파르므의 승원(僧院)>의 무대가 되었던 코모 호수, 모차르트의 가극과 그 가극의 주연 가수에 매혹되어 매일처럼 드나들었던 밀라노의 스카라좌, <카스트로의 이(尼)의 아르바노, 그가 로마 체류 중에는 꼭 묵었던 스페인 광장 옆의 호텔 등 오히려 이탈리아에 더 많이 스탕달의 체취가 스며 있는 듯싶었다. 그가 아탈리아를 얼마나 사랑하였던가는 그의 몽마르트르 묘비명에 '밀라노 사람 앙리 P.스탕달, 사마로자, 모차르트, 셰익스피어를 찬양하는 마음으로서 쓰고, 사랑하고죽었다' 라고 새겨진 것만 보아도 잘 알 수 있다.

그의 밀라노 예찬은 밀라노의 흙이 되어싶다고까지 열마아한 데에서도 엿볼 수 있다. 남국 이탈리아를 향한 그의 동경은 괴테 못지 않게 강렬하였다.

그가 처음으로 밀라노의 땅을 밟았던 것은 그의 나이 열일곱 살 때, 나폴레옹 군대에 관계가 있던 종형 테류의 추천으로 한 직책을 얻었었기 때문이었다.

밝고도 맑은 남국의 유락장(遊樂場)에서 정열적인 이탈리아의 귀부인, 승마복의 프랑스 사관 밀라노가 젊은 나폴레옹의 입성으로 말미암아 홀연히 자유롭고 화려한 거리로 탈바꿈하였다. 그의 명작 <파르므의 승원> 첫머리에 화려한 그 당시의 분위기가 잘 묘사되어 있다. 마렌코 전쟁에서의 나폴레옹의 대첩(大捷)은 그의 젊은 피를 약동케 했다. 그리하여, 그는 마침내 미쇼장군의 부관으로까지 승진했으나 후방 근무로 돌게 되자 그만 싫증이 나서 군대에서 뛰쳐나와 버렸다.

한때 마르세이유에서 로치야라는 여배우와 사랑하는 사이가 되어 결혼도 하고 형 테류를 따라서 독일로 건너가 나폴레옹군의 경리부에 근무하기도 했으나, 그가 그렇게도 심취했던 나폴레옹 황제가 몰락한 후에는 새로운 정부에 등용되어 다시 밀라노에 머무르게 되었다.

그후 제2의 고향이라고 할 만큼 오랫동안 밀라노에 체재했었다. <하이든 · 메타스타지오>, <이탈리아 회화사>, <로마 · 나폴리 · 플로렌스> 등의 초기 작품들은 모두 이 땅에서 집필된 것들이다. 메칠드와 애달픈 사랑을 주고받은 것도 이 땅이었다. 결국 실연으로 끝나고 말았지만, 메칠드를 그리는 마음을 단편적으로 써놓은 일기가 마침내 <연애론>으로 저작된 것이다.

파리에서 몇 년을 보낸 후 그는 다시 그리운 밀라노에 발을 들여놓았다. 하지만 호화로웠던 옛 분위기는 전혀 찾을 수 없었다. 그는 젊은 날의 알뜰했던 시절을 회상하면서 <파르므의 승원>을 집필한 것이다.

스탕달은 19세기 프랑스 작가들 가운데서 누구보다도 독특하고 특이한 작가이다. 그는 생존시에 그의 진정한 가치를 인정받지 못한 채 묻혀 있다가 1880~1890년대에 이르러서야 그 진짜 공인되었고 현대에 이르면서 더욱더 그 매력이 샘솟듯 솟아나와 우리의 호기심을 계속 자극시켜 주고 있는 것이다.

<적과 흑>은 스탕달의 가장 대표적인 작품으로서 '1830년 연대기' 즉 왕정복고 시대에 대한 스탕달의 정치 · 사회 · 풍속의 문제와 사랑에 있어서의 탐구를 엿볼 수 있으며 스탕달 자신이 자기 시대의 증인이 되겠다는 명백한 의도 하에서 쓰여진 만큼 그의 정치 · 사회적 태도가 가장 잘 드러나고 있을뿐더러 시대상과 연결

시켜 성격을 고찰하기에 적절하다. <적과 흑>에 나오는 주인공 쥘리앙 소렐은 다른 작품에서의 주인공과는 달리 냉철한 현실 속에 내동댕이쳐진 고아로서 자신의 운명을 개척해 나가기 위해서 나날이 피나는 투쟁을 계속해야 하는 존재로서 20세기적 인간형에 가장 가깝다는 점과 스탕달이 애착을 가졌던 인물이었고 쥘리앙의 내면은 보다 더 스탕달에 접근해 있다는 점이 주목할 만한 사실이다.

스탕달이 <적과 흑>을 내놓았을 당시의 시대적인 상황과 그의 사회적인 태도를 살펴보면, 대혁명 이후 1830년대의 가지의 프랑스 사회의 격심한 변화는 당시 인간들의 지배적 심리를 시간적 · 공간적 도피 속에 놓이게 했으므로 이러한 시대 심리에 영합한 도피문학이 당시에 베스트셀러가 되었다. 이 작품은 시대적 · 사회적 사건에서 정의되어야 할 것은 물론이거니와 쥘리앙을 통해서 드러나는 내적 요소가 더 중요한 의미를 갖는다.

스탕달은 왕정복고기의 프랑스 사회를 불안한 것으로 보았고 <적과 흑>은 이 불안한 사회에서 쥘리앙 소렐이라는 인물이 만들어질 수 있는 충분한 조건을 제시해 준다.

쥘리앙은 1825년경 프랑쉬 콩테의 아름다운 소도시인 베리에르에서 돈밖에 모르는 거칠은 제목상의 아들로 태어나 빈곤과 싸우며 교육을 받았으나 천민이 출세할 수 있는 사회체제가 다시 돌아올 수 없음을 간파한 쥘리앙은 자기의 운명이 벗어날 수 없는 추방자이고 노예의 신분임을 면치 못하나 그대로 자신의 운명을 결코 받아들이지 않고 오직 자신의 의지와 천재에 의해서 앞길을 개척해 나가는 것이다. 하지만 그는 자기 출신 계급에서는 재능을 발휘할 기회가 전혀 없기 때문에 계급의 장벽을 넘어서 상류사회에 발을 붙여야만 한다. 그는 특권 계급을 보호하는 장벽들을 뚫고 들어가는 데 성공한다. 레날가의 부르조아 장벽을 뚫고 라몰가의 귀족사회의 장벽을 부숴버린다. 나중에 사회는 이 침입자에게 복수한다. 사회의 일원을 살해하고자 했다는 이유보다도 그들의 특권을 넘보았다는 이유 때문에 처단되는 것이다.

<적과 흑>을 이해하는 데는 주인공의 행복의 추구 도중 두 여인과의 사랑의 과정을 눈여겨 살펴볼 필요가 있다.

레날 부인은 순진무구하고 선량하고 자연스러운 여인이며 쥘리앙과의 사랑으로 행복감에 젖으면서도 그녀의 부덕, 신앙심, 모성애 때문에 고통을 받는다. 야심과 계급 의식으로 꽉 차 있는 쥘리앙은 레날 부인 곁을 떠나게 되고, 호감보다는 반감에서, 두 개의 자존심의 상극과 친화력을 나타내는 마틸드의 기교적이며 직접적인 쾌락을 추구하는 사랑에 비겨, 자신의 사랑을 고민하는 레날 부인의 갈등에서 정열의 비현실적인 세계로의 승화 과정을 더듬어 마침내 감옥에서 레날 부인과 쥘리앙 사이에 진정한 행복의 꽃을 피우게 되는 것이다.

쥘리앙은 참으로 「있는 그대로의 자기」와 「남에게 보이기 위한 자기」가 되려는 욕망 사이의 투쟁에서 마침내 「있는 그대로의 자기」로 되돌아간다.

<적과 흑>, 이 작품은 무엇보다도 19세기 문학에 있어서 인간의 궁극적인 문제를 파고든 행복스런 소설이며 이 작품으로 시대의 증인이 되고자 하는 스탕달의 굳은 의지가 나타난 작품이다.

발자크와 스탕달은 여러 가지 면에서 퍽 대조적인 면을 지니고 있다.

전술한 바와 같이 발자크는 그의 만년의 생활이 보여주듯, 매우 호사스러운 귀족 취미에 젖어 있어 그의 이데올로기는 왕당파에 속하는 보수적인 것이었다. 그러나 그럼에도 불구하고 그의 작품은 그와는 달리 사회적인 진실을 파헤치는 날카로움이 있다. 이는 그의 창작 태도가 리얼리즘에 입각했었던 탓이리라. 그의 작품은 친공주의자들까지도 찬사를 아끼지 않았는데, 발자크에 있어서 세계관과 창작 방법의 괴리는 하나의 모순으로서 많은 평론가들의 비평의 대상이 되고 있다. 그에 반해 스탕달은 끝내 공화주의자로 머무르면서 그의 생활 태도나 창작 태도가 모두 진취적이었다.

현대 프랑스의 저명한 평론가 크로드르와는 이 점에 대해서 다음과 같이 논평하고 있다.

'자기의 생활 속에서 하나의 걸작을 만들기 위해 필요한 조건의 하나는 진취적이어야 한다' 고 나는 확신한다. 스탕달은 도덕적으로나 정치적으로나 또 미(美)에 있어서 조차도 진보가 있다고 하는 확신을 근본적으로 집요(執拗)하게 지켜 왔었다. 인간의 정신사를 통하여 한 작가가 진보의 가능성 속에서 갖는 야성적인 신뢰, 인간의 지성이나 사회나 인류의 행복의 완성이라는 것에 대한 신념에 지배되지 않는 참스런 걸작이란 존재하지 않는 법이라고 나는 단언한다. 혹시 진보를 믿지 않는 사람들에 의해 씌어진 걸작도 있다고 반박하는 자도 있겠지만, 그건 잘못된 생각이다. 그런 작품이란 걸작의 유일한 척도인 완전함에는 이르지 못하는 것이지만 예컨대 발자크의 작품 속의 잡다함이라든가, 무의미한 문자, 우열(優劣)한 점 등은 그가 실제로 진취적이 아니었기 때문이다. 전제(專制)주의는 문체를 우열하게 만든다고 말한 스탕달의 말은 그런 점에서 경청할 만하다.

이 평론은 두 거장(巨匠)의 상위점을 잘 말해주고 있다.

파리장과 음악

중요한 예술 가운데 음악에 관한 한, 파리는 그 중심지일 수 없었다. 19세기 말엽까지만 하더라도 프랑스는 음악의 후진국이었고, 수입국이었다.

19세기의 가장 중요한 프랑스의 음악가는 이탈리아의 피렌체 사람 류우리였고, 18세기의 가장 유명한 프랑스의 음악가 역시독일인 크리스토프 그뤼그였던 것이다. 프랑소와, 쿠프랑, 쟝라모 등 프랑스인 작곡가도 없지는 않았지만 음악에 있어서의 매우 중요한 발전은 역시 독인 등 다른 유럽 국가에 미치지 못했다. 19세기 음악에 매우 큰 영향을 준 선구자의 한사람인 베를리오즐르 프랑스는 낳았지만 그는 본국에서보다도 독일과 러시아에서 더욱 높이 평가되었으며 그가 죽은 뒤에야 본국에서는 평가를 받기 시작했으니 그 후진성을 이로서도 짐작할 수 있다.

그런데 현대 음악에 커다란 영향을 미친 드뷔시의 출현으로 프랑스는 그 후진성으로부터 탈각(脫殼)하기 시작했다. 음악시 <목신(牧神)의 오후에는 전주곡(前奏曲)> 등에서 보이는 놀랍고도 정교한 음의 효과는 인상파가 회화에서 일으킨 혁명에 필적할 만한 혁명을 음악계에 불러일으켰다. 드뷔시의 명성이 떨쳐짐에 따라 음악왕국 독일의 중요성이 자칫 격하되기도 했다. 음악 시설로서 보다는 예술적 건축물로서 한층 더 당당한 파리의 오페라좌는 음악 예술에 대해 프랑스 국가가 치른 경의를 오랫동안 보여준 것임을 그곳에 가서 실감할 수 있었다.

파리 오페라는 계절의 변화에도 아랑곳없이 항상 만원이고, 매주 일요일에 있는 노트르담 성당에서의 오르간 연주에도 6천여 명의 청중들이 모여든다는 것이며, 얼마 전에 오페라좌에서 공연된 <라인의 황금> 관람권을 사기 위해서 그 전날 밤부터 장사진(長蛇陣)을 치고 젊은이들이 밤을 새웠다고 한다. 이와 같은 젊은이들의 음악열은 음악 교육 탓이라고 한다.

프랑스의 초 · 중등학교에서는 누구나 악기 하나쯤은 만질 수 있도록 교육하고 있기 때문에 중등 교육만 받은 사람이면누구나 웬만한 클래식 음악 정도는 감상할 수 있을 뿐만이 아니라 실제적으로 연주할 수 있게 되었다. 예술의 나라로서의 프랑스의 긍지와 배려를 여기에서도 엿볼 수 있다. 이처럼 음악 팬이 늘어남에 따라 파리 교향악단은 물론 리옹, 마르세이유, 루앙 등의 지방 교향악단의 수준도 제법 세계적인 명성을 띠게 되었고, 엑스나 오렝지 음악제도 멀지 않아 세계적으로 알려진 독일의 뮌헨이나 차르부르크 음악제, 영국의 에딘버러 페스티발 수준에 육박할 것이라고 오페라좌의 위용을 가리키면서 백건우 씨는 내게 귀띔해 주었다.

프랑스 정부는 예술 부야에서 가장 뒤떨어진 음악 부문을 다른 분야와 마찬가지로 세계적인 수준에 끌어올리기 위해 해마다 二억여 프랑을 투입하고 있다는 것이다.

우리나라의 문예진흥 계획에도 이런 정책을 참고해 볼 만한 일이라고 내게 말해주던 백건우 · 윤정희 내외의 말이 문득 생각난다. 더군다나 당시 그들의 피납미수 사건 보도 등을 접하면서 파리 곳곳을 안내해 주었던 그들의 모습이 새삼 선하여 분단국가의 비극을 다시금 찡하게 느낀다.

프랑스 D주의

흔히 프랑스는 조그마하고 독립된 장인(匠人)의 나라라고 한다. 물론 오토메이션의 각종 공장이 늘어나고, 이제 프랑스도 공업국가로서의 면모를 갖추고는 있지만 프랑스 사람들은 대체로 규칙적인 생활을 별로 즐겨하지 않는다고 한다. 아마도 그들은 규칙적인 공장에서 시간에 얽매이고, 기계 공정(工程) 속에서 또 극히 단편적인 일만을 맡아 일하는 것이 기질적으로 맞지 않는 모양이다.

물론 프랑스의 장인들도 근대 공업의 규격 생산품과 경쟁할 만큼 기술적인 재능이 결여되어 있고, 그 품질에 있어서도 규격품이 더 우수하다는 것을 짐짓 알고는 잇지만, 프랑스인들은 이를 인정하기 싫어한다.

프랑스에서는 이를 D주의라고 해서 프랑스 사람들의 생활의 중요한 한 면이 되고 있다. 이 D주의의 「D」란 se dé brouiller라고 하는 동사에서 온 것으로 글자대로 해석하면 '해결한다'는 뜻이지만 거의 번역이 불가능한 말로서 이른바 생활 약식이다. 여기에는 '잘해 나간다'는 뜻도 내포되어 있다.

대체적으로 프랑스 사람들은 무슨 일이고 파격적(또는 변칙적)으로 약간 불규칙인 방법을 써서 목적에 도달하는 것을 좋아하는 성벽(性癖)이 있는 것 같다.

예술품이나 사치품을 만든다든가 하는 일에는 이 D주의가 크게 작용한다는 것이다. 특히 미술 세계에 있어서 프랑스 사람들은 천년 가까이 취미의 제작자들이었다.

중세의 두 가지 큰 건축 양식이었던 로마네스크와 고딕은 프랑스에 훌륭한 대표작을 남기게 했다. 하지만 회화(繪畵)에 있어서의 프랑스의 우세는 비교적 최근의 현상이다. 19세기 이전까지만 하더라도 극소수의 프랑스 예술가들이 일류에 속해 있었을 뿐이다.

그러다가 돌연 백년쯤 전부터 파리는 세계의 시각(視覺) 예술의 중심이 되었다. 그로부터 거의 대부분의 중요한 예술 운동은 파리에서 비롯되고 파리에서 인정되지 않고서는 세계적인 명성을 떨칠 수가 없었다.

이젠는 드라크르와를 비롯하여 근대의 유명한 화가의 대부분은 그 최대 걸작을 파리와 그 주변에서 제작하기에 이른 것이다.

그들의 대부분이 프랑스인이었던 것은 아니고 이탈리아 사람인 모디리아니, 스페인 사람인 피카소, 러시아사람인 샤갈 등도 있지만 그들 또한「에콜 드 파리」의 가장 위대한 광채를 띤 프랑스적 화가인 것이다.

아무튼 근대 회화를 발전시킨 운동의 창시자들이 바로 프랑스인들인 것이다. 마네, 모네, 고갱, 로드렉, 드가, 세잔느 등은 물론 피카소의 유일한 경쟁 상대였던 마티스도 프랑스 사람이었다. 그래서 19세기에는 세계 각국에서 미술을 배우려고 사람들이 파리로 몰려들었고, 그에 따라 예술과 유행의 중심지가 되었다.

오늘날 파리는 런던과의 경쟁 때문에 고전을 면치 못하고 있는데 그것은 영국이 세제(稅制) 면에서 예술품의 매매에 유리하기 때문이다. 그럼에도 불구하고 역시 유행을 만드는 고장은 파리이고 그 판매의 상권을 계속 유지하고 있는데, 이는 바로 프랑스인들의 D주의 덕택이라고 하겠다.

한 세기에 걸친 전통은 그리 쉽사리 깨지지 않는 모양이다. 이런 전통을 파리의 취미 제작자들은 교묘히 이용하고 있었다. 그들은 피카소나 세잔느의 거친 스케치 작품도 비싼 값으로 팔 줄을 안다. D주의의 악용으로 위조품도 적지 않다는 것이다.

「어떤 거장은 생전 2천 점의 그림을 그렸는데 그 가운데 1만 점이 미국에 있다」는 말이 있을 정도로 파리의 많은 예술품의 가치가 위험스런 성격을 띠고 있는 듯했다.

그런데 시각 예술에 있어서의 주도권이 심각한 위협을 받고 있다는 것을 미국 뉴요크에 건너가서 실감할 수 있었다. 최근의 많은 예술운동이 미국을 중심으로 해서 일어나고 있고, 이것이 일시적인 것이 아니라는 점을 뉴요크의 그린위치의 예술가 및 예술상(藝術商)들의 입에서 들을 수 있었는데, 이는 곧 파리의 지위가 하락(下落)하고 있음을 보여주는 것으로 해석된다.

파리의 전통적인 역할에 대한 불길한 징조임에 틀림없다. 예술의 전통이 없는 미국이 국력을 바탕으로 해서 유럽의 예술적 전통에 도전하고 있는 것은 비단 이 분야만은 아닌 것 같다.

산아 장려하는 새 프랑스

한때 프랑스는 철저한 산아제한으로 인구가 해마다 줄어드는 유일한 나라로 알려져 있었다. 그러나 실제로 이곳에 와 보니, 우리나라와는 판이하게 서유럽의 어느 나라보다도 출생률이 높아져 가고 있음을 알고 짐짓 놀랐다.

1980년대만 하더라도 프랑스는 러시아를 제외하고는 가장 인구가 많은 나라였는데 경제와 문화, 그리고 개인주의의 발달로 말미암아 정부가 강요한 것도 아닌데, 프랑스인들은 자신들의 안락을 위해 산아를 제한하기 시작했다.

하지만 제2차 세계대전으로 약 6백만 명의 인구를 상실한 후 프랑스 사람들은 국가의 보조로 프랑스의 국력을 위해 인구 증가의 필요성을 차츰 자각하기에 이르러, 요즘 젊은 사람들은 서너 명의 자녀를 양육하고 있는 것이 예사였다.

그래서 이처럼 늘어난 자녀들의 압력 때문에 프랑스인들의 생활 양식이 차츰 변해가고 있다는 얘기다.

또한 인구 증가는 특히 봉급 생활자에게 무거운 짐이 되고 있었다. <르 몽드>지에 실린 한 만화에는 이와 같은 프랑스의 현실을 만화로서 잘 표현해 주고 있었다. 즉 널뛰기를 그려놓고 한쪽 끝에는 많은 노인들이 매달려있고 다른 한쪽 끝에는 발랄한 젊은이들이 득실거리고 있고, 그 널뛰기를 소수의 중년층이 지탱하고 있는 그림이었다. 단적으로 프랑스의 고민을 풍자하고 있는 것이다.

그렇지만 이러한 부담쯤은 인내할 만한 가치가 있다고 프랑스 사람들은 말하기에 이르렀다는 것이다. 세계 대전을 통해서 이를 배우게 되었다는 것이다.

침체되었던 프랑스는 확실히 군사적 약세 때문에 지난날의 영광에 대한 환상에만 사로잡히는 나약함에 빠져들 우려마저 없지 않았다. 오랜 고풍스런 숱한 프랑스의 유습들이 제2차 세계 대전의 그 쓰라린 시련으로 말미암아 허물어져 버렸다.

그 결과로서 오랜 유습인 계약 결혼이나 신중한 가족수 제한 따위는 폐기되어 가고, 결혼 연령도 한결 낮아져가 이제 이 나라는 젊은 프랑스를 표방하기에 이르렀다. 인구 감소 추세(특히 젊은이)에 있는 우리로서는 부러운 현상이 아닐 수 없다.

젊은 세대들은 문을 노크하는 데 그치지 않고 밀치고 들어가려고 한다. 낡고 폐쇄적인 가정 습속, 케케묵은 친교 범위는 전통적인 유럽풍보다는 미국식의 생활양식에 의해 대체되고 있는 듯이 보였다.

예부터 프랑스 사람들은 친구를 사귄다든가, 별로 친밀하지 않은 사람을 집으로 초청한다든가, 친근한 벗 이외의 사람과 자기

일에 대해서 얘기를 나누는 일 같은 것에 대해 매우 신중했다. 하지만 프랑스의 젊은이들은 자기네들보다는 자유로운 영국이나 독일의 사회생활, 또는 미국 소설이나 영화 등의 영향으로 의식적 · 무의식적으로 차츰 그들의 나라를 변모시키고 있는 듯이 보였다.

프랑스의 문명은 매우 오랜 것이고 그 뿌리 또한 깊으며 국민적인 긍지가 대단하므로 프랑스가 이런 젊은이들의 새로운 풍조 때문에 「프랑스다움」을 상실한 것 같지는 않다.

이 변화, 이 젊어짐 때문에 어떤 일이 생겨나게 될는지에 대해서 아무도 예측할 수는 없다.

앞으로 얼마 동안 파리, 리비에라, 베르사이유 대가람, 옛 성곽 등 관광객을 황홀하게 하는 프랑스의 숱한 문화적인 영광은 그전 그대로 지속될 것임에 틀림없다. 사치품들의 눈부신 진열장이나 끝없는 포도밭도 그대로일지 모른다. 하지만 이 젊음의 추진력으로 더욱 근대화되고, 인구도 자꾸 늘게 되어 보다 풍요하고 보다 강력한 나라가 된 프랑스에는 그런 것들이 한낱 장식품으로 끼어들어 있음에 불과하게 되리라. 그때에는 프랑스가 지금처럼 아늑하고 예술의 향기 짙은 전통의 냄새를 덜 풍기게 될는지도 모른다. 어쩌면 그때에는 젊은 프랑스인들이 또 다른 고뇌를 맛보게 될는지도 모른다.

프랑스 문화의 명암

이제 파리는 옛날의 카르티에 라텡처럼 라틴어를 사용하지는 않지만, 지금도 강의실이나 세미나 룸, 카페 또는 선술집 등에서 중세의 학자나 학생들이 그러했던 것처럼 인간과 사상과 문화에 대해서 열띤 논의와 논쟁에 영일(寧日)이 없다. 이곳은 여자들의 복장 모우드나 보석의 가공과 마찬가지로 여전히 사상의 발명 · 해명 · 유포가 파리의 대산업을 이루고 있다. 프랑스인들은 이 역사의 연속성을 충분히 의식하고 또한 자부하고 있는 것 같았다.

유럽에서 커다란 파문을 일으키는 대 논쟁은 대개 파리에서 비롯되거나 아니면 보편화되었던 것이다.

또한 프랑스의 지적 관습의 장점과 단점도 파리에서 수백 년 전부터 이룩된 것이다. 가령 프랑스어는 파리에서 형성되었고, 일찍이 15세기 경부터 오늘날 우리가 알고 있는 프랑스어와 거의 비슷한 것이었으며, 그 최대의 미점(美點)의 많은 것을 이미 갖추고 있었다. 이 언어의 사용자들은 그 논리성과 우아한 음조(音調)에 자부심을 지니게 된 지 이미 오래다.

다른 유럽 여러 나라에서는 도저히 필적할 수 없는 이와 같은 문화의 연속성이 프랑스의 정신 또는 긍지를 선양하기에 이른 것이 아닐까.

예컨대 제2차 세계대전 이후 유럽 세계에서 가장 유행되었던 중요한 사상의 학설은 실존주의였다. 이 복잡한 신조는 그 가장 명석한 해명을 파리에서 찾았을 뿐 아니라, 프랑스인들은 이를 논할 때 중세의 최대의 성인의 한 사람이었던 생 베르나르와 국제적으로 유명한 파리의 아마도 최초의 교수였다고 보는 엘르와즈와의 극적 연애 사건으로 한층 유명한 아벨라르 사이에 12세기에 행하여졌던 치열한 옛 논쟁을 연상하게 된다. 이처럼 12세기 이래로 프랑스인들은 그 사상과 행동에 있어서 유럽을 혹은 기쁘게, 혹은 흥분하게 만들었던 것이다.

물론 요즘 서구 세계에는 영국과 미국 등의 여러 대학들이 파리와 필적할 만큼 중요한 자리를 차지하기에 이르렀고, 어떤 분야에서는 파리를 능가하는 학문의 중심지가 되어가고 있다. 또한 19세기 이후 20세기를 통하여 프랑스에 철학적인 영향을 크게 준 것은 두 말할 나위도 없이 독일이었다. 칸트는 프랑스 제3공화국의 공인 철학자였고, 헤겔도 매우 유력한 존재였다.

이제 프랑스인들도 외부의 세계에 호기심을 돌리고 있는 것은 분명한 경향이다. 하지만 프랑스에는 통일되고, 조직화되어 다른 서구 세계에서는 볼 수 없는 깊게 침윤(浸潤)된 겨레의 문화가 스며 있어 보였다.

프랑스 문화의 특징은 내가 보기에는 그 우아한 언어와 문학적 세련미에 우선권을 부여하는 문화라고 여겨진다. 물론 회화나 건축에 있어서도 프랑스의 업적은 대단한 바가 있다. 그리고 이 두 예술은 어느 의미에서는 프랑스 문학의 특질을 뒷받침해 주고 있다는 느낌도 든다. 냉정, 형식, 우아함 등을 고루 갖추고 있다.

하지만 프랑스인들이 가장 스스로를 잘 인식하게 된 것은 문학을 통해서라고 본다. 十七세기 중엽 이래로 운문은 물론 산문 분야에서도 눈부신 문학적 문화가 꽃피었다는 것은 우리 모두 주지의 사실이다.

17세기의 위대한 수상으로 나라의 주권을 강화하고 봉건 제후들을 엄격히 다스렸던 리셜리외(Richelieu) 추기경은아카데미 프랑세즈를 만들어 언어와 문체의 무질서를 억제하고 이를 세련시키기에 힘썼고 이를 영국 등 전 유럽이 상찬하고 본뜨기에 이르렀다. 그에 따라 이 고전적 프랑스어는 라틴어 대신 국제어가 되었다(현재는 그 위치를 영어에 빼앗겼지만).

프랑스의 작가들은 영국과 독일에서 문학적인 영감을 구하기 시작했는데, 혁명 정부가 프랑스어를 새 공화국에 있어서의 유일한 법정 언어로서 규정하면서부터 오랜 프랑스 문화는 약간의 분열을 일으키기에 이르렀다.

이 분열은 매우 명백하며 사회적으로나 정치적으로 변화를 가져왔으며, 국제적 학문과 문화의 관점에서 보면 현대 프랑스어는 전통적 고전 프랑스어처럼 명석한 것도 아니고 정확한 것도 아닌 것이 되어 버린 듯도 하고, 영어 · 독일어 등 경쟁 상대의 현대어를 대로는 수용해야 되기에 이르렀다. 이 쇠퇴는 어쩌면 프랑스의 국력 쇠퇴 이상의 정치적인 의미를 지니는 것으로 프랑스인들은 보고 있는 것 같았다.

오늘날 프랑스의 문학적 문화는 점점 어려운 기술, 고도로 개인적인 견해를 갖는 소수 그룹의 문제가 되어가고 있는 듯한 느낌이었다.

옛날 프랑스의 대작가들은 사회의 여러 계층에서 찬미를 받았었다. 극작가 몰리에르, 시인 라폰테느, 소설가 발자크 등 대중에게 크게 어필되는 작가였다. 그러던 것이 보들레르 이후 프랑스 ㅎㄴ대 문학(여타의 현대 문학도 대동소이하긴 하지만)은 난삽(難澁)하고 난해해져 갔다.

현대 프랑스의 최대의 소설가의 한 사람이었던 마르셀 프루스트는 난해한 문체로 작품을 썼을 뿐만이 아니라 공작이나 백만장자나 고급 창녀 등 파리 상류층 사회를 주로 하여 프랑스의 극도로 제한된 계층을 그리고 있다.

물론 모든 계층의 프랑스인들이 자국어나 자국 문화에 대한 긍지가 유별나기는 하겠지만, 런던이나 뉴요크나 뮌헨이나 스톡홀름의 불문학 애호가만큼 프랑스 현대 작품을 읽거나 평가하고 있는 것 같지는 않다. 오늘날 젊은 프랑스인들이 그들의 부친들이 지니고 있었던 만큼 문학에 대한 관심을 가지고 있지 않은 것 같고 따라서 프랑스의 현대 문하가은 대중과의 거리를 계속 지키면서 자꾸만 고답화해 가고 있는 것이 아닐까…….

프랑스 지성의 성격

프랑스의 저명한 문학사가 랑송(Gustave Lanson)은 그의 명저 <프랑스 문학(Histoire de la littérature française)>의 첫머리에서 프랑스 국민의 성격을 다음과 같이 서술하고 있다.

'프랑스인은 감성적이기보다는 오히려 관능적이고, 관능적이라기보다는 도리어 지성적이다. 즉 프랑스인은 정열에 몸을 맡긴다느니 보다는 감격하기 일쑤이고 별로 몽상(夢想)함이 없지만 예술적으로는 평범하다. 특히 명쾌하고 논리적이고 구성적이며 보편적인 지식으로 호기심 어린 눈을 번쩍이면서 실증적이고 현실적인 것을 추구한다……. 그들은 선(善)보다 진(眞)의 관념에 보다 지배되기 쉽고, 도의에 강한 국민이라기보다는 따지기 좋아하는 국민이다. 또한 그들은 행동의 권리보다는 언론의 자유에 한층 집착하여 스스로의 독립정신을 보이기 위해 권위를 늘 야유하는 경향이 있기 때문에 비순종적이다. 프랑스인은 또한 통일성(unite)에 대해 가장 민감한 감정을 지니고 있다. 그들은 또한 유행과 여론의 노예로서 각자가 뭇사람들과 함께 사유(思惟)하고 또 세상 사람들이 자기와 같이 사유하기를 바랄만큼 그들이 완고한 이유도 이 때문이다'

이어 랑송 교수는 프랑스인 기질의 형태 분류에 대하여 다음과 같이 설명하고 있다.

'프랑스인의 열등한 형태는 고올 기질(Esprit gaulois)이다. 여기서 질투심이라든가 거드름이 잉태되고 물질적 이해심에 집착한다. 프랑스인 기질의 경박한 형태는 화사하지만 허황한 부화(浮華)의 정신 바로 그것이다. 프랑스인 기질의 뛰어난 형태는 어떤 형용사도 필요없는 다만 '에스프리' 이다……. 끝으로 이 나라의 지성의 가장 진수적 형태는 정묘(精妙)하고 억센 분석적 정신과 예민 · 정치(精緻)한 논리성이다」

랑송의 이와 같은 비교적 선명한 프랑스인의 초상화는 그들 성격의 기조(基調)를 이루는 것이 지성이고 그들의 감수성조차도 지성의 영향을 어느만큼 받고 있다는 것을 보여 준다.

이처럼 프랑스 정신의 핵을 이루는 지성은 어떤 성격을 지니고 있는 것일까. 프랑스 아카데미 회원인 고티에(Paul Gaultiérs)는 그의 저서 <프랑스인 정신(L'ame française)>에서 규정한 것을 보면 프랑스적 지성은 그 활동이 민활하고 탄력적이어서 협애성(狹隘性)이 없이 자발적이라는 것이다. 프랑스인의 총명성은 나의 짧은 프랑스 여행에서도 어느만큼 감득되는 것 같았다.

프랑스 지성의 활동은 완만한 앵글로 색슨족과 견주어 볼 때 매우 대조적인 것 같다. 앵글로 색슨의 지성의 활동은 완만하지만 동시에 점착성(粘着性) 같은 것을 지니고 있다.

그에 반해 프랑스인의 지성에는 이것이 결여도어 있다. 그들의 지성의 활동은 지나칠 정도로 민활하다. 앵글로 색슨인 같으면 자기가 이해한 것은 꼭 포착하여 이를 한층 깊이 차분하게 파고 들어가지만 프랑스인은 그렇지 못하다. 과학상의 발견의 단서가 프랑스인에 의해 많이 얻어지지만 이를 실용적 단계에까지 끌어올려 마무리짓는 것은 영 · 미인들이라는 사실 하나만 두고 봐도 영 · 불 지성의 상위점을 잘 알 수 있다.

다음으로 프랑스인의 지성은 유연성(柔軟性)과 탄력성을 지니고 있다는 점이다. 그들은 완고하지 않아서 모든 사상을 수용(受容)한다. 유럽의 뭇 사상이 프랑스에 들어와서 쉽사리 소화되는 것도 이 때문이다.

프랑스인의 솔직성이라든가 비평 정신의 민활성은 이 종족의 국민적 본능이라고 해도 좋을 것 같다. 이는 랑송의 「고올 기질」이라고 부르는 에스프리와의 혼합된 형태로서 아마도 이는 프랑스인의 감성상의 특질인 쾌활성과 낙천성과 관계되는 것이 아닐까?

이 점에 대해서 테느(Taine)의 유명한 인용을 빌리면 「웃고 싶은 요구는 프랑스인 고유의 국민적 특질이므로 외국인은 이를 이해 못하고 언짢아하기도 한다. 이 유락(愉樂)은 육체적인 것과는 다르다. 육체적인 쾌락은 경멸될 수도 있지만, 이에 반해 이 유락은 지성을 첨예화(尖銳化)하여 미묘하고도 대담한 사상을 발견케 한다」는 것이다.

프랑스인의 이와 같이 때묻지 않은 웃음의 요구는 멀리 파블리오(fabliaux)로부터 <장미 얘기(Roman de la Rose)>의 후편의 작자인 비용(Villon), 라블레(F.Rabelais), 몰리에르(Moliere), 볼테르(Voltaire)를 거쳐 아나톨 프랑스(A. France)에 이르기까지 어느 시대에 있어서도 그런 위대한 대표자를 갖지 않은 시대가 없었던 것처럼 프랑스적인 특질을 형성하고 있다.

프랑스인의 지성이 무엇보다도 근본적으로 요구하는 것은 「명석(Clarte)」이라고 하는 요소이다. 이는 아마도 이들의 본능적인 요구인 듯 어느 시대에도 지속되고 있음을 본다. 보알로가 「잘 오득(悟得)된 것은 명료하게 표현될 수 있다」고 하여 명석함의 필연성을 설파한 것이라든가, 샤토브리앙이 「어두운 것, 운연묘망(雲煙渺茫)한 것, 난삽한 것은 모두 우리에게 혐오된다」고 하여 박명(薄明), 습윤(濕潤), 복피(覆被)를 좋아하는 독일인의 취미와 대조시켜 그들의 명석에 대한 기호를 설명하고 있는 것은 퍽 흥미롭다.

또한 피이에(Alfréd Fouille)가 그의 저서 <프랑스 국민의 심리(Psychologie du peuple française)>에서 「우리들이 암시하는 데 불과한 일체의 것을 배척할 만큼 명석(明晳)함을 우리는 즐긴다. 막연한 개념이란 무가치한 것」이라고 설파했다.

이러한 프랑스적 요구를 인용하자면 한이 없겠지만 데카르트(Déscartes)가 명석을 진위(眞僞) 판단의 표준으로 삼고 있듯이 이는 철학적 요구에서 비롯하여 일상의 생활 행동을 규제하는 윤리적 · 실천적인 요구에 이르기까지 프랑스인의 지성 활동의 전 영역에 걸쳐 나타나 있는 요구인 것 같다. 「명석하지 않은 것은 프랑스어가 아니다」라고 리바롤(Rivarole)이 갈파한 프랑스어의 명석성은 프랑스의 문예 · 미술 · 건축은 물론 정치에도 적용되어 있는 듯한 느낌을 프랑스에 가보고 더욱 실감할 수 있었다.

하지만 이 「명석」이라는 것은 질서(ordre)와 논리(logique)를 요구한다. 모르네(Daniél Mornet)는 그의 <프랑스 명석사(Histoire de la clarté francaise)>에서 프랑스적 명석 · 질서 · 논리의 삼단 방식을 잘 설명해 주고 있다. 프랑스 문학이 중세 이래로 서정적이기보다는 서사적이고, 주관적이기보다는 객관적인 것은 그 때문일까? 베르사이유 궁전의 정원을 보고는 프랑스인의 철저한 질서와 논리에 대한 취미성을 나는 어렴풋이나마 이해할 수 있을 것 같았다.

명석과 질서와 논리를 좋아하는 프랑스 지성이 그 능력을 발휘했을 대 파스칼(Pascal)의 기하학적 정신이라든가 랑송이 말한 '정묘하고 억센 분석 정신' 이 되는 것이 아닐까?

여기에 또한 프랑스 특유의 심리 해부라고 하는 재능이 나타났다고 보며, 이는 12세기의 궁정 얘기에 있어서의 연애 심리의 미묘한 분석에서 비롯하여 근대에 이르러서는 끊임없는 심리 소설의 흐름으로 이어져 프루스트(Marcél Proust) 같은 거장을 낳게 되었다고 본다.

이상은 프랑스 지성의 이념적인 면이고, 끝으로 실천적 측면을 보면, 그 최종적 목표는 아마도 예지인 듯싶다. 예지란 고차적이건 통속적인 평범한 의미에서이건 간에 지극히 생활적 지혜를 뜻한다.

프랑스 지성이 예지를 궁극의 목적으로 삼기 때문에 프랑스 철학은 매우 고매한 사상을 기술하는 경우에도 실천적인 의의를 다분히 내포하고 있는데, 그런 의미에서 지로(Victor Giraud)의 말처럼 매우 「인간적 철학」이고, 또한 프랑스 문학은 가장 통속적이고 평범한 예지를 설명할 경우에도, 그런 의미에 있어서는 한결

철학적이다. 이러한 면은 몽테뉴(Montaigne)의 <수상록(Essais)>에서도 찾아볼 수 있고, 거의 범신론적 사상에 가까운 라블레에서도 궁극의 인간 예지를 그 목표로 두고 있으며, 몰리에르라 퐁테느(La Fontaine) 디드로(Diderot), 볼테르 · 루소(Rousseau)의 경우에서도 엿볼 수 있다.

이들 작품을 통해 느끼는 프랑스 지성의 성격은 나더러 한마디로 말하라면 그들의 지성은 이지(理智)를 최상에 두고 그 활동 양식은 합리주의적이라고 하겠다.

프랑스의 작품을 읽으면 비약을 생명으로 하는 상상조차도 이지화 되어 있는 듯싶다. 그들은 초자연적 상상을 그다지 즐겨하지 않는 것 같다. 그래서 괴기 취미는 로맨티시즘 시대의 외국 수입품 이외에는 별로 없다.

여기에 가령 독일과 프랑스 정신의 간극이 벌어지게 된다. 피이에는 이렇게 말했다. "독일정신은 도처에 지성으로는 이해할 수 없는 무엇인가를 꿰뚫어보고 거기에는 감정과 의지에 의해 도달할 수 있다고 상상한다. 독일 정신은 실재 속에 논리하적(論理下的)인 것, 또는 초논리적인 것을 용인한다. 이지(理智) 이하, 또는 이지보다 근본적인 것은 곧 자연이다. 여기에서 게르만적 자연주의가 비롯된다. 한편 이지 이상의 것이란 곧 신성(神性)이다. 여기에서 게르만적 신비주의가 나왔다. 거기에다 이 이지 이상의 것과 이하의 것이 혼융되어 자연주의와 신비사상이 또한 독일정신 속에 융합되기에 이른다. 하지만 프랑스 정신은 이에 반해 자연주의적이거나 신비주의적인 것도 아니다. 프랑스인은 음미(陰黴)한 감정이나 신앙에 만족하지 않는다. 프랑스인은 무엇보다도 이지와 조리를 즐겨한다"라고.

이처럼 이지가 지성의 중심을 차지하고 그 지성이 다시 정신 속의 우위를 점하고 있는 프랑스인은 그 때문에 지나치리만큼 자국 문화에 대한 우월감에 넘쳐 있음을 거의 내가 만나는 사람마다에서 느낄 수 있었다. 그래서 내가 느낀 인상으로서는 그들이 비교적 유아독존적이라는 점과, 따라서 그들이 외국 사정에 어두워지고, 외국을 비판할 경우에도 외국의 개성을 제대로 정확하게 파악하지 못하는 것 같았다.

프랑스적 감성과 모순

피이에는 그의 저서에서 프랑스적 기질을 분석하면서 프랑스인은 감각적이고 흥분하기 쉽고 쾌활하고 향락적이고 담백하나 경박하고 사교적이어서 모여서 대화하기를 좋아하며 고독을 싫어하고 곧잘 웃는다고 지적했는데, 이 기질을 가장 단적으로 요약한다면 그것은 지성적이라기보다 감성적이라고 하겠다.

피이에가 열거한 프랑스인의 흥분성과 외연성(外延性)은 그대로 그들의 감성의 성격을 잘 표현했다고 보는데 이웃 독일인들은 프랑스적 흥분성 등을 곧잘 비난하기도 한다.

프랑스인은 독일인이나 영국인에 비해 훨씬 다정다감하고 예민하다. 이 기질은 고올 시대부터 줄곧 도야되고 형성되어 인간화된 것이다.

프랑스인은 감정적이긴 하지만 지성이 이에 제동을 걸기 때문에 부트루(Voutroux)의 말처럼 '이성(raison)이 원래 순연한 논리적 사고(思考)로서는 설명하기 힘든 감정을 질서와 미와 성실과 선한 것으로 밀어붙이는' 데에 프랑스 정신의 장점이 있고, 고래로 프랑스인이 취미성을 지니고 있는 소이도 이 때문이리라. 독일인이나 영국인에게는 지성에 의한 감성의 제약이 프랑스인만큼 강하지 않기 때문에 프랑스인은 그들을 너무 냉담하다고 비난한다.

그러면 프랑스적인 취미(Gout)란 무엇일까? 이를 설명하기란 어렵지만 사물의 한도를 추구하는 경향과 힘과 자연을 가공(加工)하는 성향 등 두 가지로 대별할 수 있지 않을까.

그 첫째 경향은 프랑스 지성의 경향과도 일치된다. 그들은 무한, 절대라든가 극단, 복잡을 기피한다. 다만 이를 중용화, 단순화하는 것이 프랑스 취미의 제일보다. 프랑스인의 생활과 예술이 이를 가장 구체적으로 보이고 있다.

프랑스 취미의 둘째 요소는 힘, 자연 등을 우미화(優美化)하고 섬세화하며 온건화하는 것이다. 즉 자연과 힘을 예술화하고 이상화하는 일이다.「힘을 우미에 굴복시키라」는 그리이스 문화의 정통을 이어받은 취미성이다.

프랑스인은 자연 그대로의 자연을 좋아하지 않는 것 같다. 그들은 반드시 인공적으로 가공한다. 따라서 참스런 의미에서의 현실주의, 자연주의는 프랑스인의 영역이 아니다. 그건 오히려 북구인의 영역이다. 생이라든가 본능이나 자연을 예찬하거나 적어도 긍정하거나 그 맹위를 그대로 서술한 울창한 숲, 그것이 바로 셰익스피어의 희곡이고 플라밍(Flamand)파의 회화이며 또한 바그너(Wagner)의 음악이다.

이에 반해 프랑스 고전극은 삶을 그대로, 본능대로, 또는 자연 그대로 표현한 것이 아니라 삶과 자연의 트랑스포지숑(Transposition)이고, 선택이고, 변별(辨別)이며 또한 통제이다. 이지와 논리가 지배적인 건축 예술의 극치인 베르사이유 궁전이 바로 그 표본이다. 와토(Watteau)가 바로 그것이다.

그런데 프랑스인은 이와 같은 자연에의 가공을 적당히 해치우지 않는다. 그들은 가장 미묘하고 섬세한 뉘앙스를 파악, 식별하는 관능을 지니고 있다. 그들은 완벽을 기하되 획일적인 것을 싫어한다. 여기에서 「포름(forrm)」에 대한 프랑스인의 결벽(潔癖)이 생기고 동시에 포름에 균형되는 내용에의 관심이 일게 된다. 이런 관심은 비단 문예나 미술에만 보이는 현상이 아니라 공예품이나 제조품 일반에서도 흔히 볼 수 있다.

이러한 취미성은 아마도 프랑스인의 심저(心底)에 흐르고 있는 「남의 마음에 들도록」하려는 일종의 본능에서 오는 것이 아닐까?

스탈(Stael) 부인은 <독일론(De Allemagne)>에서 프랑스인의 대화의 재능에 대해 서술한 다음, 프랑스인은 '우아하고 친절하려는 욕구는 마음의 상태가 어떻든 쾌활한 표정을 지으려고 한다' 고 지적했는데 이런 마음 가짐은 가령 작가들이 책을 스는 경우에도 자기를 위해서라기보다는 남을 위해 쓴다는 의식이 앞선다는 것이다.

따라서 그들은 되도록 이해하기 쉽게 쓴다. 그들은 독자의 노력을 최소한으로 줄이기 위해 노력하며, 여기에 반성 · 순화 · 변별의 작업이 작가 위에 과해진다.

프랑스어의 세계성을 논하여 유명해진 리봐로르는 프랑스인과 영국인을 비교하면서 다음과 같이 말하고 있다.

'프랑스인은 이승의 유쾌한 방면을 탐구하는데 반해서 영국인은 늘 비극을 면접하고 있는 듯이 보인다. 이는 스파르타인과 아테네인과의 대조와 비슷하다'

프랑스인의 이와 같은 낙천성은 그들의 문학이 잘 입증해 주고 있다.<샹송 드 제스트(Chanson de Geste)>, <로망 드 르나르(Roman de Renard)>로부터 아나톨 프랑스에 이르기까지 조소와 야유를 즐겨해 왔다. 이 때문에 한편으로 그들이 정신사에 있어서 경박하다는 비평을 이웃나라에서 받기도 한다.

관능 속에서까지도 세련화를 추구해 마지않는 프랑스인의 감성은 자연 향락적으로 흐르게 마련이고 향락자에게 무엇보다도 중요한 것은 찰나이므로 프랑스인은 그런 점에서 찰나적이라고도 할 수 있다. 프랑스인의 이런 기질을 테느는 <근대 프랑스의 기원(Les origin de la France Contemporaine)> 첫째 권에서 잘 설명해주고 있다.

프랑스인의 쾌활성과 사교성은 그들의 살롱 생활에 의해서 세련되었다고 보는데, 지금도 역시 그들은 이를 소중시하고 있었다.

살롱에 모임으로써 사고와 감각의 세련과 예민화, 상호 비평, 「벨 에스프리(Bel Ésprit)」의 발산과 같은 일련의 프랑스적 특성은 살롱 분위기에서 비롯된 것이리라.

프랑스의 성격을 생각해 보면서 느끼는 마지막 특질은 그 모순성이다. 이는 그들의 성격만이 아니라 문화의 여러 영역에 나타나 있다.

19세기 중엽의 에세이스트 몽타귀(Montage)에 의하면 프랑스인을 혁명적 국민이라고 하는 것은 일찍이 이 국민이 가장 군주주의적이었다는 것을 망각한 때문이며, 이 국민이 반종교적이라고 보는 것도 일찍이 이들이 교회의 지지자였다는, 교황권이 프랑스인에 의해 구축되었고, 종교개혁이 그들의 오랜 교회제도에의 집요한 충실성 때문에 그 발전 과정에 있어 저지되었다는 사실을 잊고 있기 때문이라고 지적하면서 "요컨대 참으로 모순국인 이 나라가 열렬한 개혁자의 나라임과 동시에 집요한 보수주의국이고, 혁명적인 동시에 전통적이며, 유토피스트(理想的)이면서도 관습에 젖기 쉬운 나라라는 점"이라고 매섭게 지적했다.

하긴 프랑스 문학이 세계 어느 나라 문학보다도 사회적이고 사교적이라고 여겨지면서도 동시에 또한 자아(自我)의 계발과 발양(發揚)이라는 점에 있어서 뛰어났다는 특색도, 그리고 가령 몽테뉴, 데카르트 등 대표적 프랑스인이라고 불려지는 사람들이 사상적으로는 선각자, 혁명가적이면서 다른 한편으로는 논리적, 종교적, 또는 실천면에서는 보수적이었다는 사실도 프랑스인의 모순성을 보이는 것이 아니겠는가.

이는 그들이 사교적이면서도 한편으로는 독립 자존적이어서 사회적 단결력이 이웃 독일이나 영국인에 비해 박약하고 관념적으로 평등을 내세우면서도 지나친 우월감에 젖어 있고 때로는 놀라울 정도로 에고이스트적인 면을 보게 되는데 이것 역시 그들의 모순성이라는 특질로서 설명되어질 수 있을 것 같다.

생제르맹 데 프레

생제르맹 북쪽 생타드레 데 자르 광장에서 의학교가(醫學校街)로 빠지는 오트포이유 가(街) 15번지에는 <악의 꽃(Les Fleurs du Mal)>의 시인 보들레르의 생가(生家)가 있다. 파리에서 태어나 파리에서 죽은 그는 잠시 인도양(印度洋) 여행과 만년에 빚을 갚기 위해 벨기에로 강연 여행을 떠나 2~3년을 그곳에서 묵은 때를 제외하고는 줄곧 파리에서 상주(常住)한 문자 그대로 「파리의 시인」이었다.

그랑 소귀탱 강변과 생탕드레 데사르 가를 잇는 세귀에 거리는 프랑스와 라블레의 <가르강튀아와 팡타그뤼엘>에 나오는 기사들의 싸움터였는데, 18번지에는 18세기의 대철학자 아개소오가 살았던 아개소오 관(館)이 있다. 알제리 태생의 알베르 카뮈가 한대 살았던 곳으로도 유명하다.

생제르맹 거리를 따라 서쪽으로 5분 남짓 걸어가면 생제르맹 데 프레 교회의 로마네스크 양식의 종루(鐘樓)가 보인다. 이 종루는 1014년에 건조된 파리 최고(最古)의 탑으로 17세기에 개조된 내진(內陣)과 후진(後陣)은 고딕 스타일이었지만, 이 두 양식이 훌륭히 조화된 솜씨는 놀라웠다.

교회 북쪽의 소공원에는 1959년에 세워진 피카소 작(作) <소녀의 흉상(胸像)>이 있다. 그의 다정한 벗이었던 시인 아폴리네르에게 바친 것이라 한다. 아폴리네르라고 하면 누구나 샹송 <미라보의 다리>를 연상하리라.

미라보의 다리 밑을 세느강은 흐른다
우리들의 사랑도 이처럼 흐른다
나는 생각한다
고생 끝에 낙이 있다는 것을……

미라보의 다리는 파리 15구와 16구를 잇는 별로 볼품없는 철제의 다리지만, 그의 시 때문에 세계적으로 유명해졌다. 이 시는 그의 처녀 시집 <알코올>에 수록된 걸작으로 화가 마리 로랑생과의 연애가 불행하게 끝맺었을 때의 시이다. 두 사람 모두 이 다리 근처에서 살았다는 것이다.

이 교회 맞은편의 보도를 걸어 내려가면 18세기 문예(文藝) 중 최대의 기념비인 <백과전서(百科全書)(L'Éncyclopédie)> 전 28권을 기획, 집필한 디드로의 동상이 있는데 그가 죽기 전까지 약 40년간 살아다는 구(舊) 타란느 가는 구획 정리 때 생제르맹 거리에 흡수되어 분명히 알 수 없다 한다.

교회 앞 광장과 생제르맹 거리의 모서리에 있는 레스토랑이 바로 실존주의의 메카 「두 마고」다. 1920년경 이 근처에 살고 있었던 극작가 쟝 지로도는 매일 여기서 아침밥을 먹고 작품을 썼다는 것이다. 퍽 재미있는 것은 이 점포에서 1933년에 창설한 두마고 문학상(文學賞)의 권위가 대단하다는 것이다. 우리로서는 퍽 이해하기 어려운 묘미 같은 것을 이 상은 지니고 있었다.

이 근처에 역시 같은 유의 카페폴로르가 있는데 이곳 역시 제2차 대전 후 한때 실존주의자들의 성지(聖地)였다. 사르트르는 이 근처 보나파르트 가 42번지에 살고 있었고, 생애의 반려 보봐르와 이들 카페에서 문학과 인생을 논의했다고 한다.

보나파르트 가 37번지, 사르트르의 집 반대편의 대승원가(大僧院街)와의 모서리에는 스탕달 연구자의 서점 르 디방이 있는데, 바로 명시지(名詩誌)<르 방>의 발행소다. 여기서 세느 강 쪽으로 조금 걸어가면 비스콩티 가에 이르는데, 그 어귀 17번지에는 1827년경 발자크가 경영하던 인쇄소가 허술한 옛모습 그대로 남아 있다.

바로 근처에 있는 미술학교 앞에서 동쪽으로 꺾어진 골목길(Rue des Beaux-Arts 10번지)에는 메리메가 살던 집이 있고, 그 바로이웃 13번지에 있는 호텔은 영국 작가 오스카 와일드가 불행 속에 죽음을 맞은 곳이기도 하다. 입구 옆벽에 하얀 대리석에 「와일드 1900년 11월 30일 여기서 죽다」라고 새겨져 있었다. 이처럼 외국 작가가 죽은 곳까지 기념해 두는 프랑스인들의 금도(襟度)에 새삼 놀라움을 금할 수 없었다.

보나파르트가를 벗어나면 포플러와 마로니에가 줄지은 말라케 강반(江畔)에 이르는데 이곳은 아나톨 프랑스의 소년 시절의 추억이 어린 곳이기도 하다. 그 19번지는 그의 생각이고 그후 남장(男裝)의 여류 작가 상드가 뮈세와 교제할 때 살았던 곳이기도 하다. 그녀는 여기서 <렐리아L'elia>를 썼다고 한다.

말라케 강반으로 다시 나오면 예술교(Pont des Arts) 정면에 화사한 원천정(圓天井)의 모자를 덮어쓴 프랑스 전통문화의 상징인 프랑스 학사원이 있다. 여기서 벌이고 있는 많은 일 가운데 우리가 꼭 본받아야 할 일은 자국어(自國語) 순화작업과 자국 문화 전파 운동이 아닐까 한다.

다시 생제르맹 쪽으로 나와 남쪽으로 내려가면 '프랑스 양심의 보금자리'라고 일컫는 소르본느대학 정문이 보이는 바로 북쪽 폴팡르메 소공원 옆 학생가(學生街) 쪽에 이른다. 이 주변은 물론 캠퍼스 안은 가을 신학기를 맞아 학생들로 붐비고 있었고, 강의실에도 검붉게 탄 젊은 얼굴들이 교수의 강의를 경청하는 진지한 모습에서 내일의 밝은 프랑스를 점칠 수 있을 것 같다.

Ⅲ. 그 힘과 끈기의 底力

- 독 일

괴테의 도시

독일 중 · 북부 여행은 독문학자인 곽복록 교수와 얼마 동안 동행을 했었기 때문에 마음의 부담이 한결 덜한 것 같았다.

프랑크푸르트 암 마인(독일에는 또 하나의 프랑크푸르트가 있기 때문에, 이 도시를 마인 강가의 도시라서 이렇게 부른다)은 독일의 중심지이고자 열망하는 도시이며 독일이 낳은 세계적 문호 괴테의 고향으로도 유명하다. 공항에서부터 독일은 물론 유럽의 교통 중심지다운 면모를 느낄 수 있었다. 국제선 항공기가 줄지어 오르내리고 있었고(일주일에 8백여 편의 여객기를 띄운다고 하니 가히 그 규모의 방대함을 알 만하다) 공항 청사 역시 대단한 규모였다.

대단위의 일본 관광단 바로 뒤에 서 있었던 탓인지 소지품 조사도 전혀 없이 간단히 나갈 수가 있었다. 마침 곽 교수의 제자 김승

옥씨가 마중나와 주었다. 공항과 중앙역 사이를 달리는 직통 전차를 타고 십분 만에 번화가에 들어섰다.

부채살 모양으로 퍼진 철로, 스물네 개의 플랫폼에서 하루에 천 2백여 개의 여객 열차가 발차하는 중앙역의 청사 역시 대단했다.

역앞에는 에스컬레이터 부설 작업등 지하도 공사가 하창이었고 여기저기서 고층 빌딩 건축 공사의 굉음이 요란했다. 중앙역 앞 중심가인 카이저 슈트라세는 온통 섹스 숍의 간판으로 뒤덮여 있어, 나의 첫인상을 흐리게 했다.

프랑크푸르트는 제2차 세계대전 때, 연합군의 대규모 폭격으로 말미암아 폐허화되기 전까지만 하더라도 독일에서 가장 크고 오랜 중세풍의 대도시였다고 한다. 알트 슈타트(Alt-Stadt)라고 불리우는 옛 시가지에만 옛 프랑크푸르트의 잔영(殘影)이 남아 있을 뿐, 대부분의 거리 풍모에서 독일적인 것을 별로 느낄 수 없는 초현대식 신흥 도시였다.

이 도시는 상업의 중심지일 뿐만이 아니라 공업 도시로서도 그 이름이 높다. 바이엘 제약 회사도 이곳에 자리하고 있다. 본시 프랑크푸르트는 게르만 민족의 통치를 위한 로마인들의 성곽 도시로 비롯되었다고 하는데, 이제 이곳에서 생산되는 명약들이 이탈리아에 대량 수출되어 로마인 후예들의 건강을 돕고 있다니 참으로 아이러니컬하다.

거미줄처럼 얽힌 아우토 반(고속 도로)이 이 도시에 집결되고 마인강 부두에서는 7백만 톤의 화물이 하역(荷役)되는 것만 보아도 이 도시가 독일 중심지임을 입증해 준다. 그래서 제2차 세계대전 직후 서방측 점령군의 사령부도 이곳에 있었다.

전후 수도 후보지로 본과 프랑크푸르트가 최종 후보지로 겨룰 때 야당은 프랑크푸르트를 지지했다. 노동자가 많은 이 대도시는 그들의 유력한 지반(地盤)이고 정치적으로도 활기찬 도시였기 때문이다. 그에 대해 여당은 본을 지지했다.

본은 우선 보수적인 공기가 짙고, 대중 데모의 염려도 없는 한산한 도시였기 때문이다. 연합국의 점령군은 제각기 점령 지역 관계로 영국과 프랑스는 본을, 미국은 프랑크푸르트를 지지했다. 1949년 5월의 1차 투표에서는 한 표차, 11월의 2차 투표에서는 24표 차이로 '황제의 도시' 프랑크푸르트 대신에 '선제후(選帝侯)의 도시' 본이 연방수도 Bundesstadt(연방수도의 영광은 통일 후 베를린으로 옮겨졌지만)로 낙착되었다. 그 이유는 "점령군의 사령관과 한 지붕 밑에서 있느니보다는 차라리…"라는 피점령국 국민의 심리가 반영된 것이라고 한다.

어떤 까닭으로 결정되었든 간에, 베토벤의 생가(生家)가 있다는 사실 이외에는 별로 알려지지 않았던 시골 대학 도시 본으로 서울이 정해졌다는 것은 악성(樂聖) 베토벤의 탄생지가 대문호 괴테의 고향을 눌렀다는 결과가 된 셈이다. 괴테를 가장 세계적이고 독일적이라고 여기고, 또한 아끼고 있는 프랑크푸르트 시민들로서는 실로 가슴 아픈 일이 아닐 수 없다. 라인강 지류마인 강가에 세워진 이 도시는 인구 백만도 채 안되지만 얼핏 서울보다 더 커 보이는 그런 바쁜 도시이다.

이 새 도시의 시민들은 새것 못지 않게 옛 유서(由緖)에 애착이 대단했다. 이 도시에서 태어난 독일의 대문호 괴테의 집도 연합군의 폭격으로 파괴되었는데 그 폐허에서 돌 한 개, 나무 토막 한 개, 종이조각 한 장이라도 빼놓지 않고 샅샅이 주워 모아, 옛모습 그

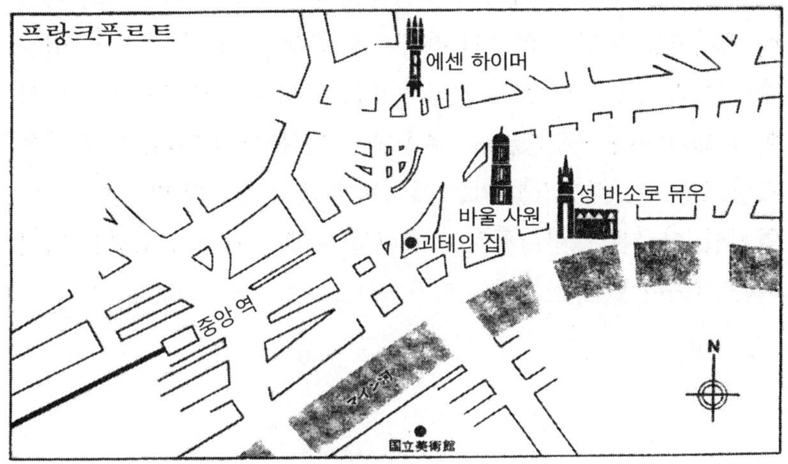

대로 복원(復元)하여 박물관으로 공개하고 있는 것은, 세계적 대문호의 고향 사람이라는 자부심의 전형적인 결정(結晶)이라고 하겠다. 안내인의 말에 의하면 가구류는 다행히 전부 소개(疏開)되어 그대로 남아 있게 되었다는 것이다. 옛 그대로의 집은 아니라고 하지만 금시라도 "노호 메어, 노호 매어(noch mehr)!" 하며 창문을 통해 접시가 날아올 것만 같았다.

프랑크푸르트 외환은행 지점에 근무하는 정군일씨의 호의로 그날 밤 그분 댁에서 오랜만의 가정의 아늑함을 맛보고 이튿날 시내 안내를 받았다. 에센하이머 탑, 성 바오로 사원, 성 바소로뮤 대사원 등을 돌아보았다. 이 도시에는 유럽 굴지의 동물원과 식물원, 미술관 등이 있으나 이곳에 들르는 대부분의 관광객은 괴테의 집만은 반드시 가 보지만, 그 밖의 고장은 별로 관광하지 않는다고 한다. 이곳의 요한 볼프강 괴테 대학도 시민들이 괴테를 기리기 위해 성금을 모아지은 것이라고 한다.

점심 시간에 어느 레스토랑에 들렀더니 주인이 아몬드의 황금색 케이크를 특별히 외국인 관광객을 위해 '오늘의 메뉴'로 권해 주었는데, '프랑크푸르트 벤델'이라고 하는 이 케이크에도 일찍이 괴테가 매우 즐겨했다는 추천 문구가 붙어 있었다. 그 유명한 프랑크푸르트 소시지를 먹을 때에는 괴테의 추천의 말 같은 건 없었지만, 아무튼 프랑크푸르트를 떠날 때에는 괴테의 고장을 떠난다는 기분이 들 정도였다.

<젊은 베르테르의 슬픔>을 찾아

이튿날 다시 차를 타고 괴테가 '천국처럼 아름다운 자연에 감싸인 조그마한' 도시라고 예찬해 마지 않던 베츠라를 찾았다. 신시가지를 지나 조그마한 강을 건너자 도시 분위기는 갑짜기 고풍스러워졌다. 우뚝 솟은 고딕식 교회, 중세풍의 낡은 건물, 비좁은 거리 등 로마 제국의 교역(交易) 중심지였다는 흔적을 느낄 수 있는 아담한 이 소도시는 괴테가 젊은 시절에 로테와 사귀면서 얼마 동안 머물렀다는 고장이어서 가슴을 설레이게 한다. 지금도 괴테가 묘사했던 모습을 그대로 간직하고 있는 듯만 싶었다.

한 광장을 지나, 괴테 거리로 명명된 가도를 한참 달렸다. 괴테 가(街)와 마주치는 곳에 로테 가(街)가 있고, 그 8번지에 푸른 지붕을 한 2층 집이 있다. 여기가 바로 괴테의 영원한 사랑 롯테가 태어났던 집이다. 앞에 "롯테 하우스(Lotte Haus)"란 팻말이 새겨져 있었다. 집벽에는 "1753년 1월 11일 이 집에서 샤를로테 부프가 태어났다"고 적혀 있다. 샤를로테(애칭 또는 약칭으로는 로테) 부프는 바로 괴테를 슬프게 만든 여인이었고 소설 <젊은 베르테르의 슬픔>의 여주인공 로테이기도 하다.

"1772년 9월 10일. 지금 나는 혼자 있소. 금시라도 눈물이 쏟아질 것 같소. 행복하기를 빌겠소. 아무튼 나는 당신의 마음에서 결코 떠나지 않을 것이오. 언젠가는 당신을 다시 보게 될 것이오. 하지만 내일 당장은 아니오. 영원히 만나지 않을 것처럼 말이요. 아이들에겐 '그는 떠났다'고 이르시오. 이제 더 이상 글을 못 쓸 것 같구려."

괴테와 샤를로테와의 이와 같은 애틋한 사랑을 그린 것이 바로 <젊은 베르테르의 슬픔>이다. "당신을 위해 기꺼이 죽어 간다"는 마지막 편지를 남기고 권총 자살 한다는, 이 일기체 소설은 괴테의 쓰라린 체험이며 다만 그가 자살하지 않았던 것만이 사실과 다를 따름이다.

괴테가 스물다섯 살(1774년) 때에 이 작품이 출판되자 이상한 흥분과 경탄을 불러일으켜, 젊은 사람들 중에 베르테르 복장이 유행되고, 실연 자살자가 접종하여 한때 판매가 금지될 정도였다. 베르테르의 감정은 모두 때묻지 않은 내심의 발로인 것이다. 이 소설은 개인의 내적세계, 즉 심리의 묘사라고 하는 새로운 영역을 개척한 점에서 큰 의의가 있으며, 이 작품으로 말미암아 젊은 괴테는 일약 세계적 작가가 되었다. 이 작품의 형식과 문체는 종래의 로코코적인 것으로부터는 아주 멀어졌고, 오히려 셰익스피어의 그것과 접근하고 있으나 그 사상과 성격은 순수한 독일적인 것이다. 롯테의 집 안에는 롯테의 초상화가 걸려 있었다. 1782년에 그려진 그림이므로, 그녀의 나이 스물아홉 살, 그러니까 이미 케스트너 부인이 된 후의 모습이다. 2백 년 가까운 오랜 그림이지만, '부들 오'로 말끔히 닦여져 광택이 나는 초상화였다. 꿈꾸는 듯한 눈매, 알맞게 우뚝 솟은 코, 꼭 다문 의지적인 듯하면서도 고혹적인 입술, V라인의 의상으로 뿌옇게 드러난 앞가슴, 젊은 천재 시인의 마음을 족히 빼앗고도 남을 미려한 모습이다.

이 집에는 이밖에도 그 당시의 가구들과 로테가 연주하던 피아노, 괴테의 친필 편지, 케스트너의 일기집, 소설 <젊은 베르테르의 슬픔>의 초간본과 그에 관련된 원고 사본 등이 진열되어 있었다.

이 집 관리인의 말에 의하면 괴테가 이처럼 비련(悲戀)과 그 괴로움 속에서 젊음을 불사르고 떠난 이 베츠라에는 4백 명 남짓한 로테의 후손들이 '롯테 자손의 모임'이라는 것을 만들어 매 2년마다 이곳에 모인다는 것이다.

독일문학의 발돋움

런던 펜 회의에 앞서 독일 펜의 협조를 얻기 위해 곽복록 교수와 나는 괴테의 고향을 떠나 독일 펜 본부가 있는 다름슈타트(Darmstadt)로 향했다.

프랑크푸르트에서 다름슈타트까지는 기차로 불과 20분의 거리였다. 다름슈타트는 인구가 불과 십만 미만이지만 제법 정돈된 문화 도시였다.

독일 아카데미 바로 옆에 자리한 펜 본부에 들러 미국 펜이 런던 펜 대회에 제기한 수감 작가의 결의안에 대해 곽교수가 협의하는 동안 나는 시인 G · 바우어, H · 귄터, W · 노이만, 소설가 W 프리츠, 여류 평론가 E 엔드레스씨와 독일 문학에 대해 환담을 나누었다. 특히 프로일라인 엔드레스와는 런던에서도 교환(交歡)을 했는데, 그녀에 의하면 독일 문학의 전통 계승과 통일을 위해 독일 문학인들은 그야말로 파우스트적 노력을 기울이고 있다는 것이다. 이른바 <상실의 세대(die verlorene Generation)>의 작품 속에서도 전통 문학에 대한 관심이 짙어 가고 있다고 하는데, 고전문학과 현대문학 사이에 커다란 갭이 가로놓여 있는 우리 처지로서는 퍽 부러운 현상이었다. 더군다나 우리로서는 상상조차도 할 수 없는 통일 전에도 서독과 동독 문학의 이데올로기를 초월했던 접근은 분단국가로서 경악과 선망(羨望)의 적(的)이 아닐 수 없다. 당시 서독의 어느 대학에서도 등록 문학이 거론되었고, 특히 1945년 이전의 통일된 독일 문학이라는 테두리 안에 넣어 강의를 다루었었다.

또한 독일어권의 문학계에서는 요즘 카프카에의 관심이 대단하다는 것이다. 평생을 고독과 빈곤으로 끝마친 프란츠 카프카는 프랑스의 사르트르와 함께 실존주의로 그 이름이 높았으나, 사실은 사르트르와는 달리 그는 문학의 근저(根底)를 쉬르 레알리슴에 두고 있었다.

그는 자기가 죽은 뒤에는 일체 작품을 발표하지 말아 달라고 친구에게 부탁했으나, 친구인 막스부로트는 그와의 약속을 어기고 <성(城)>, <아메리카>, <심판> 등을 발표했는데, 특히 카프카의 <파우스트>라고도 불리우는 <성>은 아깝게도 미완성으로 끝나고 말았으나, 그의 고매한 문학 세계는 1947년 독일 바이에른 지방 알고이에서 리히터(Hans Werner Richter)를 중심으로 한 '47년 그룹' 에 의해서 계승되었다고 볼 수 있다.

이 그룹에는 아이힝거, 랑게서, 귄터 그라스, 아멜쉬, 셀란, 잉게보르크 바하만, 발터 엔스, 하인리히 뵐 등 전후(戰後)의 대표적인 작가들이 대거 참여하여 독일 문학 전통의 계승에 공동적 노력을 경주하였다.

신랄한 전쟁 고발과 전후의 암울한 사회 비판을 초기 작품의 주제로 삼았던 이들은 대부분 카프카의 문학 세계에 은연중 용해되어 갔다. 카프카의 이러한 영향은 비단 이 그룹에만 한(限)하는 것이 아니라 최근 독일 문학의 기수(旗手)인 페터 한트케(Peter Handke) 등 젊은 작가들에게 까지 지대한 영향을 미치고 있다는 것이다.

위대한 독일 문학의 전통을 계승하려는 독일 문학인들의 열의는 대단한 것 같았다. 괴테, 하우프트만, 토마스 만, 헤르만 헤세 그리고 카프카의 문학 전통은 하인리히 뵐의 출현으로 다시 독일 문학의 영광을 세계에 과시할 수 있게 되었다.

하인리히 뵐은 1972년 노벨 문학 수상작인 <여인과 군상(Gruppenbild mit Dame)>을 통해 독일 문학의 이와 같은 전통을 부활시키기 시작하더니 최근의 문제작 <카타리나 블룸(Kath-arina Blum)>을 통해 그 절정을 보이고 있다.

독일은 독일 문학의 영광을 되찾는 일만이 아니라 독일어의 세계적 보급에도 열을 올리고 있었다. 이곳 아카데미에서는 그러한 노력에 밑받침을 적극적으로 해주고 있다는데, 독일 아카데미의 조사에 의하면 러시아를 포함한 동유럽 여러 나라와 북구(北歐) 스칸디나비아 제국에서도 독일어가 외국어로서 폭발적인 인기를 끌고 있다는 것이다.

현재 러시아에서 독일어를 제1외국어로 공부하고 있는 학생수는 무려 천 3백만명에서 천 7백만여 명에 이르고 있으며 이처럼 인기 있는 독일어의 교육을 위해서 각급 학교에서는 이미 123개의 독어 독문학과가 설치되어 있다는 것이다. 체코와 중국에서만도 지난 한 해 동안에 각급 학교에서 각각 백 20여만 명의 학생들이 독일어를 제2 외국어로 택했음이 밝혀졌고, 기타 동구권에서도 폭발적인 인기를 모으고 있다는 것이다.

이와 같은 독일어 붐은 비단 동 · 북구 국가에서만이 아니라 중동과 아프리카, 라틴 아메리카 산유국(産油國)에서도 일고 있고, 프랑스에서는 영어와 스페인어에 앞서 독일어가 제1 외국어로서 선택되고 있어, 이제 독일어는 영어 · 프랑스어 다음으로 중요한 외국어가 되어 가고 있음을 자료를 통해 실감할 수 있었다. 런던 펜 대회 이후 종래 영 · 불어만을 공용어로 사용되고 있던 관례를 깨고 독일어를 체택하고 있는 것도 이러한 추세를 입증하는 것이리라.

이처럼 독일어가 세계어로서 인기를 끌고, 또한 중요한 자리를 차지하게 된 것은 현재 독일어 사용권인 독일 · 스위스 · 오스트리아 · 리히텐슈타인 등의 모범적인 정치와 경제적인 안정 상황 때문이라고 아카데미 관계자는 그 이유를 내게 힘주어 말했다.

그에 의하면 더욱이 통일 독일이 유럽연합의 중심국가로서 세계 경제에서 차지하는 막강한 비중이 독일어를 상업어로서 러시아를 비롯한 동구 국가들과 스칸디나비아에서 확고한 제1위의 자리에 올려놓게 된 것이라고 한다. 중국을 비롯한 기타 아세안국과의 점증(漸增)하는 독일의 교역은 국제 상업어로서의 독일어의 위치를 확고 부동하게 하는 역할을 담당케 해주고 있다는 것이다.

또 한가지 독일어의 인기를 더해주는 이유는 현재 독일과 스위스, 오스트리아가 유엔을 포함한 국제 사회의 조직 기구가 공헌하는 바가 매우 크기 때문이라고도 한다.

현재 유엔의 각종 국제회의의 공용어로서 독일어는 그 사용권을 차츰 넓혀가고 있으며, 유엔 기구의 모든 서류가 독일어로 발간되고 있고, 그 밖의 국제기구(FAO, EU, PEN 등)에서도 독일어를 공식 용어로 채택하고 있는 것만 보아도 이를 알 수 있다.

특히 문학어 · 과학어로서 차지하는 독일어의 비중은 날로 증대되어 가고 있으며, 현재 세계에서 간행되는 모든 도서 가운데 그 십분의 일 권 꼴이 독일어로 간행되고 있으며, 유럽 각국의 출판계에서 발간되고 있는 도서 출판 가운데에서 매 다섯 권 가운데 한 권이 독일어로 번역, 발간되고 있다는 통계에는 그저 놀라움을 금할 길이 없었다.

곽 교수는 모처럼 독일에 들른 김에 모교를 방문하기 위해 뉘른베르크 쪽으로 같이 가자고 제의했으나, 나는 학생 시절부터 그리던 하이델베르크와 독일의 상징인 라인 강변을 따라 유람하는 일이 더 보람된다고 여겨져 런던에서 다시 만나기로 약속하고, 혼자 기차로 우선 하이델베르크에 들렀다.

옛 성과 동화의 거리 따라

독일에는 로맨틱한 얘기가 얽힌 유서 깊은 성곽이 많기로 유명하다. 이 성들은 대개 프랑크 왕국 및 로마제국 시대부터 건조되기 시작한 것이지만, 유럽의 어느 나라보다도 이 나라에 성곽이 많은 까닭은 그 무렵에 그만큼 이곳의 문화 발달이 현저했음을 말해주는 것이며, 독일의 건축 기술이 뛰어났음을 입증하는 것이기도 하다.

영국 · 프랑스 및 스페인에도 성곽은 많지만 독일의 성곽은 유별나게 둔중하고 그 수효도 많은데, 그것은 독일 사람들이 본시 전투적이기 때문에 그렇다고 말하는 이도 있다.

유럽의 각 성들은 나라마다 약간씩 다른 것 같다. 성을 자세히 살펴보면 그 고장 풍토의 특색이나 역사라든가, 또는 그 고장 사람들의 성격까지도 짐작할 수 있어 퍽 흥미롭다.

여행 중에 또한 빠뜨릴 수 없는 것은 그 나라나 그 지방 특유의 음식을 음미하는 즐거움일 것이다.

독일을 여행한 사람들에게 가장 잊혀지지 않는 것은 독일 특유의 술맛이 아닐까….

독일 하면 먼저 맥주를 연상하게 되겠지만 독일의 와인 역시 유럽에서는 그 품질에 있어 최상급이다. 현재 유럽의 와인 산출국 가운데에서도 가장 알뜰하게 소비자를 보호하는 와인법을 갖추고 있는 것이 독일이다.

독일의 와인은 풍토 플러스 기술의 술이다. 과학 연구에 열을 올리고 있는 독일이니까 응당 그렇겠지만 실제로 독일 와인 산지를 둘러보면 이를 절로 수긍케 된다. 초현대적인 양조 설비도 놀랍지만, 각 산지마다 양조에 얽힌 감미로운 로망이 있다는 점도 퍽 흥미로왔다.

독일에서는 덜 익은 것으로 위험한 것이 두 가지가 있다. 그것은 여자와 포도주란다. 하지만 후자는 기술로 극복할 수 있다고.

괴테 이전의 독일 최대의 시인 클라우디우스(Mathias Claudius)는 <슬픈 사람에게 포도주를 주어라>에서,

라인 강변, 라인 강변에는
우리들의 포도 덩굴이 무성하다

라인이여 복 있을지어다
덩굴은 기슭 따라 자라서
우리에게 명주(銘酒)를 주는구나

하고 노래했다. 남 라인의 강 기슭, 햇볕 드는 곳이면 으레 포도밭이다.

남쪽의 햇볕을 하루만 더 주소서
마지막 단맛이 포도송이에 스미게 하소서

하고 노래했던 릴케의 시 <가을날>이 또한 문득 생각키운다.

라인강 줄기를 왕래하는 유람선을 타고 보면 방순(芳醇)한 독일 와인병을 옆구리에 차고 있는 사람들을 숱하게 볼 수 있다. 마치 음료수처럼 수시로 마시는 것이다. 접종하여 나타나는 강변의 고성(古城)을 바라보면서 마시는 독일의 술맛은 무어라고 형언키 어려운 감칠맛이 있다. 술이 얼큰해지면 그날의 피로도 가시고, 호젓한 여수에도 젖을 수 있어 좋다.

나의 독일 여행은 올림픽 개최로 일약 유명해진 뮌헨에서 비롯된다. 이 도시는 바이에른(Bayern)의 수도이며 서독 제三의 도시이기도 하다.

뮌헨의 성이라고 하면 님펜베르크(Nymphenberg) 궁전이다. 시내에서 전차로 20분 남짓이면 갈 수 있는 거리에 있는 이 궁전은 1644년 바이에른 왕비의 여름 이궁(離宮)으로 건축가 바레리가 설계한 이탈리아 르네상스 시절의 클라식 양식으로 바이에른 바로크의 전형적인 미를 지닌 이 궁전의 내부, 특히 유명한 '거울의 방' 은 황홀하기 이를 데 없다.

또한 뮌헨은 특이한 맥주 맛으로도 유명하다. 히틀러가 대기염을 토했다는 호프브로이하우스(Hofbräuhaus)에 들려 보았다. 놀라울 만한 크기의 대 맥주홀이었다. 마침 토요일 오후이어서 한낮

인데도 주객들로 대 혼잡을 이루고 있었다. 흘러나오는 독일 민요에 맞추어 구석구석에서 서로 팔짱을 낀 젊은이들이 고래고래 소리를 지르다시피 하면서 노래를 부르고 있었다. 결코 취태(醉態)를 부리는 것은 아니었다. 오히려 독일인의 힘을 과시하는 것 같아서 믿음직스럽기조차 했다.

이곳에서 매년 10월이면 비어 페스티벌이 열린다고 하는데 그 분위기는 정말 독일적인 힘의 원천을 느낄 수 있다는 것이다. 이 축제는 19세기 중엽에 바이에른 왕자의 약혼례를 축하하는 맥주 파티에서 비롯된 것이라고 하는데, 해마다 9월 하순부터 10월 초순에 걸친 16일 동안 거시적으로 펼쳐지는 이 모임에는 무려 연 5백여만 명이 참가하는 대규모라고 한다. 맥주 탓인지는 몰라도 이곳 사람들은 유난히도 뚱뚱해 보였다. 특히 중년 부인들은 한결같이 과대 비만증 이었다. 이는 남부 독일뿐만이 아니라 전체 독일 여성들의 커다란 고민거리이기도 하다.

내가 독일을 여행 중일 때, 독일의 보건사회상(여성이라고 함)이 독일 여자들의 비대 현상을 염려하는 담화문을 발표하면서 식이요법과 적당한 운동 요령을 지시한 담화문 내용을 담은 팜플렛을 대대적으로 보급하고 있었다. 중년 여성은 말할 것도 없고, 맥주 집에서 보는 젊은 여성들의 바스트와 히프는 정말 뇌쇄적이었다. 얇은 여름 옷에 노 브라 노 코르셋 탓이기도 했겠지만, 다른 유럽 여성들보다는 유별나게도 독일 여성은 건장해 보였다. 지난번 몬트리얼 올림픽에서도 이런 사실은 충분히 증명되겠지만 말이다.

맥주의 본고장답게 뮌헨 대학에는 양조학과가 있다. 그리고 시 북쪽에는 이 대학 소속의 양조 시험소가 있어 세계적인 명성을 떨치고 있는 독일 맥주의 특이한 미각의 비법을 심화하기에 안간힘을 쓰고 있었다.

바이에른 제2의 도시인 뉘른베르크(Nürnberg)에 들렀다. 이곳은 15세기 경부터 성곽 도시로 그 이름이 높다. 독일에서도 굴지의 튼튼한 성벽 위에는 수비 병사들의 신속한 이동을 위하여 꽤 넓은 보랑(步廊)이 마련되어 있는데, 이 근처에는 관광객을 유혹하는 매음녀들이 득실거리고 있어 눈살을 찌푸리게 한다.

로만티셰슈트라세가 끝나는 바이에른 알프스 산 밑의 퓌센(Fussen)은 인구 2만 남짓한 작은 도시이지만 근처에 유명한 성곽이 많아서 이른바 관광 기지인 셈이다. 호헤스(Hoches) 성이나 호헨슈방가우(Hohenschwangau)성도 유명하지만 노이슈반슈타인 성은 스위스의 숀, 프랑스의 슈노소우, 스페인의 세고비아 성과 더불어 유럽 굴지의 미려한 성곽으로 독일의 상징처럼 쓰이고 있어 관광 포스터에서도 눈에 익은 아름다운 정경이었다. 이 성의 건물이 아름다울 뿐만이 아니라 주위의 환경 또한 이상적인 경관이며, 이 성을 축조한 루드비히 2세에 얽힌 에피소우드도 애련하기 이를 데 없다. 바그너의 오페라에 심취하여 늘 그와 가까이했던 국왕은 소피아 왕녀, 그리고 숙부와의 불화로 말미암아 성 지하실에 감금되었다가 스스로 호수에 몸을 던졌다는 그의 죽음에 대해서는 여러 가지 서글픈 일화가 얽혀 있었다.

노이슈반슈타인 성내에는 이 비극의 국왕 루드비히 2세의 수려한 큰 초상화가 걸려 있다. 그렇게 봐서 그런지는 몰라도 애수를 띤 초췌한 모습이었다. 왕의 죽음이 사고나 자살이 아니라, 아마도 암살이었을지도 모른다는 안내인의 말에, 권력을 둘러싼 권모술수와 암투에 얼룩진 당시의 상황이 눈앞에 선하다.

남 라인을 따라가면 보름스(Worms)라는 와인의 도시가 있다. 여기서 남쪽으로 뻗어 있는 가도(街道)는 유명한 와인 거리이다. 이 길을 따라 올라가면 왼편 산 위에 림부르크(Limburg)의 오랜 승원의 폐허가 있다. 이곳에서 바라보는 아이제나하(Eisenach) 계곡의 경치는 이를 데 없이 아름답다. 이 폐허를 지나면 하르덴부르크(Hardenburg)의 옛 성터가 있고, 그 너머에는 괴물의 고향인 프랑켄슈타인(Frankenstein) 마을이 있다.

독일의 옛성에는 허실이 얽힌 여러 가지 전설이 으레 있게 마련이지만, 역사적인 일화는 별개로 하고서라도 그 가운데 우리에게 널리 알려진 것은 후랑켄슈타인과 드라큐라 얘기이다.

이 전설에 따르면 드라큐라는 낮에는 석관(石棺) 속에서 낮잠을 잔 다음, 밤에는 마을에 나타나 사람을 만나면 닥치는대로 목덜미를 잽싸게 후빈 다음 그 상처에 나오는 생혈(生血)을 마시는 괴물이다. 일단 드라큐라에게 피를 빨린 사람은 반사반생(半死半生)의 상태로 드라큐라의 한 패거리가 되어 버린다는 얘기는 드라큐라 영화가 우리나라에 몇 차례 상영되면서부터 널리 알려져 있다.

중세시대에 프랑켄의 한 부족이 축조했다는 성곽은 거의 폐허에 가까웠고 다만 탑만이 우뚝 솟아 있었다. "프랑켄슈타인의 괴물 드라큐라는 미국으로 옮겨갔으므로 이 마을과 옛 성도 조용해졌다"고 이 마을의 한 노인은 말하면서 이제는 고성(古城)을 재건해도 괴물은 안 나올테니 옛 모습이 곧 다시 드러나기 바라고 있었다.

슈투트가르트(Stuttgart)를 거쳐 라인 강의 지류인 넥카(Neckar) 강을 따라 내려가면 에베르바하(Eberbach) 마을 근처의 쯔빙겐베르크(Zwingenberg) 성이 있고, 그 밑에 부르겐슈트라세(Burgenstrase) 즉 성곽 가도가 길게 뻗어 있고, 하일브론(Heilbronn)부터 하이델베르크에 이르는 연안은 중세풍의 고성과 마을이 연접하여 독일적인 경관을 이룬다.

□ 그림 동화의 거리

독일에는 옛성 가도(Alte Schloss Straβe)외에도 자연의 풍광과 오랜 역사와 전통이 깃든 '슈트라세'가 많은데, 그 가운데에서 서 동화책을 펼치듯이 접종하여 나타나는 동화책속의 무대를 만날 수 있는 목가적인 가로인 메르헨 가로(Märchenstraβe, 메르헨은 동화라는 뜻)은 매력적인 독일 관광의 포인트다.

유명한 동화 작가 그림 형제의 동화 무대를 따라가는 이 메르헨 가도는 북도(Nord)와 남도(Süd)로 나뉘는데, 북도는 그 옛날 하잔 동맹도시였던 브레멘에서 프랑크푸르트 근교 하나우까지의 전장 600킬로의 옛길이다.

브레멘은 그림의 동화 <브레멘의 음악대>의 무대이고 근교 라인하르트는 <잠자는 숲의 미녀>를 낳은 숲이다.

라인하르트 남쪽에 자리한 하메른은 <피리부는 쥐잡이>의 민화를 낳은 고장이다. 13세기 경 쥐떼에 괴로워하던 이 마을에 한 피리부는 젊은이가 나타나 피리소리로 쥐들을 강으로 유인, 퇴치했는데 마을 사람들이 고맙게 여기지도 않고 푸대접하자 그 젊은이는 어린이들을 피리로 유인, 어디론가 사라져버렸다고 한다. 이 마릉에는 인형 과자 등의 선물이 모두 쥐모양이다. 1602년에 건립된 르네상스 양식의 피리부는 '쥐잡이 집(Ratten Fängerhaus)'을 꼭 관람하면 이 민화에 얽힌 더 많은 얘기를 이해할 수 있다.

또한 이웃 '호호차이트 하우스(Hochzeithaus)'에서는 매주 일요일 낮 12시에 <연극 피리부는 쥐잡이>가 상연된다.

남 메르헨 기도에 연접한 아담한 마을 중에서도 카셀은 그림 형제가 오래 살면서 민화를 수집하고 동화집을 발행했던 도시로 그들을 기리는 박물관(Brüder Grimm Museun)이 있다. 이 박물관에는 그림 형제의 초상화, 원고, 편지, 그림, 가구 등이 전시되어 있다. 또한 세계 각국에서 발행된 그림동화 책도 다수 수집되어 있다. 오전 10시부터 오후 6시까지 개관).

그림 형제 박물관 근처에는 세계 유일의 벽지 박물관(Takete-museum)이 있다.

'메르헨 슈트라세'의 종점은 그림 형제가 태어난 고향 하나우(Hanau)다. 이 도시는 금은세공의 중심지로 17세기 이래의 보석 장식품을 전시하는 독일 조금(彫金) 박물관이 있고 도시 중심부에 있는 마르크트 광장에는 그림 형제 기념 동상이 있다.

청기사의 요람

바이에른의 중심지인 뮌헨이 하인리히 델 레베 공(公)에 의해 처음으로 건설된 것은 1158년의 일이다. 그후 이 고장은 예술에 관심을 갖는 역대의 왕들로 말미암아 이른바 독일 제일의 문화 도시로서의 면모를 갖추기에 이르렀다.

특히 20세기 초엽부터는 현대 미술의 뛰어난 파이오니어가 이곳에 모여들었다. 1908년 추상화의 선구자 칸딘스키(Wassily Kandinsky)는 뮌헨 근교에서 일련의 풍경화를 제작하기 시작했다. 대범한 색면과 격렬한 표현력을 갖는 이들 풍경에서 이윽고 그가 추상에의 길로 나아가게 된 것은 이젠 일반적인 상식으로 되어 있는데, 초상화의 대가 렌바하(Lenbach)의 이름을 딴 갤러리에는 무려 천 점이 넘는 그의 초기 작품이 소장되어 있었다.

현란한 그의 색채의 향연을 보면서 새삼스레 1910년대에 뮌헨에 팽배하게 일어났던 새로운 미술의 파장(波長)을 실감할 수 있었다. 칸딘스키가 바르크와 함께 이곳에서 일으켰던 청기사(青騎士) 운동을 회고하며 되새겨볼 수 있는 전관(展觀)이었다.

이어 알테 비나코텍 미술관엘 들렀다. 이 미술관은 현재 서독에서 가장 충실한 미술관으로 1826년부터 약 십 년간에 걸쳐 루드비히 1세가 건립한 것이라고 한다. 제2차 대전 때 반쯤 부서진 것을 복원했다고 하는데, 외양에 고풍스러움을 그대로 지니고 있었고, 넓고 푸른 잔디밭의 올연한 붉은 벽돌집이 퍽 인상적이었다.

전시된 작품은 8백여 점밖에 안되지만 유럽 각국의 일품을 골고루 잘 수집해 놓았다.

그 가운데에서도 바로크 기 최대의 화가 루벤스(Peter P. Rubens)의 65점의 유화는 어느 것도 수작(秀作)으로 평판 높은 작품들이었다.

그밖에도 독일 르네상스의 대가 숀가우어(Martin Schongauer), 뒤러(A. Dürer), 알트도르퍼(A. Altdorfer), 크라나하(L. Cranach), 홀바인(A. Holbein) 등의 작품들은 내게는 낯선 작품이어서 퍽 감동적이고 인상적이었다.

이들 작품은 주로 프랑스 명화에만 친숙해 온(조선일보 후원展) 덕분에 우리들의 눈에는 사뭇 신기해 보이기도 했다.

프랑스의 회화에서는 무엇보다도 봉 상스(Bon Sense)를 소중시한다. 그래서 프랑스 명화에는 대체적으로 그 어느 것이나 명쾌한 조화와 질서가 추구되어 있고, 보는 이도 이런 작품 속에 흐르는 시각(視覺)의 기쁨에 호젓이 젖어들 수가 있다.

그런데 이곳에 와서 처음 원화로 본 독일 르네상스의 회화는 그렇지가 않았다. 뒤러의 유명한 <자화상(自畵像)>이나 알트도르

퍼의 <풍경>이나 크라나하의 <그리스도의 책형(磔刑)> 등의 작품에서는 미적인 감성을 감득하기보다는 뭔가 사상 표현이 내포된 듯한 환상적인 괴기물(怪奇物) 같은 느낌마저 들었다.

뒤러는 해마다 그의 생일에 자화상을 그렸다고 하는데, 이처럼 끊임없이 스스로를 그려 본다는 것은 내면의 자기 성장을 촌탁(忖度)해 보려는 도큐멘트로서 인격의 완성을 꾀하는 예술가의 이상(理想)이 맥맥히 흐르고 있는 심도(深度) 있는 작품이라는 생각이 들었다.

뒤러의 <자화상>이 모델에 대한 단순한 형태나 외관의 묘사에 그치는 것이 아니라, 어느 의미에서의 신앙의 고백이라고 말해지고 있는 것도 그 때문이리라. 이 <자화상>의 화면에는 독일인다운 집요(執拗)한 자기 성찰이 깃들여 있는 듯싶었다.

뒤러가 종교개혁의 소용돌이 속에서 그린 <네 명의 사도(使徒)> 또한 불안한 시대를 살아가는 인간의 이상적인 상(像)을 명상과 행위, 이지(理知)와 결단 등의 네 가지 면에서 다루고 있어, 이 작품 역시 사상성이 깊이 침전해 있어 보였다.

독일 르네상스를 대표하는 또 하나의 마이스터인 크라나하의 <그리스도의 책형>은 혼을 잃어버린 인간의 멸망을 매우 음침한 '데포르마시옹(deformation)'으로 그려 놓았는데, 그와 같은 그의 형체의 개변(改變)은 누드에서 더욱 두드러진 특색을 보이고 있었다.

북구(北歐)의 미의 여신(女神)이라고 불리우는 <비너스>(이 작품은 프랑크푸르트 슈테델 미술관에 소장되어 있다)는 고혹적(蠱惑的)이기보다는 신비롭고 환상적이기도 한 어떤 깊이를 느끼게 하는 나부상(裸婦像)이다.

프랑스 국왕 프랑소아 1세가 크라나하의 나부를 보고 일부러 궁정에 독일 여성을 초대했다고 하는 에피소드가 있을 정도로 그의 나부상은 매혹적인 여성의 타입이지만 그때나 지금이나 이처럼 요염하고도 신비한 여체의 소유자는 아마도 현실의 공간에는 존재하지 않으리라. 그러니까 여체는 하늘의 미신(美神)이나 지상의 미인도 아닌 화가의 독창이 낳은 비너스로서 인간의 영혼 속에 내재(內在)하는 요정(妖精), 사람의 마음을 깡그리 빼앗아 가는 마녀와도 같은 느낌이었다.

크라나하 역시 많은 게르만의 화가들처럼 '정신의 조형자(造形者)' 임을 이곳에 와서 다시금 되새기게 된다.

독일 안이ㅡ 어느 미술관에도 크라나하의 나부를 한두 점씩은 꼭 소장하고 있는데, 그의 나부를 볼 때마다 나는 '초요섬세장중경(楚腰纖細掌中輕)' 이란 한시(漢詩)의 일절이 생각나곤 했다.

나찌의 유적을 따라

토마스 만의 말처럼 8월의 뮌헨은 태양 속에 작열하고 있었다. 위도상으로 보면 독일의 남단에 가까운 이 도시는 오스트리아의 기후와 엇비슷하여 여름에는 찌는 듯한 더위가 맹위를 떨친다. 그래서 북부 독일 태생의 토마스 만을 그토록 놀라게 한 뮌헨의 더위를 실감케 한다.

거리를 서성거리다가 하도 더워서 성 바울 교회 근처에서 택시를 잡아타고는 아무데나 구경할 만한 곳으로 차를 몰라고 했다.

"구경할 만한 데라굽쇼…"

늙수그레한 운전수는 한참 생각에 잠기더니,

"… 글쎄요. 이곳 명물이라면 역시 히틀러겠지요?"

내가 미처 생각하지 못했던 아이디어였다. 이곳이 히틀러와 인연이 있는 도시라는 걸 그때서야 새삼스레 되새기게 되었다.

“거 참 좋겠군요. 히틀러 명소가 있는 데로 부탁합시다”

“뭐, 명소랄 것도 없지요”

하면서도 그는 차를 몰았다.

1923년 나찌가 최초로 폭동을 일으킨 곳이 오데온 광장. 또 제2차 세계대전에의 길을 열었던 뮌헨 회담의 무대였던 쾨니히스 광장.

바이에른에서 나찌가 정권을 장악했던 날 갈색 셔츠를 입은 친위대 젊은이들로 입추의 여지없이 가득 메웠다는 마리엔 광장. 그리고 히틀러가 일장의 변설을 늘어놓았던 비어 홀 호프 브로이하우스 등지를 한 바퀴 돌았다.

마지막으로 브린스레겐텐 광장에서 내려 그 한 모퉁이에 있는 2층 아파트에 가 보았다. 일찍이 히틀러가 한 영국 여인과 살았던 곳이라고 운전수가 일러 주었기 때문이다.

가까이 가서 건물의 표찰을 보니 ‘금융협회’라고 붙여져 있었다. 발코니가 붙어 있는 이층쪽을 카메라로 찍고 있노라니, 등산 모자를 쓴 한 중년 신사가 다가와서,

“히틀러 옛 거처를 찍으시는구먼, 여기엔 히틀러의 흔적이 전혀 없다우.”

하며 내 직업을 묻기에 문인이라고 했더니 그렇다면 이곳보다는 차라리 괴링 부인 집에 가 보는 게 더 글 거리를 얻을 수 있을 것이라고 일러 주었다.

히틀러 다음으로 절대적인 권력을 휘둘렀던 괴링 원수. 그는 패전 후 교수형을 선고받았으나 옥중에서 미리 자살하고 말았다. 그의 부인은 일찍이 브로이센 국립 가극장의 프리마돈나였고 둘 사이에는 무솔리니의 딸의 이름을 그대로 붙인 에다라는 이름의 딸

이 하나 있었다.

노신사는 괴링 부인이 사는 집은 여기서 그리 멀지 않은 뷔르크라인 가 16번지라고 정확히 일러 주면서 약도까지 그려주는 친절을 베풀었다. 그는 대전 때 괴링 휘하의 연락 장교였다고 하면서,

"당신은 일본인이죠. 일찍이 우리의 동맹국이었던…"

하며 빙그레 웃으면서 내 대답을 기다리지도 않고 손을 흔들며 총총 걸음으로 사라졌다.

가까이에 그 아파트가 있다기에 호기심도 일고해서 약도를 따라 찾아가 보았다. 신축된 지도 그리 오래지 않은 것 같은 6층의 산뜻한 아파트를 쉽사리 찾아낼 수 있었다. 그런데 독일의 아파트는 외래객이 무단출입을 하기가 어렵게 되어 있다. 거주자가 열쇠를 각자 가지고 다니기 때문에 열쇠 없이는 계단 입구의 문조차 열 수 없도록 설계되어 있었다.

기왕 내친걸음이니 한번 찾아나 봐야 할 것 같아서 아파트 건물 밖에 있는 경비실을 찾았다. 내 신분을 밝히고 물었으나 모두 모른다는 것이다. 알고도 모른 체하는 건지도 모른다. 옛날 젊은 시절의 신문기자 기분이었더라면 어떻게 해서든지 꼭 만나봤을지도 모른다.

하지만 나는 흥미 기사를 취재하러 돌아다니는 기자가 아니라 문학과 미술의 유서지를 찾고 있는 것이라는 생각이 문득 들자, 더 이상의 시간을 낭비할 수 없다고 여겨 뮌헨 예술의 핵인 렌바라 갤러리로 발걸음을 옮겼다.

독일의 히틀러 증후군

갤러리에서 나와 근처 서점에 들러 보았다. 가장 눈에 잘 띄는 서가에는 히틀러 관계 책들이 즐비해 있었고 그 코너에 가장 많은 사람들이 붐비고 있었다.

비단 이곳에서만이 아니라, 독일 여러 도시의 어느 서점에 가 봐도 이러한 진열법은 비슷했다.

내가 독일에 와서 무엇보다도 놀란 것은 바로 이 나찌와 히틀러에 관한 출판물이 유별나게 많이 눈에 띈 점이다.

이와 같은 출판물 붐을 독일인들의 나찌 시대의 노스탈쟈나 히틀러에의 찬미 탓이라고 말하는 사람들도 있지만 결코 그런 것 같지는 않았다.

패전 직후의 독일이라면 몰라도 이제 통일 후 십수년이 지난 오늘의 독일인, 특히 젊은 세대의 독일인들에게는 전혀 그런 감정을 찾아볼 수 없었다.

독일인들은 제2차 세계대전의 패전과 동서 독일의 분단이라고 하는 냉엄한 현실에서 정치적으로 많은 것을 배우고 또 통일을 달성함으로써 더욱 성숙해진 것이 아닐까 하는 생각이 든다.

1949년 서독이 건국되면서 통일 전까지의 발자취를 더듬어보면, 이 나라는 주지하다시피 흔히 '라인 강의 기적' 이라고 불리우는 경제적 부흥으로 전쟁에 의한 철저한 폐허의 상태에서 다시 일어나 아데나워 이래로 열렬한 유럽 단합의 추진자로서, 그리고 유럽에서는 드물게 보는 정치적 · 경제적 안정 국가로서 발전해 왔고 통일 후엔 국민의 정치 의식의 수준도 놀랄 만큼 높아졌다.

특히 젊은 세대를 중심으로 오이로페어(유럽인)로서의 의식이 높아져, 그것은 차츰 구세대의 내셔널리즘적인 의식과 대치되어 가고 있는 실정이다.

이처럼 오늘의 독일은 국민의 의식 수준으로 보든지, 그 정치적 환경으로 보더라도 반 나찌적인 분위기임에는 틀림없고, 실제로 현지에 가 보고 이를 실감할 수 있었다.

하지만 서독일에서 네오 나찌 대두에 대한 우려는 NPD(독일 국가민주당)가 한때 제3당으로 진출하면서부터 고조되었다. 이 당은 그 기본 원칙의 11항에서 '독일은 독일 민족이 수세기에 걸쳐 이룩한 영역에 대한 청구권을 보유하고 있다' 는 선언으로 독일인들에게 어필하려 들었다. 그 영역이란 제2차 대전 때 폴란드와 체코 영토로 편입된 독일 영토의 회복을 주장함으로써 독일 내셔널리즘을 일깨우려는 것이었다.

하긴 이 영역에 대한 독일의 청구권은 역사적인 경위로 볼 때 수긍이 안 가는 것도 아니지만 이를 관철하려면 국가적 힘이 필요한 것이고, 그 결과 어떤 사태가 일어날 것인가를 생각하면 매우 위험한 요소가 내재된 항목임에 틀림없고, 또한 이는 일찍이 나찌가 당 강령 15항목에서 '우리들은 민족의 자결권에 입각하여 모든 독일인이 대독일국으로 집결할 것을 요구한다'는 영토 확장의 야망을 상기시키는 대목이기도 하다.

NPD의 내셔널리즘은 브란트의 '동방 외교'이후 그 현실적 기반을 잃고 말았지만 히틀러가 정권을 획득한 지 꼭 70주년이 되는 1990년대 이래로 독일에서는 이른바 히틀러 붐이 서서히 일기 시작했다. 독일에서는 이를 히틀러의 파도니 홍수니 하는 표현으로 '히틀러 벨레(Welle)'니 '히틀러 슈베뭉(Schwemmung)'라고 부른다.

독일 지식인들이 보는 주간지 <슈피겔(Spiegel)>이 히틀러의 미발표 편지와 서류를 중심으로 엮은 히틀러 전기를 연재하는가 하면, 다른 한편으로는 대중 주간지 <슈테른(Stern)>이 J. 페스트의 히틀러 전을 연재하면서 지금까지 일반에게 별로 알려져 있지 않은 사진들을 클로즈업시켰다.

서점에는 2백 명 남짓한 체험자들의 앙케트로 엮어진 유니크한 책 <당신은 히틀러를 보았는가?>(W. 켐포우스키 著), 유명한 역사학자가 쓴 <히틀러 최후의 날>이라든가, 히틀러의 측근의 한 사람이었던 G. 볼트가 쓴 <히틀러 최후의 열흘 동안>, W. 마아더의 <히틀러의 편지와 메모>, 독일의 히틀러 전 중 가장 평가를 받고 있는 J. 페스트이 <히틀러> 2백 50장의 비장의 사진과 함께 호화판으로 낸 사진사 하인리히 호프만의 <내가 본 히틀러> 등이 롱셀러 코너에 눈에 띄도록 진열되어 있었다.

그러나 이 히틀러 붐이란 실은 미국이 일으켜 놓은 것이다. 즉 미국의 출판업자들이 중동 전쟁 붐이 가신 다음 제2차 대전의 비화에서 많은 독자를 구하기 위해 히틀러를 클로즈업시킨 것이다.

미국 출판업자들의 이와 같은 판단은 적중되어, 미국은 물론 즉각 유럽에까지 이 붐이 상륙하여 이제까지 전혀 거들떠보지도 않던 '나의 투쟁'이 유럽 각 서점에서 다시 팔리기 시작했다. 또 영국 BBC에서는 히틀러 시리즈가 제작, 방송되었다.

한편 이 붐에 편승하여 고물상이 활기를 띠기 시작했다. 히틀러의 연설 초고라든가 사인이 든 사진 뿐만이 아니라 나찌 고관의 소지품까지도 비싼 값으로 매매되었고, 아랍의 어느 토후국에서는 히틀러의 얼굴이 들어간 우표까지 발행되었다. 오랫동안 히틀러가 터부시되었던 서독에서조차 어느 사이엔가 이 붐의 소용돌이 속에 말려들어가, 나찌의 하겐 크로이쯔도 선명한 '제3제국'이라는 잡지까지 나왔다.

통일 후 독일에서 히틀러가 운위된 것은 물론 이것이 처음이 아니다. 대전 직후부터 히틀러론은 여러 가지 각도에서 계속 다루어졌다. 많은 역사학자와 정신분석학자들이 히틀러를 악마적 인간으로 분석하였다.

이처럼 학자들 사이에서만 히틀러가 논의되었고, 대중들에게는 비록 어떤 진지한 어프로치를 시도해 보려고 해도 히틀러는 의연히 일종의 터부에 가까운 존재였던 것이다.

이런 점에서 보면 90년대 들어 독일에서 불붙은 히틀러 붐은 히틀러 논의의 이른바 대중화이고 터부시되었던 히틀러의 진면목에 접근할 수 있는 가능성을 대중에게 주었다고 하겠다. 히틀러 붐은 독일의 일반 시민에게 이러한 의미에서 관심을 끌었던 것이다.

따라서 이런 히틀러 증후군에 대하여 독일에서는 이를 '히틀러

노스탈쟈'니 '히틀러 르네상스'라 하여 이를 크게 반대하는 여론 같은 것은 별로 일지 않는 듯싶었다.

내가 만나 본 젊은 대학생들에게서 이와 같은 히틀러 붐에 대한 의견을 물어 보았는데 그들의 반응은 매우 냉정했다. 대개 그들은 이 붐이 나찌 시대를 정당화할 위험이 있고, 일부 극우파 청년들을 자극할 염려가 있으므로 경계해야 한다고 입을 모아 말하면서도, 히틀러의 신비의 베일을 벗기는 것은 좋은 일이라고 생각하고 있었다.

이제까지 사람들의 관심이 히틀러 개인에게만 몰두한 나머지 나찌에 대한 객관적인 파악이 아직껏 이루어지지 않고 있는데, 기왕이면 나찌의 정치적, 경제적 기반에 대해서도 더욱 면밀히 연구되어야 한다고 주장하는 정치학자도 있었다. 즉 히틀러 붐이 나찌에 대한 연구에 정확한 정보를 제공하는 것이라면 그건 결코 나쁠 건 없다는 태도였다.

이처럼 독일의 젊은 세대들에게는 나찌란 이미 과거사에 지나지 않으므로 나찌스 르네상스엔 거의 공감할 것 같지 않아 보였다. 오히려 젊은이들은 히틀러나 나찌에 대하여 좀더 객관적인 지식과 평가를 바라고 있었다. 때마침 프랑크푸르트에서 나찌 미술전이 개최돼, 각 공공 미술관이나 개인 소장의 회화, 조각 등 80여 점이 전시 중이었는데, 관람객들은 나찌에 노스탈쟈를 느낄 법한 중년층이 아니라 대부분 젊은이들인 것을 보고 역시 내가 만난 젊은이의 말이 반영되어 있는 것을 실감할 수 있었다.

그런데 히틀러의 이름 그 자체에도 격렬한 혐오감을 느껴 다만 'H'라고만 기술했던, 토마스 · 만에 의해 상징되는 히틀러에의 거부 반응이 어떻게 해서 이 붐을 받아들일 수 있도록 상황 변화를 가져왔을까?

이는 단적으로 말해 독일 주민들 사이에 히틀러 컴플렉스가 차츰 무디어져 가기 때문이라고 볼 수 있겠다. 특히 젊은이들은 히틀러와 그 시대를 객관적으로 관찰하려 하고 있고, 구세대와는 달리 히틀러 체험이 없기 때문에 좋은 의미건 나쁜 의미건 간에 히틀러에 대한 선입관 없이 접근할 수 있는 것이다.

히틀러 붐이 어쩌면 일부 중년층에게는 아스라한 노스탤쟈 같은 것을 자아내게도 했는지는 모르지만, 젊은 세대에게는 분명히 차분하고도 긍정적인 의미를 지니고 있는 것처럼 느껴졌다.

한편 바이마르의 발흥 때와도 흡사한 현상으로 보는 이도 없지 않았다. 다시 말해서 극좌의 발호가 반동적으로 극우를 낳게 한다는 것이다. 딴은 그럴듯한 말이기도 하다.

독일에 가기 전에 일본 토쿄에서 제2차 세계대전 당시에 폴란드에서 유태인을 대량 학살했던 '아우슈비츠 수용소'란 미국 영화를 본 일이 있다.

극영화를 엮기 전에 폴란드의 평활한 벌판에 그대로 남아 있는 옛 수용소의 모습이 보였다. 황량한 풍경이었다. 철로가 벌판을 한 일자로 긋고 수용소의 죽음의 문을 뚫고 지나갔다. 유럽 각지에서 수백만의 유태인을 실어 나른 이 선로는 이제 벌겋게 녹슬어 있었고 철길 주변에는 잡초만이 무성해 있었다.

정말 놀라움과 충격 없이는 볼 수 없는 영화였다. 남녀노소 할 것 없이 유태인들을 벌거벗겨 샤워를 시킨다는 구실로 밀폐된 방안에 몰아넣은 다음 천정의 구멍에서 가스를 분출시켰다. 뒤늦게야 가스로 독살된다는 사실을 안 유태인들의 놀라움과 공포에 떠는 표정들, 그 아비규환의 장면은 지금도 눈에 선하다.

괴테냐 히틀러냐

나는 독일을 두루 편력하면서, 약간의 예외는 있었지만 대체적으로 독일인은 친절하고 선량하다는 인상을 받았다. 그러다가 문득 아우슈비츠수용소의 참경이 머리에 떠오르면서, 내가 만난 독일 인상과 너무나도 다른 데 당혹한다. 어떤 때는 이 두 개의 상이 이중으로 클로즈업되어 잠시 혼란 상태에 빠지기도 한다.

독일인, 또는 독일이라고 하는 나라에 대해서 사람들은 이따금 큰 의문을 품기도 한다. 괴테 · 하이네 · 베토벤 · 칸트 · 헤겔을 낳은 '시인과 사상가의 나라' 독일과, 비스마르크 · 카이저 · 히틀러의 계보로 대표되는 '철혈(鐵血)의 나라' 독일, 그 어느 쪽이 참 독일의 모습일까 하고.

이와 같은 독일의 양극성 내지 이면성은 과연 어떻게 설명되어야 할까? 물론 어느 나라에도 제삼자에게는 모순되게 보이는 측면이 있긴 하다. 하지만 독일의 모순에 찬 이러한 양극성은 다른 데서는 찾아보기가 힘들 것이다. 또한 독일인만큼 양극적으로 평가되는 국민은 없으리라. 다른 데서는 찾아보기가 힘들 것이다. 또한 독일인만큼 양극적으로 평가되는 국민은 없으리라.

어떤 쪽에는 독일인은 '합리적 정신이 풍부하다' 든가 '매우 유능하다' 고 높이 평가하는가 하면, 다른 한편에서는 '야만적' 이고 '잔학한' 민족으로 본다. 즉 '매우 유능하다' 고 높이 평가하는가 하면, 다른 한편에서는 '야만적' 이고 '잔학한' 민족이라고 경멸하기도 하는 것이다.

이러한 의문에 대한 하나의 힌트로서 독일의 저명한 심리학자 뷔리 헬바하는 매우 흥미있는 관찰을 한 바 있다. 그는 어느 시대를 통해서도 변하지 않는 독일인의 특성—창조욕 · 철저성 · 질서애 · 형식 편중 · 완고 · 열광성 등을 인정하면서도 민족으로서의 독일인은 시대에 따라 끊임없이 현저한 변용을 거듭하고 있다고 지적했다. 그리고 민족이 때에 따라 변용해 나가는 과정을 '에트노모르포오제(Ethnomorphose)' (민족 · 인종을 뜻하는 Ethno와 변형 · 변화를 뜻하는 Metamorphose의 합성에 의한 신조어)라고 명명했다.

그러한 관점에서 본다면 근대 독일은 문학적 독일(1750~1830), 실리주의적 독일(1830~1880), 그리고 권력주의적 독일(1880~1945)의 세 시기로 나눌 수 있을 것이다.

제일의 시기는 괴테, 실러, 칸트, 베토벤 등의 천재가 문학 · 철학 · 음악의 정신 문화 면에서 위대한 업적을 성취한 시대이다.

하지만 1827년부터 5년간에 걸쳐 베토벤, 슈베르트, 괴테, 헤겔 등 천재가 잇달아 이승을 떠남에 따라 이 지적 황금시대는 끝난다. 나는 이번 여행에서 한 독일 청년과 함께 맥주잔을 들이키면서 이 문제에 대해 논의한 바가 있다. 그는 내게,

"독일인은 본래 '마스로스(Masslos)' (中庸을 모르는)의 국민이예요."

라고 호소하듯 말했다. 예를 들면 독일이 자랑하는 고딕 건축의 정수(精髓)인 쾰르너 돔과 파리의 노트르담 사원의 카테드랄이 상징적으로 이를 보여주고 있다는 것이다. 즉 노트르담은 아름다운 조각으로 장식된 네모진 두 탑이 균형과 조화를 이루고 있는 반면에 쾰른의 돔은 두 첨탑이 하늘 나라에의 무한한 동경을 보여주기라도 하듯 올연히 하늘을 향해 치솟아 있다.

그 탑은 아름답다기보다는 '마스로스'를 느끼게 한다. 독일 문학의 최고 걸작이라고 하는 괴테의 <파우스트>도 이러한 의미에서의 독일적인 것이라고할 수 있고, 파우스트와 메피스토펠레스는 선악 양면에서 '마스로스' 한 인물로서, 이야말로 독일인을 대표한다는 것이다.

우주와 인생에 대한 심오한 학식의 소유자 파우스트 박사는 소세계(시민세계)에서의 관능적 향락에 만족할 수만은 없어서 시공(時空)을 초월한 광대한 사회인 '영계(靈界)'에 가서 비로소 참된 사실에 눈을 뜨게 된다. 그는 아무리 학문을 해도 인생의 깊은 밑바닥은 알 수 없다고 절망한 나머지 독약을 마시고 이승을 하직하려고 하였는데 인생의 희비 일체를 맛보고 애욕의 무의미함을 체험한 뒤 최후에 인생을 긍정하게 된다.

그것은 인생의 의의라고 하는 것이 돈이나 명예나 쾌락 속에서 구해지는 것만이 아니라 열심히 노력하며 살아가는 그 노고속에 숨겨져 있음을 깨달았기 때문인 것이다. 그리고 개인의 행 · 불행

을 생각하게 되어 습한 땅을 매립하여 그곳에 낙토를 만들려고 노력하기도 한다.

영국이 셰익스피어를 세계 어느 식민지와도 안 바꾸듯 독일인도 괴테를 최대의 자랑으로 삼으려는 저의를 이 젊은 학생의 열변에서도 감득할 수 있었다.

독일의 문학사를 보면 고전주의 시대가 매우 짧다. 괴테가 <빌헬름 마이스터>를 쓴 1795년부터 실러가 최후의 작품 <빌헬름 텔>을 쓴 1804년에 막을 내리게 된다.

그 후에 닥쳐온 것이 실리주의적인 독일이다.

이 시대에 독일은 자연과학을 인간 생활에 응용하는 데 온힘을 기울여 기계문명의 발달에 뛰어난 재능을 보였다. 독일인의 관심은 정신의 세계에서 물질의 세계로 쏠리게 된 것이다.

철강왕 크루프, 전기 기계의 지멘스, 화학의 I · G · 파르벤. 세계를 리드하는 대기업의 발흥에 수반하는 독일의 놀라운 경제적 · 기술적 약진이 이루어졌다.

세번째 시기는 영방(領邦) 국가의 통일이 이룩되어 독일 제국이 수립된 이후에 대두된 권력주의적 독일의 시대로 특징지을 수 있다. 카이저에서 히틀러에 이르는 독일이다. 이 시기는 정신문화를 꽃피웠던 덕일, 과학문명의 신분야를 개척했던 독일과는 달리 주된 관심은 힘이고, 오직 힘의 추구에 전념했다.

권력주의적 독일의 발흥에 가장 커다란 영향력을 미친 것이 1874년 이래 베를린 대학 교수로 취임한 사상가 H · 트라이츠케였다. 그는 독일 통일 후 드높아진 일천(日淺)한 독일 내셔널리즘에 독일민족의 피와 인종의 우월성을 고취하여 당초부터 민족주의의 방향을 잘못 돌려 버렸다.

"유태인은 우리들의 불행의 적(的)이다."

라는 반유태관이 나찌 사상의 근저를 이룩하게 되었다.

이상이 헬바하의 '에트노모르포오제'의 입장에서 관찰한 독일인의 민족성이다.

이렇게 본다면 '시인과 사상가'의 나라 독일과 '철혈'의 나라 독일은 별로 큰 모순 없이 연속적으로 파악될 수가 있다. 그런데 독일인은 왜 그와 같은 '에트노모르포오제'를 일으켰는가. 그리고 그걸 일으키기 쉬운 민족인가에 대해 헬바하는 이를 상세히 설명하고 있는지 않다.

이점에 대해서 그 젊은 학생은 의문을 던졌다. 고전주의 시대의 기간이 짧았다고 하는 것은 '마스로스'한 독일인의 성격과 관계가 있지 않겠느냐는 것이다.

하긴 이성(理性)의 존중을 모토로 하는 프랑스 고전주의 문학이 17세기 프랑스 문학의 주류를 이루고 있는 것과는 좋은 대조일 것도 같다.

1990년 10월 3일, 독일은 드디어 통일되었다. 이제 독일은 EU의 중심 세력으로 새유럽 시대를 열어가고 있다. 막대한 통일 비용과 통일 후의 동서독 갈등 등으로 불황을 겪고는 있으나 '제3제국'의 악몽을 씻고 이라크전 이후 독일은 세계 질서 재편에 적잖은 영향력을 끼칠 강국임에 틀림없다.

고전주의보다 낭만주의

독일인은 문학에서도 조화와 균형의 미를 존중하는 고전주의보다는 '마스로스'한 '로맨티시즘' 쪽이 더 성미에 맞았던 것이 아닐까. 쇼펜하워나 니체의 철학이나 또는 표현주의의 예술활동에서도 모두 그렇다. 요컨대 독일인은 '마스'(中庸, 規準)를 썩 잘은 이해할 수 없는 민족이다. '마스로스'='엑스플로지프(explosiv)'(폭발적)='데모니쉬(dämonisch)'(악마적) 하다는 것, 이것이 독일인의 커다란 결함이 아니겠느냐고 그 학생은 자아비판을 서슴지 않았다.

이 학생의 지적은 확실히 독일인의 일면을 잘 꿰뚫은 말이라고 여겨진다. 문학과 사상 면에 대해서 말한다면 독일 로맨티시즘은 프랑스에 견준다면 훨씬 강렬하고 밑바닥이 깊은 것이었다. 반면 명석함, 균형, 형식을 존중하는 고전주의는 프랑스에 비해 독일에서는 역시 소규모적이었다.

밝은 지중해에서 움튼 로마 문화의 전통을 이어받은 프랑스가 고전주의에 열을 올렸음에 반해 암울한 북방의 내향적 정신으로 다져진 게르만 민족으로서는 로맨티시즘에 골몰할 만한 성향이 었음을 충분히 이해할 수 있다. 그렇지만 정신이나 혼의 자유로운 비약, 격정이 넘치는 분방이 어떤 경우에는 위험한 측면을 지니면서 이것이 후에 이 나라의 화근이 되기도 한 것이다.

이 독일 학생의 말처럼 독일인은 확실히 중용과는 인연이 먼 것인지도 모른다.

독일인의 전형적 성격으로서 드는 것 가운데 하나로 철저성이 있다. 끝까지 해치우지 않고는 직성이 풀리지 않는다.

우리 한국인들이 흔히 빠지기 쉬운 그럭저럭 식의 적당주의는 그들에게는 통용되지 않는다. 영국인의 '상식' (common sense)이나 프랑스인의 '양식' (bon sense)이라는 것도 독일인의 미덕과는 인연이 멀다.

독일어를 제법 아는 사람도 '커먼 센스' 니 '봉 상스' 라는 영 · 불어를 독일어로는 무엇이냐고 물었을 때 쉽사리 대답을 못한다. 영 · 불어처럼 간결하게 꼭 알맞게 표현될 수 있는 낱말이 아마도 존재하지 않기 때문이리라.

이 나라의 역사를 뒤돌아보아도 독일인은 한쪽 끝에서 다른 쪽 끝으로 달리는 경우가 많고 매우 부침(浮沈)이 심한 과거를 체험해 왔다. 독일은 '괴테' 의 나라인가, '히틀러' 의 나라인가…. 독일인에 대해 이따금 상반되는 평가가 이루어지는 것도 그만한 까닭이 있을 법도 하다.

독일의 발랄한 그 학생은 독일인의 속 얼굴을 '마스로스' 라는 독일인 고유의 성격으로 설명하려고 했는데, 스스로를 객관적으로 관조할 수 있는 오늘의 젊은 독일인 세대의 의견이라는 점에서 나는 시종 흥미있게 경청했다.

아무튼 나는 괴테나 베토벤을 낳은 독일인과 히틀러를 낳은 독일인과를 대비시켜서 그 양면성의 비밀을 캐 보려고 하는 것은 문제의 설정 자체가 매우 드라마틱하고 흥미를 끄는 것이긴 하지만 별로 의미가 있다고 여겨지지는 않는다.

왜냐하면 이러한 해명을 하는데 민족적 성격 이라고 하는 애매모호한 비과학적 개념에서 출발을 한다면 그 결론은 끝내 객관성을 잃게 될 것이라고 따라서 그러한 결론의 설득성에도 일정한 한계가 있었기 때문이다.

이미 말한 바와 같이 독일인의 덕성이라고 생각될 수 있는 성격 자체도 전후(戰後)에 사뭇 변모해 가고 있다. 그러니까 이 테마는 오히려 '독일은 왜 히틀러를 낳았을까?' 라는 식의 설정보다 과학적인 어프로치를 시도하는 편이 엄밀한 방법이라고 여겨진다.

다행스럽게도 이와 같은 방면에서는 제2차 세계대전의 전승국만이 아니라 독일인 자신들 사이에도 뛰어난 연구자가 나오고 있다 하므로, 앞으로 이들 연구자를 포함하여 더욱 객관적인 해명이 있을 것으로 기대되는 것이다.

변모해 가는 독일인

본, 프랑크푸르트는 물론 다름슈타트 같은 소도시에서도 지하도 공사 등 각종 토목공사가 한창이었다. 꽤 오랫동안 독일 각지에서 근무했다는 외환은행 직원 김씨의 말에 의하면, 몇 년 전까지만 하더라도 도로 공사나 건축 현장에서 작업복을 걸친 독일인 노동자들이 틈틈이 맥주를 병째로 들이키면서 발랄하게 일하고 있는 모습을 많이 볼 수 있었는데, 요즘에는 그러한 노무자의 모습을 작업 현장에서 별로 볼 수 없게 되었다는 것이다.

독일 노무자에 대신하여 터어키인, 유고인, 그리스인, 스페인인 등 외국의 노동자가 일하고 있는데, 그 숫자는 무려 3백만을 육박하고 있다 한다. 외국노무자들이 땀흘려 일하는 현장에는 벤츠나 베엠웨(BMW) 등 고급 승용차를 탄 뚱뚱한 독일인 감독이 이따금씩 드나든다.

레스토랑이나 맥주홀에도 독일인 보이(헤르 오버), 웨이트레스(프로일라인)를 별로 볼 수 없고, 외국 노무자들이 이를 담당하고 있다.

'라인 강의 기적'에 의한 경제적 번영은 서독에 심각한 인력 부족 현상을 초래했다. 우리나라에서처럼 사람들은 보다 높은 임금을 찾아 옮기다 보니 천직(賤職)일수록 인력난이 심해진 것이다.

이제 독일인들은 다른 유럽 사람들로부터 '라인 강의 부자'라는 말을 듣고 있다. 근검 · 절약 그리고 합리적 영위로 쌓아올린 번영을 그들은 한껏 누리고 있는 것이다. 하지만 그 때문에 이루어진 사회적 변화는 독일인의 생활 의식에도 어느만큼의 변화를 조금씩 주고 있다.

R · 다렌도르프가 쓴 <독일의 사회와 민주제도>에 의하면 독일인은 스스로를 '근면하고 일을 좋아하고, 유능하며 투지 만만한 민족'으로 여기고 있다.

즉 독일인 스스로가 그린 독일 인상이 여기에 집약되어 있다. 여기에는 그 당시와 30년 전인 1960년대 당시와는 의식적으로 거의 변화가 없다. 하지만 미덕에 대한 의식의 변화는 현저하며 이를 인정하려 드는 사람들이 차츰 줄어들고 있음을 볼 수 있다.

이는 최근의 '아렌스바하' 여론 조사에서도 나타났다. 여기서 주목되는 것은 근면 · 절약 등 종래의 전형적인 게르만적 미덕이라고 여겨지는 자질이 차츰 그 중요도를 잃어가고 있다는 사실이다. 이는 물론 독일의 경제적 번영 탓이다.

종래 독일인이 근면 · 절약의 덕성을 지니게 된 것은 그들이 처한 역사적인 생활 환경에서 온 것이리라. 바이마르 공화국 시대의 뛰어났던 정치가 발터 라테나우는 그 점을 이렇게 지적한 바 있다.

‘국경은 너무나도 긴데다가 자연에 의한 방벽(防壁)이 결여되고, 적대적인 여러 민족에 둘러싸여 있다. 해안선은 짧고 천연자원은 북부에는 어느만큼 매장되어 있지만, 남부에는 거의 없는 실정이다. 토양은 제법 살쪄 있지만 경제적 발전은 세기마다 전쟁이나 침략에 의해서 짓밟혀 왔다.’

이와 같은 점은 이웃 프랑스와 견주어 보면 더욱 뚜렷해진다. 대서양 · 지중해 · 피레네 산맥 · 바다 등 자연적인 방벽에 의해서 국토가 보호되어 있고 해양성의 온화한 기후와 비옥한 토양의 혜택을 입은 프랑스의 환경은 프랑스 국민을 이웃 독일인들과는 여러 가지 의미에서 대조적인 성격으로 길러낸 것이다.

독일인들은 프랑스와는 너무나도 대조적인 환경에서 그들을 지키기 위해 근면과 절약 등으로 스스로를 유능한 민족으로 단련시킬 도리밖에는 없었을 것이다.

그런데 제2차 세계대전 이후 서독은 일찍이 유례없는 번영을 이룩해 냈다. 그들은 다른 어느 유럽 국민들보다도 풍윤하게 살고 있는 것 같았다.

이러한 사회 속에서 종래의 독일적인 덕성이 차츰 미묘한 변용을 해 나가리라는 것은 불가피한 듯싶다.

독일의 차(車)하면 누구나 ‘풍뎅이’라는 별명을 가진 폴크스바겐을 연상할 만큼 유명한데 막상 독일에 가 보니 그 ‘독일적’ 승용차가 별로 눈에 띄지 않았다.

이제 독일인들은 아무리 콤팩트한 경제적 차라 해도 그 비좁은 소형차에 만족할 수 없게 되었다. 그들은 차 속이 보다 넓고 쾌적한 승용차를 구하게 되어 폴크스 바겐 회사도 부득이 그 오랜 전통을 깨뜨리고 모델 체인지를 하게 만들었다.

또한 소시지와 맥주만의 이미지로 알려진 독일인의 조식(粗食)도 이제는 차츰 식생활 자체의 다양화와 사치를 보이고 있었다.

독일인의 휴가 보내는 방법 또한 이러한 생활의 변화를 통감하게 된다. 때마침 나는 여름 휴가철에 유럽을 방문했기 때문에 실제로 목격할 수 있었다. 휴가철의 유럽은 마치 신판 게르만 민족의 대이동과도 같은 현상을 빚고 있었다.

독일인들이 한 달 동안의 휴가를 지내기 위해 알프스로, 남 유럽으로, 또는 스칸디나비아로, 더 나아가 동 유럽, 중동, 아프리카로 가족들을 데리고 떼지어 몰려 다닌다. 장장 6천 킬로미터의 아우토 반은 동과 서, 남과 북으로 이동하는 차량으로 메워진다.

프랑스인들도 바캉스를 매우 즐긴다고 하지만 대개 국내, 그것도 시골의 친척이나 친지들 집이나 해변에서 지내는 케이스가 많다. 그런데 서독에서는 나라 안보다는 밖으로 나가는 것이 유행처럼 번지고 있다(동양에서는 마치 일본의 경우처럼).

해마다 여름에 국민의 약 반이 휴가를 즐겼고, 그 가운데 반 이상이 외국으로 나갔다고 한다.

통계에 의하면 국외에서 돈 잘 쓰는 국민은 이제까진 미국이었으나 지금은 독일인과 일본인이라고 한다. 모두가 제2차 대전 패전국이라는 점에서 묘한 아이러니를 느낀다.

독일인들 사이에는 휴가에 대한 의식이 크게 바뀌어 가고 있는 듯하다.

그들에게는 이제 휴가란 인생의 중요한 일부이며, 근면과 휴가와는 표리(表裏) 일체의 것이라고 보고들 있다.

독일인의 이러한 변화에 대해서 늘 경계의 눈으로만 보던 프랑스인들도 상당히 호감을 느끼고 있는 것 같았다. 독일 체류 중 오늘의 독 · 불 양국민이 서로 상대를 어떻게 보고 있는가를 르포하는 텔레비전 프로를 본 일이 있는데, '독일인을 위험한 민족으로 보느냐' 는 질문에 대해 인터뷰에서도 독일인에 대해 호감적인 프랑스인이 의외로 많았다.

가령 두 차례의 전쟁을 경험한 어느 중년 신사도 '괴테가 살고 있었던 시대의 독일인이 아니다' 라는 재치 있는 말을 하고 있었다.

이처럼 구래(舊來)의 독일관이 유럽에서 차츰 수정되어 나가고 있는 인상을 이번 여행에서 나는 강하게 느낄 수 있었다.

게르만적 성격

독일인의 성격에 대해서 우리나라 사람들은 어느 종류의 공통된 이미지를 지니고 있는 것이 아닐까. 절약 · 근면 · 우직함 · 합리성 · 철저성 · 적극성 등 비교적 긍정적인 측면에서 얘기하기도 하고, 완고 · 거만 · 고지식하다는 등의 부정적인 측면에서 비판되기도 한다.

하지만 비록 짧은 기간이었지만 몇차례 독일 각지를 두루 여행하면서 나는 독일인에 대해서 퍽 호감이 간다.

가령 독일의 시골을 여행하면서 그 고장 사람들이 보인 친절과 더불어(프랑스에서 영어로 길을 물으면 고개를 저으며 외면하는 수가 많지만, 독일에서는 서툰 토막 영어를 섞어서라도 친절히 대답해 준다) 창취하게 짙푸른 슈바르쯔 발트의 아름다움에 대한 추억을 가 본 사람이면 누구나 잊지 못하리라.

길을 잃거나 뭔가 어려움 때문에 고생하는 나그네에 대해서 그들은 으레 적극적인 구원의 손길을 뻗는다. 그들은 '힐프스베라이트샤프트(Hilfsbereitschaft)' (남을 즐겁게 돕는 일)의 정신을 어렸을 때부터 사회생활을 통해서 몸에 배어 있다.

다름슈타드 역 구내 식당에서 곽복록 교수가 나 혼자 떠나는 하이델베르크 주변을 설명하기 위해 볼펜을 찾았으나 어디론가 빠져 망설이고 있자, 그 옆에 앉아 있던 한 젊은 독일인이 선뜻 만년필을 내주고는 여행 중 불편할테니 그냥 가지라는 친절은 비록 사소한 것이지만 그들에게는 몸에 밴 힐프스베라이트샤프트인 것이다. 본에서는 우연히 책방에서 마주친 중국학 학생이 자기 집이 이 근처에 있다 하면서 초대하여 점심을 대접받기까지 했다. 에고이스틱한 프랑스인들과는 퍽 대조적인 면을 이렇게 몇 차례 경험했다.

택시를 타면 운전수는 으레 운전석에서 내려 짐을 뒷 트렁크에 넣어 준다. 목적지에는 최단 거리를 고르고 가장 싸게 실어다 준다. 번지만 일러 주면 자기가 지나가는 사람에게 물어가면서 그 집 앞까지 정확히 대어 준다. 대단치 않은 팁에도 손님에게 감사하는 예의를 잊지 않는다.

독일인의 이와 같은 일의 자세는 물론 모든 생활 태도 역시 호감이 간다. 독일에서는 시골은 물론 도시에도 쓰레기를 별로 볼 수 없다. 깨끗한 거리, 정돈된 집안 등 어느 구석에도 청결을 좋아하고 질서를 존중하는 국민성이 역연히 나타나 있다.

그들은 풍윤한 삶을 영위하고 있지만 그래도 검소하고 견실한 생활 태도를 잃지 않고 있음을 볼 수 있다.

독일에서는 석달에 한번씩 대규모 쓰레기 모으기를 하는데 그날에는 재생, 활용할 수 있는 쓰레기를 찾기 위해 남의 집 앞에 쌓아 둔 폐품을 점검한다. 벤츠 승용차를 탄 중년 부부가 남의 집 폐품 집직장에 차를 세우고 이리저리 뒤적거리는 것을 보고 그 절약의 정신에 숙연해 지기조차 했다.

개화기 이후 오늘에 이르기까지 우리는 의학 · 물리 · 화학 등 자연과학 분야와 법률 · 철학 등 인문과학 그리고 음악 등 예술 분야에 이르기까지 독일 문화에서 많은 것을 배워왔다. 그리고 이제는 같은 분단국으로서의 설움을 함께 하고 있다.

그런데 유럽에서는 사정이 달랐다. 아직도 나찌의 잔학 행위에 대한 증오의 감정이 유럽 사람들의 마음 가운데에서 사라지지 않고 있다.

뿐만 아니라 독일인은 게르만의 옛 시절부터 히틀러 시대에 이르기까지 동쪽의 슬라브 여러민족, 서쪽의 프랑스인들과의 오랜 항쟁의 역사를 되풀이했으므로, 독일인에 대한 주변 국가들의 감정은 무리가 아닐 것이다. 슬라브 민족은 독일 민족의 동방 진출 때문에 오래도록 괴로와해 왔다. 프랑스는 지난 한 세기 동안 세 차례나 독일의 유린을 당해 왔다. 선조인 고올 인 이래로 자존심이 강한 프랑스인들은 독일인을 '발바아르(夷狄)' 이라고 멸시해 왔다.

영국과 프랑스 등 유럽 각지에서는 아직도 나찌의 잔학 행위를 테마로 하는 영화나 텔레비전 프로를 계속 방영하고 있다.

나찌에 대한 체험이 없는 우리에게는 그 증오라는 것도 매우 관념적이어서 근면 · 정확 · 인내 · 조직력 등의 게르만 이래의 그들의 성격이 긍정적으로 투영되어 있는데, 딴은 이러한 자질을 다른 유럽 사람들도 인정하지 않는 것은 아니다.

예를 들면 영국의 스터란드 교수가 '당신이 유럽에서 새로운 회사를 설립한다고 가정하는 경우 매니저는 어느 나라에서 데려오고 싶은가?' 라는 설문으로 EU 각국에서 조사를 한 결과 이탈리아를 제외하고 거의 모든 나라에서 독일인 매니저를 쓰겠다는 통계가 압도적으로 많았다고 한다. 이 데이타는 독일인의 뛰어난 자질을 유럽 사람들이 어느만큼 인정하고 있다는 증좌가 되리라.

또한 독일인이 학술이나 문학 및 음악 분야에서 보인 재능에 대해서도 유럽에서는 물론 높이 평가되고 있다.

일찍이 '의상철학(衣裳哲學)' 의 저자 토마스 칼라일은 독일의 관념 철학에 심취(心醉)한 나머지 이를 극찬하면서 영국에 소개했고, 프랑스의 문학자 스탈 부인은 독일 문학을 격찬하면서 '독일론' 이라는 저서까지 썼다. 그녀는 독일인을 '시인과 사상가의 민족' 이라고까지 상찬해 마지않았다.

하지만 전반적으로 볼 때 유럽에서는 독일인의 이런 자질을 겉으로 칭찬하려 들지는 않는 것 같다. 오히려 그 부정적인 면에 더 착안한다.

많은 유럽 사람들은 정밀하고 합리적이고 또한 조직적인 게르만적 성격은 왕왕 비인간적이고 기계적이며, 가혹함과 연결시켜 생각하려 든다.

또한 음악에 골몰한다는 것은 비판적 정신의 상실이며 미지(未知)의 신비스런 힘에 맹목적으로 끌려들기 쉬운 것이라고 비판하기도 한다.

프랑스의 작가 모리악의 말을 빌린다면 앞에 든 게르만적 특성은 가공(可恐)할 만한 것이고, 이는 악용되기 쉬우므로 없느니만 못하다는 것이다. 그것이 비도덕적인 것이라 할지라도 명령에 항거하는 데에는 비상한 용기를 필요로 한다는 것이다. 또한 근면해야 한다고 요구되는 사회에서 나태하고 태만할 수 있다는 것은 그거야말로 영웅적인 행위와도 같다고, 이러한 데서 독일적인 덕성(德性)이라는 것은 수백만 명을 불행으로 몰아넣기 위해 악용되는 결과가 되어버렸다고 모리악은 날카롭게 비판했다.

제2차 세계대전 중 숱한 유태인이 잔인하게 학살된 아우슈비쯔 수용소에 씌어진 다음 문구는 모리악의 이와 같은 말을 상기시킨다.

자유에의 길은 있다.
그 길의 이정표에 이르되
복종, 근면, 청결,
정직, 성실, 그리고 조국에의 사랑.

제2차 세계대전으로 말미암아 독일인의 이미지는 현저하게 저하되었다. 제2차 대전 전까지만 하더라도 이와 같은 특성은 선량하고 오랜 프러시아의 미덕으로서 그런대로 성가(聲價)를 지켜나갈 수 있었다.

그러나 히틀러는 좋은 의미에 있어서의 독일적인 덕성을 깡그리 부숴버렸다. 그는 독일인의 덕성을 교묘하게 이용한 것이다.

대전 후 이와 같은 독일적 덕성을 기르는 교육은 물론 자취를 감추었지만, 좋은 뜻에서의 게르만적 덕성은 사회생활이나 좁게는 가정생활에 있어서 아직도 잔존(殘存)해 있는 듯만 싶다.

베를린과 본

그것은 단 한번 뿐
다시는 오지 않는다.
진실치고는 너무 멋있다.
그건 한낱 꿈이란 말이냐!
인생은 그걸
한번 밖에는 못 준단다.
내일이 되면
벌써 지나가 버린 과거사…

베를린을 배경으로 한 왕년의 명화(名畵) <춤추는 회의>의 주제가인 이 노래의 일절은 어쩌면 베를린 스스로의 운명을 예견하고 있었는지도 모른다.

두터운 벽으로 분단되었던 베를린은 너무도 처참했다. 같은 처지의 분단국 국민의 한 사람이기 때문에 분단 당시 더욱 그렇게 느꼈는지도 모를 일이지만.

동서독의 여러 전재(戰災) 도시들은 훌륭하게 부흥되어 전쟁의 상처를 전혀 느낄 수 없었지만 베를린은 좀 사정이 달랐다. 아무리 건설에 박차를 가하고 경제적 번영을 이룩한다 해도 보이잖은 벽으로 갈라진 베를린은 아직 본연의 베를린일 수 없다.

<제복의 소녀>, <비탄의 천사> 등 수준 높은 영화제작의 메카(한때 할리우드를 능가했다)였던 우파(Ufa)는 일찍이 에네르기쉬한 수도 베를린의 상징이었고 제1차 대전 이후 히틀러가 등장하기까지의 독일의 서울 베를린은 정치적으로 새 '질풍노도(疾風怒濤)(Strum und Drang)'의 와중(渦中)이었다. 베르사이유 조약에 의한 가혹한 배상, 천문학적 인플레 등에 의한 사회적 · 경제적 불안정에도 불구하고 이 도시는 거창한 정신적 에너지를 비축하면서 '바이마르 문화'라는 독창적인 베를린 문화를 이룩하여 이른바 황금시대를 맞이했다.

한때 학문과 예술 분야에서 독일만이 아니라 전 세계를 리드했던 활기 넘쳤던 베를린의 옛 모습은 분단 당시에는 전혀 찾아볼 수 없었고 나그네의 눈에는 스산하게만 보일 따름이었다.

하지만 베를리너 루프트(Berliner Luft)란 말이 있듯이 통일 베를린은 그 나름대로의 독특한 분위기가 있다. 루프트란 말은 두 가지 뜻이 내포되어 있다. 문자 그대로 '공기'란 뜻과 도시가 갖는 '분위기'라는 뜻이 함축되어 있다.

옛부터 베를린은 브란덴부르크의 숲과 호수 한가운데 자리한 탓으로 공기가 신선하고 독특한 향기와 감촉을 느낄 수 있다는 것이다. 그리고 이 도시가 그야말로 벨트슈타트(세계 도시)로서 성장하고 있었을 무렵에는 예술의 도시 파리나 비인에서도 볼 수 없는 젊음과 생기에 넘쳐 있었으므로 이 짜릿한 분위기를 예술가들은 베를리너 루프트라고 불렀다는 것이다.

파리의 오펜바하, 비인의 슈트라우스와 함께 그 무렵 베를린에는 오페레타의 천재 파울 린케가 활약하고 있었는데 그는 이 도시의 톤을 교묘히 포착하여 베를리너 루프트를 작곡해 냈다. 그로부터 베를리너 루프트는 세계적인 유행어가 되었다.

그런데 분단 시대에 서독의 수도 옆 본에 베를리너 루프트와 상응하는 보오너 루프트를 찾는다면 어떤 것이었을까. 그건 한마디로 말한다면 베를린과는 퍽 대조적인 루프트였다. 자연의 루프트도 도시 자체의 루프트도 사뭇 다르다.

우선 본은 산에 둘러싸인 분지형(盆地形) 도시인 탓으로 바람이 별로 불지 않고 라인 강의 습기가 머무는 다습(多濕)·온화한 공기의 도시이고, 그 분위기도 별로 자극이 없는 인구 50만 남짓한 전원 도시이기 때문에 대도시로서의 활기를 기대할 수 없는 시골스런 한적한 도시이다.

밤 아홉 시만 되면 거리에서 인적이 사라진다. 이 고장 사람들은 '데어 뷔르거슈타이크 호호크라프트((Der Bürgersteig Hochkraft)(步道가 치올라가 버린)'라는 재미있는 표현을 하고 있었다. 옛날 중세 때에는 독일의 숱한 도시는 성벽과 호(濠)로 둘러싸여져 있었고 그 출입구에는 다리가 놓여 있는데 밤에 치올려버려서 시민들이 꼼짝할 수 없게 된다는 데에서 연유한 말이다.

이처럼 보오너 루프트는 비도시적이다. 한때 수도였다고 하는 이름 때문에 이 도시를 방문한 나그네는 생각했던 것보다는 촌티

나는 도시라는 데 짐짓 놀란다. 베토벤의 생가와 라인강 이외에 별로 볼 만한 곳이 없다.

그렇지만 독일인들이 '데어 파터 라인(아버지로서의 라인 강)' 이라고 부르는 게르만 민족혼의 고향 라인이 가장 우아한 매무새를 자랑하는 야취(野趣)에 넘치는 자연과 이웃한 이 도시는 그런대도 독특한 루프트가 있다.

또한 한 나라의 정치란 결코 훤소(喧騷)하고 외잡(猥雜)한 여항(閭巷)에서만 이루어지는 것이 아니라는 것도 이 도시는 가르쳐 주기도 했다. 우리가 새 행정 도시를 구상하면서 독일의 옛 수도를 곧 잘 그 표본으로 들고 있는 것도 그 때문이리라.

그런데 이렇게 촌스런 마을 도시가 어떻게 수도로 결정되었을까 하는 의문이 날만도 한 도시이다. 흔히 알려지기로는 아데나워 전 수상의 고향이 본에서 가깝고, 또한 그가 한때 쾰른 시장직을 맡고 있었기 때문에 본을 수도로 밀었었다고 하지만 맨 처음 본을 수도로 한 것은 아네나워 수상이 아니라 당시 총리부 장관이었던 봔델스레프였다는 것이다.

제2차 대전 후 연합군 점령하의 각 주는 연락 기관으로서의 주(州) 수상회의를 관례에 따라 조용한 남부 독일에서 개최하는 것을 반대한 어느 주의 부수상이 '그런 회의는 사회적 · 경제적 긴장이 감도는 고장에서 열려야 한다. 개최지의 공기는 회의의 결의에 큰 영향을 미친다' 고 하여 뒤셀도르프 시를 추천한 것을 계기로 프랑크푸르트, 본 등이 그 후보지로 상당히 경합되었는데 이때 봔델스레프가 베토벤의 교향곡을 들었을 때의 독일인으로서의 프라이드와 감동을 역설하면서 회의에 큰 영향을 미칠 독일적인 루프트는 바로 본에서 찾아볼 수 있다고 한 주장이 그후의 수도 결정을 위한 여러 번의 투표에서 크게 주효했다는 얘기도 있다.

이제 본은 수도의 소명을 끝내고 세계적 악성(樂聲) 베토벤을 낳은 대학 도시로서의 조용한 루프트를 지켜 나가고 있다. 조국이 통일되자 베를리너 루프트를 하루 속히 누렸으면 하는 향수(鄕愁)가 공감대를 이루면서 수도 이전이 예상보다 빨리 급진전된 것이다.

클라이스트를 죽게 한 호수

베를린의 브란덴부르크 문 바로 남쪽에는 넓은 포츠담 광장이 있다. 제2차 대전 전에는 번화가의 일각이었다. 그 문 바로 옆에 'Potsdamer Platz'란 큰 팻말이 지난날의 분단의 아픔을 말해주고 있다.

이 팻말을 보니 문득 프랑크푸르트에서 되새겨 보았던 독일 리얼리즘의 기수 클라이스트(Heinrich Kleist)가 다시금 회억된다.

1803년을 전후해서 그가 한때 정을 두고 살았던 서 베를린 남서단의 하푸르 호수와 거의 맞붙어 있는 반 호는 그와 관련이 깊은 곳이다. 프랑크푸르트는 그의 삶을 비롯한 곳이고, 이곳은 바로 그 파란 많은 생애를 마친 곳이기도 하다.

1811년 반 포츠담 근교의 호반(湖畔)의 고요한 안개, 깨끗한 풍광, 아름다운 박명(薄明) 속에서 정사한 남녀가 있었다. 이미

각오한 자살이라 그런지 아무런 혼란도 없고, 목에 대고 겨냥한 권총에도 추호의 동요조차 없었다.

이른 아침 행인들이 이를 발견하고 깜짝 놀라며 온통 야단법석이었다. 그들은 호반의 호텔에 머물러 있던 사람이란 것이 곧 밝혀졌다. 유서도 없었다.

남자는 불세출의 천재 하인리히 클라이스트, 여자는 너무나 많은 이성의 혜택을 입은 유부녀 헨리에테 포겔(Henriette Vogel). 일상생활의 허위를 거부하고 진실과 씨름을 하다가 급기야는 패배했다. 그러나 방만한 자존심의 소유자였던 그는 패배의 자의식에 견디어 내지 못했다.

이 자살은 과연 문학사의 한편의 에피소드에 지나지 않는 것일까? 아니다. 그들의 양심과 고귀함을 씹고 씹어가며, 반성해야 한다. 무엇이 그들을 압박하고 패배시켰는가를 정시(正視)해야 하지 않을까.

클라이스트는 세습 귀족집에 태어났다. 그의 문학적 재능은 너무나도 탁월하였다. 그가 남겨 놓은 희곡 작품을 읽으면 읽을수록 당시 유럽에는 그에 견줄 만한 재능이 그리 많지 않았다는 것을 새삼스레 느끼게 된다.

또한 별로 많지는 않지만 그의 단편 소설을 읽을 때마다 반짝이는 독일 리얼리즘의 주옥에 다시금 놀라지 않을 수 없다. '성(聖) 도밍고 섬에서의 약혼(約婚)'의 극적인 공포, '후작 부인'의 심리묘사 등, 이 시대에 이만큼 진보한 리얼리즘을 구사할 수 있었던 작가가 스탕달을 두고 누가 있었던가. 그야말로 참스런 천재라고 부를 만한 작가였다. 하지만 그는 출발점에서부터 이미 파탄을 안고 있었다. 그의 불타오르는 자신의 기술적 미숙함도 무시하고 전

(前) 세기부터 독일 정신의 생활 위에 군림하고 있었던 대 괴테와 패권을 다투려고 하였던 것이다.

바이마르에서 괴테와 쉴러를 알게 되었으나 그들과는 친교를 맺지 못했고, 다만 노(老) 시인 빌란트는 그의 재능을 인정하면서 격려를 아끼지 않았다.

클라이스트는 괴테의 작품에서 정신적인 내용을 흡수하지 않고 단지 병적이며 강렬한 감정에 반응시켜 혐오하는 데 그쳤다.

그는 늘 자신이 정당하게 평가되지 않는 데 대해 고민했다.

클라이스트가 그려내는 인물이란 대개 이성과 정신뿐만이 아니라, 동물적인 본능이 잠재해 있었다. 죽음에 대한 공포, 육체적 고통을 겸한 연애고(戀愛苦), 무의식의 몽유적(夢游的)인 세계, 찬미(讚美)에는 질투가, 열애(熱愛)에는 학대가, 생존 욕구에는 죽음의 유혹이 서로 으르렁대며 싸우고 있었다.

그의 작품에서 누구나 인간성의 깊은 곳에 숨어 있는 동물적인 욕망을 통하여 생의 고민을 새삼스럽게 느낄 것이다. 아름답고도 강렬하게 그려내는 찬탄할 만한 귀재적(鬼才的) 수완! 한마디로 말한다면 너무나도 시대에 앞섰기 때문에 아무도 알아주는 사람이 없었던 것이다.

또한 그는 그의 작중 인물처럼 자기 자신이 죽음의 위협을 받아 감정의 분열에 고민했다.

그에게는 자살이라는 불청객이 자래(自來)한 것인지도 모른다. 더군다나 독일의 불행은 자유에 대한 고매한 그의 마음을 벌레 먹어 갔다. 그가 살았던 베를린의 오늘이 그러하듯이.

당시의 독일은 나폴레옹에게 연전연패하여 독립까지도 유린당할 지경이었다. 독일은 분기하여 자주권을 회복해야 했다.

1809년 간을 클라이스트는 정치가로서 독일을 선동했다. 나폴레옹을 극악한 죄인이라고 욕설을 퍼부었고, 괴테의 애국 연설을 실행성이 희박한 것이라고 조소했다.

결국 소박한 것이 싫어서 12년 전에 뛰쳐나온 군대에 다시 들어갈 수밖에 없었다. 그런데 그 군대는 자유의 강탈자 나폴레옹을 위하여 러시아 정벌에 나서려 했다. 이것은 피로 할대로 피로해진 그의 심신에 가해진 또 하나의 새로운 채찍이었다.

이따위 인간 사회에서 자기 자신은 이제 무용지물이라는 자기 확인은 이미 그의 운명을 자결해야 할 지표로 휘몰았다.

이리하여 불과 서른네 살의 그는 사랑하는 여인을 껴안은 채 늘 그 분위기에 심취했던 반호로 마차를 달렸던 것이다.

베를린에 들리는 경우, 이 젊은 천재를 죽게 한 이 호반의 분위기를 꼭 가보라고 권하고 싶다.

그윽한 알테 하이델베르크

고성(古城)과 대학으로 이름 높은 하이델베르크는 황태자 하인리히와 하숙집 딸인 청순한 소녀 케티와의 애련한 러브 스토리로 이미 친숙해진 도시이다. 마이어 푀르스터(Meyer-Förster) 작인 '알테 하이델베르크(Alte-Heidelberg)'에 나오는 비련(悲戀)의 이야기의 무대로서 퍽 어울리는 로맨틱한 도시이다.

멀리서 요요(遙遙)히 흐르는
넥카강의 그리움이여
호젓한 강가에서
그대에게 바치리니 이 봄을
한결 아름다운 이 꽃목걸이를

이제금 돌아가리, 내 집으로
하지만 외로운 날이며는

잊지 말지어다. 젊은 그날
학생 시절의 하이델베르크
그 행복스러웠던 추억을.

넥카강을 끼고 그다지 높지 않은 구릉(丘陵) 사이에 자리한 인구 약 15만의 차분한 회홍색의 이 소도시는 산 중턱 숲 속에 싸여 우뚝 솟은 팔쯔(Schloss der Pfalzgrafen 때문에 더욱 돋보이며 고풍스럽다. 제2차 세계대전 때 한번도 폭격을 받지 않고 넘긴 유일한 독일의 도시이기도 한 하이델베르크는 그 때문에 더욱 중세풍의 분위기를 간직하고 있어 매혹적이다.

넥카강에 걸린 알테 브리케(舊橋)를 건너 나폴레옹 군의 침략도 여기서 막았다고 하는 카알데오도르 문을 지나면 영화 '황태자의 첫사랑'에 나오는 묵직한 시가가 펼쳐진다. 참으로 환상적인 마을이다. 하이델베르크 중앙역 앞에 있는 관광 안내소에서 얻은 보행 관광 지도에 따라 걸어가면서 구경하기로 했다.

12세기부터 비롯된 이 소도시는 팔쯔 백작 오토(Otto von der Pfalz)가 성을 구축함에 따라 그 성하촌(城下村)으로 발달한 것이다. 1368년에는 팔쯔 선거후작(選擧侯爵) 루프레히트 1세에 의해서 대학이 창설되어 오늘에 이르고 있다. 그러니까 6백년의 장구한 역사를 지닌 독일 최고의 대학이요, 세계 굴지의 대학이기도 하다. 세계의 대부분의 대학들이 대도시에 밀집되어 있는 것과는 퍽 대조적이다.

옛적부터 명문 대학으로 이름을 떨쳐 유럽 각지에서 이곳으로 유학 오는 학생들이 많았다고 하며, 대학 도시답게 젊음에 넘쳤었다고 한다. 때는 흐르고 사람도 바뀌었지만, 지금도 역시 로만티셰 하이델베르크임에는 변함이 없었다.

저녁 무렵부터 조그마한 선술집이나 맥주홀에서 흘러퍼지는 젊은이의 우렁찬 합성은 묘한 화음으로 나그네의 마음을 설레이게 한다. 옛부터 유명했다는 '붉은 소(Roten Oksenstein)'라는 간판이 보여 안에 들어갔다. 그다지 넓지 않은 아담한 홀에는 남녀 대학생들이 정답게 앉아 때로는 포옹하기도 하며, 담소하고들 있었다. 130년의 역사를 자랑하는 슐타이스(Schultheiss) 맥주 한잔은 나그네의 여수(旅愁)를 말끔히 씻어 주고도 남음이 있었다.

대학 안에 있는 학칙 위반 학생들을 잠시 가두는 감금실 벽과 천정에까지 펼쳐진 낙서와 그림은 가위 일품이었다.

성곽까지 올라갔다. 성문 앞 넓은 광장에는 거대한 원탑이 붕괴된 채로 저립(佇立)해 있었다. 프랑스 루이 14세 군대가 침입했을 때 파괴된 것으로 이를 기념(?)하기 위해 그대로 방치해 두고 있어 이채로왔다.

이 광장에서 성안의 뜨락을 들어가는 다리를 건너면 두 기사가 창과 검을 들고 양편에 잔뜩 버티고 있고, 두 마리의 사자 동상이 무엇인가를 바치고 있는 그 무엇이 분실되어 없었다. 그 무렵에 대해서 구구한 얘기들이 많아, 궁금한 그 자체를 여행객들의 관심거리로 만들어 놓은 것도 흥미로왔다.

1500년에 건조된 글래재르너 자르바우라고 하는 유리관, 1560년의 오토 하인리히 관, 1607년의 프리드리히 관 등 고딕 후기부터 르네상스 기에 이르기까지의 독일 건축 양식을 모두 한곳에 몰아놓은 장관이다. 건축가라면 한참 황홀해서 어찌할 바를 모를 장관이리라. 특히 실내에서 바라보는 창살과 창의 기하학적인 구조와 첨괘된 인물상과 벽면, 그리고 창문과의 조화는 오묘하기 이를 데 없다. 프리드리히 관의 도어 조각 또한 일품이었다. 성관(城館) 안의 콘서트 룸도 위관이었지만 가장 놀라운 것은 지하실의 술 창고였다. 여기에는 저장용 맘모스 술독이 있는데, 술 창고의 거의 대부분을 차지하는 이 거대한 술독은 어떻게 이곳에까지 운반해 왔는지 궁금할 정도다. 22만 리터 들이 독이라니까 독일제 와인 술병으로 치면 30만 병 남짓한 분량이다. 매일 한 사람이 한 병씩 마신다고 해도 833년은 걸린다는 것이다. 물론 지금은 그 술독에 술이 한 방울도 없었지만. 이 술 창고실의 계단 언저리에 중세풍의 복장을 한 동상이 서 있었다. 이 성의 궁정 도화사(道化師)였던 페르케오(Perkeo) 상이라고 안내인이 일러 주었다.

하이델베르크의 성안에는
페르케오가 도사리고 있단다
몸집은 작지만 모주꾼이란다

하이델베르크 대학생들의 권주가에도 나오는 인물이다. 이 주창에서 새로 나온 와인 한잔을 얻어마셨다. 페르케오에게 경의를 표하는 건배를 하면서——.

프리드리히 관 바깥쪽에 아르탄이라는 테라스가 있다. 여기서 내려다보는 마을과 넥카 강은 그야말로 절경이었다.

알테 하이델베르크

나의 알뜰한 영광의 마을이여
넥카 아닌 라인 강변에도
이보다 아름다운 마을은 없으리니
벗들도 다정한 즐거운 거리거리
지혜에 넘치고 술이 넘실거리고…

강 건너 미셰스베르크 산 기슭의 철학자의 길(Philosophen Weg)이 한 일(一)자로 획을 그어 보인다. 괴테, 쉴러, 노발리스 등 독일의 문호들과 뭇철학자들이 이곳에 와서 즐겨 산책했다는 길이다.

나는 학생 시절에 이곳을 아성으로 한 철학자들을 통하여 철학의 훈련을 받았기 때문에 늘 동경하던 고장이기도 하다. 독일의 이상주의를 나는 이들에게서 배웠다. 문득 빈델반트의 '전주곡(前奏曲)'을 숙독하던 일이 상기된다. '위대한 모순은 역시 위대한 두뇌를 필요로 한다'라는 귀절이 기억난다.

라인, 그리고 로렐라이

하이델베르크에서 마인츠나 빈겐까지 기차로, 여기서부터 유람선으로 니벨룽겐의 노래로 알려진 독일의 전설과 시와 그리고 '기적'이라는 말을 떠올리게 하는 라인강을 따라 코블렌쯔까지 갈 수 있다.

도중, 배가 로렐라이에 이르렀을 때 돌연 로렐라이 노래가 흘러나온다.

웬일인지 알 수 없네.
다만 희미하게 떠오르는
옛날 아주 옛날의 한 얘기가
왜 이다지도 쓸쓸한 것인지,
석양이면 바람차고 라인은 지금 소리도 없다.

가라앉은 해에 산의 봉우리 붉게 빛나고
보라 바위에 앉아 있는 아름다운 저 처녀
황금빛의 장식에 비쳐 빗질하는 금발
금빛 움직이며 그 처녀 노래 부른다.
노래 소리 이상하게도 마음 흔드는 그 음조

작은 배의 뱃사람은 듣고 반해 괴롭게
바위 위를 쳐다볼 뿐

아아! 파도가 삼켜버린 것이다. 배도 그 뱃사람도
노래의 힘으로 로렐라이가 하는 기술이다.

독일의 시정 하인리히 하이네의 시 '로렐라이'를 가곡화한 귀에 익은 노래에 어쩐지 센티멘탈해져 옴을 느꼈다. 평범한 풍경으로 환상 같은 것을 불러일으킬 아무것도 없었지만, 이 멜로디를 들으니, 그 옛날 이 노래를 부르던 젊은 시절이 불현듯 회억된다.

전설의 바위와 강안(江岸)에 우뚝 솟은 고성(古城) 등 대안의 풍광을 카메라에 담고 있는데, 등뒤에서 한 사나이가 자기는 음악가라고 하면서 어디에 가느냐고 말을 건네 왔다. 본에 간다고 그랬더니 슈미트 수상을 만나러 가느냐고 농을 걸기도 했다. 유람선에서 파는 와인에 좀 취한 듯이 보였다.

나도 붉은 와인과 흰 와인을 주문하며 번갈아 가며 음미했다.

붉은 와인은
당신의 슬픈 빛깔

하얀 와인은
당신의 외로운 빛깔

라인강 유람선 위
홀로 기대 앉아
'뭘 마실까'
내 사랑 그 어느 와인을 부을까
지긋이 술잔에 입술을 댈 때마다
흔들리는 와인 잔 속에 당신 얼굴

감상에 젖어 이렇게 한 수 읊어 보았다.

소박한 것인지 주책인지 분간키 어려웠다. 일찍이 라인 강을 찬미한 노래는 숱하게 많지만, 상류와는 달리 중류부터 하류에 이르면 강줄기는 무척 더러워 시정이 가셔버렸다.

하인리히 뵐의 말을 빌면 "포도주의 라인은 대체로 본, 퀼른 근처에서 끝나고 거기서부터는 화주(火酒)의 라인이 시작된다." 하였으니 그 하류는 얼마나 더러울까. 이처럼 라인 강은 '포도주의 라인'과 '화주의 라인'으로 양분되어 전자는 목가적인 낭만을, 후자에서는 공업입국(工業立國)의 의지를 감득할 수 있다.

어쨌든 오늘의 라인 강은 어느 젊은 독일 시인이 탄식했듯이 '전원시는 아예 사라져 없어져 버리고 다만 구정물만이 있을 따름'이다.

쾰른의 예지

독일 고딕 건축의 최대 걸작인 쾰르너 돔(Kölner Dom)이 하늘 높이 우뚝 솟아 있고 라인 강 하류의 새하얀 배들의 아름다운 모습을 투영하고 있는 라인 강변의 알뜰한 도시 쾰른은 중세 때 독일에서는 '북방의 로마'라고 이를 만큼 문화가 창달되었던 고장이다.

이 도시의 이름은 서기 기원전 율리우스 케사르나 폼페이우스의 이름이 유럽을 휩쓸었을 무렵, 로마 제국이 라인 강을 따라 이 고장까지 군대를 파병하여 식민지(콜리니아)의 중심을 이곳에 두었다는 데에서 유래된다. 지금도 영어와 프랑스어로는 콜로니아의 어원(語源)을 그대로 나타낸 Cologne으로 통하고 있고, 로마 시대의 성벽 · 수도 · 문 등이 그대로 남아 있어 중세적인 분위기를 차분히 느낄 수 있었다.

이 도시를 방문하는 사람들이 으레 그렇듯이 나도 역 정면에 있는 돔으로 우선 발길을 옮겼다. 높이 140미터, 금시 나를 짓누를 것만 같은 이 위압적인 돔의 어두텀컴한 내진(內陣)에는 로히너의 명작 <박사(博士)들의 예배>가 걸려 있다.

일찍이 하이네가 <시인들의 사랑>에서

돔에는 한 폭의 그림이
금양피(金羊皮)에 그려져 있네

라고 칭송했던 바로 그 작품이다. 창공에 떠도는 사랑스런 천사를 곧잘 그린다고 해서 '독일의 안젤리코'라고도 부르는 로히너의 작품에는 독일 회화에서는 드물게 보는 우아로움이 깃들여 있었다.

케사르로부터 약 2천 년의 세월이 흐른 뒤 도도한 라인 하류에 유럽 제일, 아니 세계 제일의 거대한 이 카테드랄을 올연히 세운 상업과 문화의 중심지에 군마(軍馬)를 세운 나폴레옹은 이 도시 중심가의 472번지의 한 가게에서 방향(芳香) 짙은 병 들이 물을 팔고 있는 것을 지나는 길에 발견하고, 그 병물을 마셔 보고는 그 물이 하도 맛이 좋아서 '오드콜로뉴(eau de Cologne)' (쾰른의 물)이란 명칭을 붙여 주었다.

지금도 파리, 모스크바, 로마 등 백 개 이상의 국제 특급 열차가 발착하는 혼잡한 쾰른 역을 나오는 사람이면 누구나 바로 눈앞에 우뚝 솟은 돔과 함께 '4711'의 물빛과 금빛 광고에 눈길이 간다.

라인 강은 쾰른 시에 이르면 강의 폭이 약 3백 미터로 늘어나 수백 톤 급의 선박들이 간단없이 왕래하는 광경을 볼 수 있다. 북해를 가로지르고 여기까지 재목을 나르는 노르웨이나 스웨덴의 거선, 홀랜드의 로테르담 항과 스위스의 바젤 항을 잇는 정기 석탄 · 석유 운반선, 로렐라이의 관광선 등 그 숱한 배들이 쾰른 강항에 기착한다. 이와 같은 수리(水利)가 쾰른 시를 중세 초엽부터 일찍이 유럽 굴지의 상업 도시로 만들었고, 또한 이 수리가 로마 제국의 문화를 재빨리 '북방 만족(蠻族)'의 땅이었던 이곳에 도입한 것이다.

쾰른을 분기점으로 해서 라인 강은 하인리히 뵐이 지적했듯이 '포도주의 라인'에서 '화주(火酒)의 라인'으로 바뀐다.

쾰른에서 태어난 노벨 문학 수상작가 뵐은 스스로 이 '화주의 라인' 출신이라고 밝히고 있는데, 따라서 그의 어린 시절의 기억 속에 남아 있는 라인 강은 항상 암울(暗鬱)하고 음산하기만 하다.

라인 강의 기적을 낳은 루르 공업지대로 이어지는 라인 하류에서는 슈납스(Schnaps)라는 독한 술들을 마신다. 공장 노동자들은 아무래도 감미로운 포도주로는 만족하지 못하기 때문이리라.

나는 쾰른에서 다시 프랑크푸르트를 거쳐 암스테르담으로 가는 비행기 표를 가지고 있었기 때문에 (쾰른에서 암스테르담 행의 비행기편은 전혀 없었다.) 이 '화주의 라인'을 유감스럽게도 가보지 못했지만 여기서부터 강은 넓고 거칠어지며 공장 굴뚝 연기로 모든 것이 가리워지고 만다는 것이다. 즉, 로맨티시즘 라인에서 리얼리즘 라인으로 변하는 셈이다.

여기서 로테르담으로 이어지는 하류에는 강상 수송 함대가 개미 떼처럼 줄을 잇고 루르 중심부에 위치한 뒤스부르크 항에서만도 연간 6천만 톤 이상의 짐을 하역한다고.

라인 강줄기와 이어지는 여러 지류 사이에는 거미줄 같은 운하가 있어 공장과 공장들을 서로 연결시켜 준다.

라인~루르 지방과 서북부 르레멘과 엠덴으로 이어지는 베저 강 사이의 운하망을 통한 수송물량은 철도와 맞먹는다고 한다. 현재 한창 피치를 올리고 있는 라인-마인-도나우 강을 잇는 운하 건설이 완성되어 목표 연도닝 81년에 완성되면 북해와 흑해가 물로 관통되는 셈인데, 그때에는 독일이 유럽 수운(水運)의 중심지가 될 것임에 틀림없다.

「라인 강이 이 세상에서 으뜸인 이유를 아느냐? 이 자 저 자, 여러 민족이 버무려져 있기 때문이야. 라인강은 여러 민족이 함께 어울려 찧는 방앗간이라구. 이봐, 이를테면 로마의 장군이 있었고, 유태인 향료 장사꾼, 그리이스의 의사, 켈트족 군인, 알프스의 시골뜨기 일꾼, 스웨덴의 기사(騎士), 나폴레옹의 병사들, 코사크 탈영병, 슈바르쯔 발트의 광부, 알사스의 떠돌이 방아꾼, 홀랜드의 뚱뚱이 수부(水夫), 마자르족, 반달족, 비인의 사관(士官), 프랑스의 광대, 보헤미안 음식가,…… 이 자들은 깡그리 라인 강에 흘러들어와 서로 헐뜯고, 마셔 대고, 노래 부르고, 애새끼 낳고 하면서 살아 온 거지. 그런 가운데 괴테도 나오고 구텐베르크도 또 누구도 아무개도 다 나온 거라구. 이게 바로 라인이지, 아니 이것이 바로 서양이라는 거지」라고 익살부린 카알 삭그마이어의 희곡 <악마의 장군>의 대사처럼 81년 이후의 유럽의 뒤섞임은 더욱 볼만한 것 같다.(EU 기구 탓으로 현재도 대단하지만)

인구 백만의 이 도시(독일에는 인구 백만이 넘는 도시가 그렇게 많지 않다)는 북쪽에 독일 공업의 생명선 루르 공업지대를 머리에 이고 아래로는 차로 불과 20분 거리에 수도 본과 접하고 있어 지리적으로 퍽 유리한 위치에 있다.

그런데 이 상업 중심지에 와서 인상적인 것은 돔 못지않게 자연 그대로의 모습을 지닌 숲으로 도시가 둘러싸여 있다는 점이다. 대공원의 숲은 낮에도 햇빛이 가리워 어두컴컴하다.

정치 과잉, 이데올로기 과잉의 오늘날에 있어서 고 아테나워 수상의 정치가로서의 공죄(功罪)는 「덜레스 외교와 밀착된 정책」 등에서 많이 운위되고 있지만 내가 생각하기에는 그의 정치가로서의 큰 업적은 쾰른 시의 녹지대를 몸으로 지키고 또한 무성하게 만든 것이 아닐까 하는 생각을 여기 와서 새삼 느끼게 된다. 이런 그린벨트 때문에 공업 지구에 인접한 쾰른의 시민들이 일산화탄소 과다(過多) 등 공해(公害)에 시달리지 않게 된 것이다.

쾰른 시의 녹지대는 6천ha 남짓이나 된다고 한다. 1ha가 1만㎡이니까 인구 백만의 도시민의 1인당 60㎡ 남짓의 녹지가 확보되어 있는 셈이다. 우리의 서울과 견주어 볼 때 격세지감(隔世之感) 마저 든다.

이 엄청난 녹지대는 정확히는 알 수 없지만 대개 산업혁명 이후에는 누군가의 선견지명(先見之明)에 의해 인공적으로 만들어졌다고 한다. 그후 20세기에 들어서 폭 10㎞가 넘는 그린벨트가 서쪽 주택가를 따라 이룩되어 나갔는데, 그 장본인은 당시 쾰른의 젊은 시장이었던 아데나워였다.

이윽고, 나찌가 정권을 쥐고 얼마 후 세계대전을 일으켰다. 아데나워는 반(反) 히틀러 사상과 행동 때문에 공직을 박탈당하고 곧 쾰른 시 교도소에 억류되었다.

대전이 끝난 뒤, 영국 점령군이 쾰른시를 지배하게 되었는데, 90%가 전화(戰火)로 파괴된 이 도시에 영하 15도를 오르내리는 겨울이 닥쳐 왔다. 연료라고는 아무것도 없었다.

영국군 사령부는 시내 이곳 저곳에 남아 있는 나무를 베어 연료를 삼으라는 명령을 시민들에게 내렸다.

이때 막 출옥(出獄)한 아데나워가 허약한 몸을 무릅쓰고 결사 항거하였다.

"연료는 어떤 방법으로든지 해결해 낼 수 있다. 궁핍의 시기는 멀지 않아 과거의 것이 되지만, 수목은 살아남은 시민의 내일을 위해 필요하다"고 대들었다.

쾰른의 대 녹지대는 이러한 선견의 예지로 지탱되어 오늘날에는 백만 시민의 주말 안식처가 되고, 루르의 매연을 막는 병풍이 된 것이다.

실수(失手)로, 또는 부득이한 사정으로 나무 한 그루를 손상시킨 사람은 즉일로 세 그루의 나무를 심도록 법이 엄격하게 규제하고 있다. 그래서 쾰른 시는 날로날로 푸르러 가게 된다. 이점은 우리도 본받아야 하지 않을까.

동쪽에는 라인 강, 서쪽 윤곽은 짙푸른 그린벨트, 그 앞에 편편한 잔디밭, 뜨거운 햇볕 아래 자양화(紫陽花), 장미, 다알리아꽃들이 만발해 있었다.

동서로 물과 숲, 잔디밭에 의해 둘러싸여진 이 도시는 쾰르너 돔을 중심으로 환상(環狀)의 길이 남북으로 뻗친 몇 가닥의 미끈한 도로가 잘 구획되어 있다. 그중의 가닥 길을 따라 아까 돔에서 감명 깊었던 로히너와 그밖의 미술 작품을 보기 위해 발라프 리히알스 미술관으로 발걸음을 재촉했다.

표현파의 수난

쾰른의 발라프 리히알스 미술관은 로히너를 중심으로 한 이른바 쾰른파의 회화 등 주로 독일 르네상스의 콜렉션뿐만이 아니라 현대 미술 수집도 상당했다.

나찌 독일이 소위 제3차제국의 모토에 반(反)하는 유럽의 전위(前衛) 작가들에게 「퇴폐 예술」이란 낙인을 찍은 것은 1932년의 일이다. 이때 압수된 미술 작품만 해도 2만 점에 가까운 엄청난 숫자였고 그 가운데 극단적이라고본 4백 점은 불태워 버렸으며 2천여 점은 아직도 행방 불명이다.

제1차 세계대전과 제2차 세계대전의 어두운 골짜기에서 사회적 불안을 짙게 반영한 작품들을 주로 발표했던 독일의 표현파가 나찌의 블랙 리스트에 오른 것은 췌언할 나위도 없거니와, 이렇게 해서 그들은 해외로 망명하거나 아니면 예술의 전도(前途)에 절망한 나머지 스스로 목숨을 끊기도 했다.

이 미술관에서 그들의 작품을 접했을 때 강렬하게 가슴팍에 어필해 오는 것은 그들의 윤리적 · 정치적 발언이다. 이는 다혈질적인 예술가들이 정치의 국외에서 있을 수 없는 그 정열 때문에 쓰라림을 겪어야 하는 통절한 비애를 맛보게 한다.

그것은 마치 3백 년 전에 그뤼네발트(Grünewald)가 <이젠하임의 제단화(祭壇畵)(Isenheimer Alter)>(알사스의 코르마르)에서 신앙과 광기(狂氣)로 뒤범벅이 된 종교개혁과 농민전쟁의 시대를 배경으로 하여 가장 잔인한 그리스도의 시신(屍身)을 그린 것처럼, 표현파의 작가들도 현실의 미(美)를 추구하는 대신에 진실 그 자체에 접근하려 했던 것이다.

뮌헨과 쾰른의 미술관을 훑는 동안 약 17세기에 걸친 독일 미술의 흐름 가운데에서 가장 나의 관심을 끈 것은 바로 독일 르네상스와 표현파의 위기적 시대였다. 따라서 나의 독일 미술 산책의 초점도 자연히 이 점에 묶여지는 것 같다.

1933년 화가 클레(Paul Klee)가 나찌 독일의 압박에서 벗어나 창작의 자유를 찾아 고향인 베른에 돌아와 조용한 고도(古都)의 명상(冥想)에 알맞는 아틀리에에서 현대인의 황량한 심정을 포근히 적시는 작품을 많이 그렸다는 것은 주지의 사실이다. 이 미술관에도 클레의 <천사상>이 몇 점 소장되어 있었다.

클레의 그림을 보면 현실의 고민 같은 것을 말끔히 씻어주는 듯하다. 새삼 표현의 의미를 음미하게 하는 작품들이다.

부산한 이 유럽 나그네에게 스위스의 풍경은 일말의 양미(凉味)를 느끼게 해 주었는데 아마도 이런 감회는 나만이 아니라 스위스를 거쳐 유럽을 여행하는 이면 누구나 느꼈으리라.

나는 지금도 스위스의 어느 버스에서의 호젓한 한 체험을 회억하고 있다—. 마침 차가 떠날 무렵에 금발의 한 소년이 숨을 헐떡거리면서 달려와, 위험할 정도로 무리하게 차에 뛰어올라 탔다. 차내의 승객들은 아찔할 정도의 이 광경에 그만 눈이 휘둥그레해지며 시선이 집중되었는데, 이때 차장은 빙그레 웃으면서(우리나라 차장 같으면 마구 신경질을 부렸을 것이다.)

"애, 너 날개 깃이 문에 끼이지나 않았니?" 하고 머리를 쓰다듬어 주었다. 차장은 그 소년을 천사에 비유하는 재치를 보인 것이다.

아마도 평생토록 마흔여덟 점의 천사상을 그린 클레 역시 이와 같은 환경에서 자란 사람이 아니었을까…….

그의 유명한 말이 문득 생각난다.

"현세(現世)의 일, 그건 내게는 아무래도 불가해(不可解)하다. 왜 그럴까? 그것은 내가 이미 생을 마친 자, 또는 아직 삶을 부여받지 않은 자들 사이에서 살고 있기 때문이다"

이와 같은 심경은 그 청징(淸澄)한 스위스의 풍경에 젖어 살지 않고서는 도저히 도달할 수 없는 경지가 아닐까…….

※ 다음 「역의 편리성」은 다음 나올 책으로 옮김

독일인의 점심

낮 열두 시 반부터 한 시 사이쯤이면 가방을 등에 멘 학생들이 떼지어 하학하는 광경을 독일 어느 도시에서나 흔하게 볼 수 있다. 이 시간이면 버스나 전차도 등교 시간 때처럼 학생들로 만원을 이룬다.

나중에 안 일이지만 독일에서는 국민학교 일학년부터 우리의 고등학교에 해당하는 고학년에 이르기까지 거의 오전 중에 수업을 마친다는 것이다. 그건 제2차 세계대전 이전에도 그러했고 지금도 마찬가지라고 한다.

제2차 대전 종결 이후에 미국을 비롯한 연합국들이 독일의 학교 제도를 바꾸라고 종용했으나 서독 정부는 끝까지 이에 불응했고, 이 「역사적」인 수업 시간도 변경하지 않았다고 한다.(현재 오후까지 수업하는 학교로는 전국에서 약 20개교 정도가 있는데,

그것도 지역의 사회적 조건이라든가 학생들의 가정 상황 때문에 부득이 취해지는 특수 사정이라고 한다.)

그러니까 어린이로부터 고등학생들까지는 으레 집에서 점심을 먹게 마련이다. 이처럼 직장에 나간 가장(家長)을 제외하고 온 식구가 함께 먹는 점심인 「미타크에센(Mittagessen)」을 독일에서는 일명 「바름에센(Warmessen)」(따끈하게 조리된 식사)라고도 하여 하루 가운데 가장 많은 양의 식사를 한다. 내가 프랑크푸르트의 한 은행 간부 댁에서 얻어먹은 점심 메뉴만 해도 수프, 비프스테이크, 여러 가지로 조리된 야채, 사라다, 감자 요리, 다지트, 여기에 와인과 맥주가 나왔었다. 이것도 손님을 위한 특별 메뉴가 아니라 예사 때 먹는 그대로라고 들었다.

아이들만이 아니라 출근한 가장도 별일이 없을 때에는 외식을 하지 않고 곧잘 점심을 먹으러 집에 돌아온다는 것이다. 어느 직장이든지 대개 한 시부터 세 시경까지는 쉬기 때문에 직장이 멀지 않은 한, 잠깐 집에 들릴 수 있다고 한다.

미국 같은 데에서는 샐러리맨들이 대개 낮에는 사라다와 샌드위치 같은 가벼운 식사로 끼니를 떼우고 있고, 우리나라에서도 점심은 짜장면이나 우동, 또는 국밥 정도로 점심을 때우는데 유럽에서는 점심을 정찬(正餐)으로 하는 것이 예사로 되어 있다. 프랑스에서도 주식은 데쥬네(dejeuner)라고 해서 점심때 푸짐하게 먹는다. 그래서 독일이나 프랑스 식으로 점심을 배불리 먹게 되면 저녁에는 쥬스 정도로도 든든하다.

따지고 보면 점심 때 잘 먹는 것이 건강에도 십상일 듯싶다. 의학적으로 분명한 것인지는 잘 모르지만 한참 정력을 소모하는 도중에 한껏 이를 보충해 주고, 저녁은 휴식 직전이니까 가볍게 먹는 것이 아마도 옳을 것 같다.

점심 시간이 길다는 것은 또한 가족들의 단란(團欒)을 위해서도 퍽 좋을 것 같다. 한 시간 남짓 동안 천천히 점심을 먹으면서 나누는 대화란 유럽 문화의 한 중핵(中核)으로서, 이러한 유럽의 「다이얼로그 정신」은 서로의 사고(思考)의 교환을 가능케 한 중요한 구실을 해 왔고, 또 해가고 있다.

독일에서는 다른 시간대(時間帶)가 아무리 부자간을 떼어 놓는다고 하더라도 점심 시간만은 식탁을 위요하고 그들을 대화로 맺어 준다.

하지만 이 무거운 정찬인 미타크에센은 가정 주부들의 시간을 많이 빼앗는다는 데에 문제가 있다. 미타크에센과 그 준비를 위해서 주부의 시간은 하루의 중요한 대목을 잃게 하기 때문이다. 긴 점심 시간 외에 장보러 가고, 음식을 장만하고, 또 설거지를 하는 시간을 합친다면 엄청난 시간을 여성들은 허비해야 한다.

어설픈 외식을 하느니보다는 집에서 푸짐한 음식을 호젓하게 먹는 것처럼 흐뭇한 일은 또 없을 것이다.

'계집'이니 '아내'니 하여 여성은 집에서 '중궤직임(中饋織任)'하는 것이 중요한 일로 여기는 것은 우리나라 동양 사람들만의 생각이 아니라 서양의 경우에도 마찬가지이다.

더군다나 요즘과는 달리 난방 시설이 잘 갖추어져 있지 않았던 옛 시절, 유럽 사회에서 아늑한 가정을 꾸미고 가족에게 따뜻한 음식을 만들어 주는 이른바 「생명을 지켜주는 일」을 하는 것이 바로 여성의 임무였다. 여자가 부엌에 머무르고 있는 한 사람들은 살아갈 수가 있었다.

삼라만상(森羅萬象)에 생명을 불어넣는 태양이 알프스 산맥 저쪽으로 가버린다는 가을, 겨울철에 태양의 대역(代役)을 여성이 맡아 왔다. 그래서 독일 등지에서는 「여성은 태양이다」라는 말이 있을 정도이다.

태양의 혜택을 알뜰히 받지 못하는 중구(中歐)와 북구(北歐) 여러 나라에서는 태양이라는 낱말이 대개 여성형을 취하고 있는데, 즉 태양이란 생명을 지키는 어머니이기 때문이다.

이와 같은 태양의 대리 역할을 하는 것이 곧 부엌이다. 독일에서 「여성은 부엌에」라는 말은 우리가 「여자란 중궤(中饋)에만 골몰하면 된다」는 말과는 전혀 별개의 의미를 지니고 있다. 우리의 「중궤직임」과는 달리 독일 등 중 · 북구에서는 그러한 말에 감사의 마음이 깃들어 있다. 희망과 신뢰와 존경조차도 내포되어 있다. 제일 중요한 곳을 지키는 무엇보다도 중요한 사람이라는 뜻으로 여자와 부엌을 관련시킨다.

어두운 북 유럽과 북부 독일 등지에서 점심 식사에 사용되는 식기들이 호사스럽고 아름다운 것도 그런 점에서 이해할 만하다. 특히 겨울철에는 가까운 사람들끼리 자주 모여 점심을 같이 하면서 대화를 나누고 친교를 맺는다. 이는 유럽인들의 오랜 습속이요, 또한 생활의 지혜다.

두 어시간 동안이나 식사를 하면서 얘기를 나누는 유럽 사람들이 어쩌면 퍽 게으르게 느껴질는지도 모른다. 우리네처럼 점심을 먹는둥 마는둥 낮 시간을 아껴 가면서 일한다면 유럽 문화는 훨씬 더 발전되었을는지도 모른다고 생각할 수도 있겠지만 오랜 시간에 걸쳐 식사를 나누면서 담소(談笑)하는 이와 같은 습관은 어쩌면 유럽 문화 그 자체의 중요한 일부일는지도 모른다.

북유럽 사람들이나 독일인들에 비하면 남유럽인 특히 이탈리아인들의 점심은 퍽 간단하게 먹는 것 같다. 그들은 주로 이탈리아 특유의 스파게티를 즐겨 먹는다.

「모두가 서둘렀기 때문에 심각한 모습으로 스파게티를 먹고 있었다. 포크에 얹힌 스파게티 국수의 늘어진 끝이 접시에서 완전히 떨어질 때까지 끌어올린 후 입 안으로 넣는 사람이 있는가 하면, 또 어떤 이는 입을 접시에 바싹 대고 연거푸 스파게티를 입 안으로 밀어넣기도 한다.

이 귀절은 헤밍웨이의 <무기여 잘 있거라>의 제2장 가운데 한 대문이다.

문장에 있어서의 진실, 묘사력, 실재감, 요컨대 액츄얼리티하고 하는 것은 아마도 이런 문장을 두고 하는 말이리라.

아뭏튼 이 작품에서의 표현과 마찬가지로 스파게티를 예의바르게 먹기란 퍽 어려웠다.

하지만 무슨 동작이나 연습의 되풀이로 말미암아 쉽사리 해결할 수 있다. 예컨대 강풍 속에서 성냥불을 켜는 방법 같은 것도 선풍기를 강하게 틀어 놓고 성냥 한 곽쯤을 다 소비해 보면 그 요령을 누구나 터득할 수 있다고 한다.

스파게티를 어떻게 잘 말아 먹느냐 하는 것도 이와 같은 원리라고 나폴리 대학의 안셀모 교수가 내게 가르쳐 주었다.

물론 스파게티는 오른손에 쥔 포크로 둘둘 감아서 먹는 것이 정도(正道)라고 알고 있지만 쉽사리 제 격식대로 먹기는 어렵다. 자칫해서 <무기여 잘 있거라>에 나오는 식으로 되어 버린다.

이탈리아 여행 안내서에는 스파게티를 감아 먹는 법에 대해서 으레 그 주의 사항이 적혀 있다.

"스파게티를 먹을 때에는 결코 나이프를 써서는 안된다. 포크를 오른손에 쥐고는 먼저 스파게티를 최대한 두세 가닥쯤 들어 둘둘 말아올린 다음 입에 넣는다. 처음 들어올린 스파게티의 양이 너무 많으면 둘둘 마는 동안에 점점 더 커져서 수습하기 어렵게 된다."

안내서에는 이렇게 겁을 주고 있다. 유럽 관광객들조차도 스파게티 먹는 법에 꽤 신경을 쓴다고 하는데 하물며 우리네들로서야 더할 나위도 없다.

우리나라에서는 국수 류는 소리를 내며 들여마셔야 맛이 더 나는 법으로 알고 있고, 식당 같은 데서 소리내어 빨아마셔도 아무도 눈여겨 보지 않지만 이탈리아의 레스토랑에서 헤밍웨이식으로 다이나믹하게 국수를 빨아들인다면 주위가 조용해지고, 모든 눈이 그곳에 집중하게 된다. 일본인 관광객들이 곧잘 그런 실수를 한다는 것이다.

나를 안내해 준 안셀모 교수의 설명에 의하면 스파게티 한 가닥의 길이가 족히 50㎝는 된다고 하는데, 접시 한쪽에 스파게티를 말 수 있는 공간을 만들고는 포크 끝을 접시에 붙인 다음 두어 가닥을 시계 바늘 도는 쪽으로 서서히 돌리면 방추형(紡錘形)처럼 거의 「예술적」이라고 할 만큼 예쁜 모양으로 말리운다. 이것을 입 속에 살짝 넣고 입술을 꼬옥 다문 채 포크를 빼면 정말 소리 없이 먹을 수 있었다.

유럽에서는 매너 때문에 밥을 제대로 먹기도 힘들지만 스파게티 먹기가 이토록 힘든 줄은 짐짓 몰랐다.

로맨틱한 마음

전쟁으로 주요한 도시가 거의 파괴된 서독에서 전후의 부흥 계획은 유서깊은 건물을 옛 그대로 복구하는 작업부터 비롯되었다.

로텐부르크 시를 예로 들어 보자. 이 도시는 주위 2㎞의 성벽에 둘러싸여서 고색창연한 분위기를 이루고 있다. 마치 천년 이상 여기서는 시간이 머무르고 있는 듯한 인상을 주지만 실은 전후에 옛 모습으로 복원한 것이다.

1945년 3월 어느 날, 열여섯 대의 연합군 폭격기의 두 차례에 걸친 소이탄(燒夷彈) 공격을 받아 시가는 전소되고 유서깊은 건물 · 탑 · 성문 등이 폐허화되었으며 성벽도 반 이상이 파괴되어 버렸다.

설상가상(雪上加霜)으로 최후의 한 사람까지 싸우다 죽자는 광신적인 SS부대가 이 도시에 최후 방위선을 구축하고 미국 탱크

부대의 진격을 저지하기 위해 그나마 남은 역사적인 유물을 폭약으로 파괴하여 방위벽을 구축했다.

완파(完破)를 면한 고적을 보호하기 위해 이 해 4월 보름에 사자(使者)를 로텐부르크 독일 방위군에 보낸 것은 그 무렵 전선을 시찰하고 있었던 미국 국방차관보 존 매크로이였다.

도시의 건설은 전쟁이 끝나자 바로 시작되었다. 거의 파괴된 중세의 건물에 대신하여 현대적인 건물을 짓자는 의견도 있었으나 결국 「복원」으로 귀결되었고, 개개의 집 주인들도 옛 모습 그대로 자기 집을 수축했다. 흐트러져 있는 파풍이나 벽의 조각은 소중히 전체 속에 집어 넣어 복원되었다. 물론 겉은 복원이지만 집 안은 현대적인 쾌적한 보금자리로 마무리했다.

이와 같은 도시의 복원은 이 도시만이 아니라, 뮌헨 · 쾰른 · 뉘른베르크 등 도처에서 볼 수 있다.

새로이 건물을 신축할 때에도 역사적인 건축물과 마찬가지로 수복 작업을 게을리하지 않는다. 「레노빌둥(Renobildung)」이라고 불리우는 이 작업을 위해 거족적인 협조가 이루어져 로맨티쉬 독일의 옛 모습이 그대로 재현된 것이다.

그리고 그들은 끊임없이 미관에 신경을 쓰면서 으레 2년에 한 번 쯤 손질을 하고 페인트도 칠 한다. 일단 지어놓은 다음에는 그대로 방치해 두고 사는 우리네와는 전혀 다른 독일인의 주거관이다. 미국인들은 「우리들이 한 세대(世代)만 살면 고만이라고 생각하며 짓는 주거를 독일인은 천년쯤 지탱할 만큼 견고하게 짓는다」고 비꼬지만, 독일인들에게 있어서 집이란 몇 세대에 걸쳐 인간의 생활을 연출하는 터전이라고 여기고 있다. 이는 그들 특유의 성격과 경제적인 여유탓이리라.

요즘 경제적인 여유가 생긴 독일인들은 차츰 가구, 골동품 등 집안 장식물에 대한 관심을 쏟기 시작하였다. 이런 실내 장식품 취미도 다분히 복고적(復古的)이다. 그들은 옛날 독일인이나 유럽의 농민들이 사용했던 투박한 장농이나 식기 선반대는 물론 중국 · 한국 · 일본 등 동양의 옛 가구를 교묘히 모던한 인테리어로 대체하는 취미를 갖기 시작했다.

그런 이색 취미가 좋고 나쁘냐 하는 것은 별 문제로 하고, 집이나 인테리어에 관해서 서독 사람들이 모두가 초일급의 감각을 지니고 있다고 할 수는 없지마는 적어도 우리들보다는 집과 집안을 소중히 하고 잘 가꾸고 정돈하면서 살고 있는 것만은 틀림없는 것 같다.

독일인의 가정을 방문해 보면 집안이 너무나도 잘 정돈되어 있고, 도리어 이들은 너무 검소한 생활을 영위하고 있는 것이 아닐까 하는 느낌이 들 정도이다.

다만 응접실을 겸한 중앙 홀에 포인트를 두는 것 같다. 특히 젊은이들은 파티를 열 회장으로서의 주거를 지니려고 하며, 부단히 스스로의 취미를 남에게 과시하기 위해 애쓰고 있는 것 같았다. 오늘날 젊은 부부가 주택을 빌리거나 살 때, 반드시 파티의 가능성을 고려해 넣고 결정한다고 해도 과언이 아니라는 것이다.

파티에서는 전등불을 끄고 촛불을 켠다는 것이다. 독일인은 어둠컴컴한 조명을 비교적 좋아하는 것 같다. 어느 집에 가 보아도 멋진 촛대가 놓여 있는데, 이는 결코 우리나라처럼 정전(停電)이 잦기 때문은 아니다. 식사 후의 단란(團欒) 등 가족이나 친구들이 애기를 나눌 때의 아늑한 분위기를 위한 것이다.

경제적인 여유가 있는 집에는 대개 간접 조명 장치가 되어 있었다. 우리나라처럼 홀 천정에 형광등을 디룽디룽 매단 것이 아니라 누르스름한 옛날 백열등의 빛깔을 여러모로 연구하여 눈부시게 직사되지 않는 아늑하고 따뜻한 분위기에 세심한 배려를 한다. 독일인들이 방안을 어둡게 하는 것은 결코 전기를 아끼기 위한 것이 아님은 물론이다. 가령 대낮에 사무실 같은 데에서도 햇빛이 밝은 데도 불구하고 커튼을 치고 스탠드 램프를 켜놓고 집무하는 경우를 많이 보았는데, 그들은 어둠 속에서 밝게 비치는 불빛을 천성적으로 좋아하기 때문인 것 같다.

그들은 촛불을 사랑할 뿐만이 아니라 관솔불이나 모닥불을 좋아한다. 무슨 행사가 있을 때 그들은 곧잘 관솔불 행렬을 거행한다. 예컨대 학생들의 인기있는 교수가 정년 퇴직을 한다든가 다른 대학으로 전근할 때 그들은 그들의 존경의 념을 관솔불에 의탁하고 신병들의 입대서약은 관솔불로 한다는 것이다. 야간 데모 때에도 관솔불은 빠지지 않는다.

나찌 독일 시대에 당국이 금지했던 소설이나 그밖에 책들이 폐기(廢棄) 처분 할 때, 나찌는 불타 오르는 화염 속에 토마스 만이나 마르크스, 에리히 캐스트너, 프로이트, 브레히트, 쯔바이크, 카프카 등 반체제 또는 유태인의 저서를 모든 대학의 서고(書庫)에서 끌어내어 불태워 버렸던 것이다. 오늘날 젊은 대학생들에 있어서도 야간의 분화(焚火)는 그들로 하여금 명상에 잠기게 하고 로맨틱한 기분에 젖게 하는 힘이 되고 있는 듯싶다.

기성사회로부터의 탈출

내가 독일에 머무르고 있을 무렵 독일에서는 「기존(旣存) 사회로부터의 향배(向背)」라는 신념을 가진 새로운 독일 젊은이들의 운동이 일고 있었다. 이들은 학교에서 사회로 진출할 준비를 갖추고는 있지만 결코 그들의 부모와 똑같이 되고 싶지는 않다고 주장한다.

일종의 히피적 단체 조직인 '융 인터나찌오날레'는 "모두들 불법자가 되라!"를 외쳐댔다.

"사람들은 혁명을 떠들어 대고 있다. 그러나 그렇지 않다"라는 슬로건에 따라 젊은이들이 행동해 주기를 호소하고 있었다.

이 젊은이들은 사회 자체가 변화하지 않으니까, 그들 자신 쪽에서 변해갈 수밖에 없다는 것이다. 이들의 사회 도피는 무의미한 일에만 골몰하는 사회로부터 탈출하는 출구인 것이다. 이 출구는 이들을 마약처럼 유혹하고, 마약은 또 이들을 출구로 유혹하게 된다. 집을 뛰쳐나온 자, 방향 없는 방랑자, 감수성이 많은 젊은이들, 신경쇠약자들, 그리고 심지어는 깡패들– 이들은 모두가 무위(無爲) 속에서 오히려 의의(意義)를 찾고 있다는 것이다.

독일 경찰 당국에서는 이들을 '사리 분별이 있는 부랑자'로 간주하고 있다니 이 또한 흥미롭다. 이들 괴짜 젊은이들은 모두가 기성사회의 테두리를 넘어서서 새로운 구실을 담당해 보겠다는 방향으로 한결같이 나아가고 있다는 것이다.

이들은 매연 덮인 도시를 빠져 나와 농촌으로 집단 탈출하여, 현재 약 예순 남짓한 비정치적 코뮨, 혹은 집단 생활체를 만들었다고 한다. 이들은 농산물을 가꾸면서 자급자족(自給自足)하고 있으며, 집세를 물기 위해 샌들, 허리띠, 목걸이 및 도자기 등을 수공업적인 방법으로 만들어 내고 있다 한다. 어느 날 텔리비젼에서 이들 코뮨의 현지 탐방 프로를 볼 수 있었다. 길게 늘어뜨린 흐트러진 머리카락, 텁수룩한 수염에 남루를 걸친 한 청년은, 「우리들을 낯설게 보지 마세요. 우리 같은 인간들이 많아지면 그때는 여러분들이 비정상적인 사람이 되는 겁니다」라고 정색을 하며 역설하고 있었다.

이러한 소수 젊은 그룹의 기성사회에 대한 거부와 체념은 이제 독일 사회에선 결코 조소(嘲笑)의 대상만은 아닌 것 같다. 텔레비젼 프로도 퍽 호의적으로 보도해 주고 있었다.

이 젊은이들의 주장은 자기들의 자아(自我)가 진리를 인식하려는 충동과 투쟁하고 있으며, 섹스와 마약은 자기들을 이러한 목적으로 유도한다는 것이다. 이들의 목적은 대중 소비사회로부터 자유롭고 헌신적이며 또한 순수하고 비(非) 정치적인 사회로의 탈

출을 시도한다는 것이다.

프랑크푸르트에 들렀을 때에도 이 괴짜 청년 그룹들은 이곳 대학에서 당국의 허가를 얻어 대학 연구실에서 이른바 「구제회(救濟會)」를 열고 있었다. 이들은 흑판에다 미국의 마약 사용의 존사(尊師) 티모디 리어리를 사랑한다고 적어 놓고는 "자색(紫色) 전쟁을 구축하라"고 기염을 토하고들 있었다. 예수 같은 수염, 더벅머리, 그리고 히피 같은 옷차림– 이런 모양들에 대해 이젠 일반 젊은이들도 만성이 된 듯이 보였다. 이들의 행동에 대해 한 젊은 대학생은 "이런 젊은이의 운동이 오히려 사람들에게 자본 축적에만 골몰하지 않고 오로지 자기의 삶만을 위해 살아간다고 하는 비사회적인 행동을 촉발시킬 가능성이 있어요"라고 긍정적인 반응을 보이기도 했다.

이 괴짜 젊은이들은 코뮨에서 일해 얻은 수입으로는 집세, 전기세, 자동차 비용 등을 완전히 감당할 수가 없어서 코뮨 밖에서 뜨내기 일도 해야 하며 여유있는 집안의 아이는 부모에게서 돈을 타다 쓰기도 한다는 것이다.

이렇게 살고 있는 이들은 이성(異性)을 배타적으로 독점하지 않는 것이 발전된 성(性) 사상이라고 그들의 기관지인 <데어 메츠거(도살자)>에서 주장한 것을 보았는데, 이에 대해 하이델베르크의 한 심리학 교수는 "그들이 성욕을 채우기 위해 곧잘 코뮨에서 이탈하여 함부르크의 사창가(私娼街) 잔크트 파올리(聖바오로 거리로 달려가는 것은 그들의 이상(理想)과는 반대 방향의 해결"이라고 비꼬는 말을 듣고 이 자급자족, 박애(博愛)의 그룹의 생리에 대해 묘한 아이러니를 느낄 수 있었다. 아뭏든 경제적으로 풍족한 나라에서나 볼 수 있는 기현상임에 틀림없다.

도이칠란트의 의미

독일이 하나의 어엿한 국가로서 국제정치에 등장한 것은 1871년에 이르러서부터이며 그 이전에는 로마제국에 지배되기도 했고, 여러 소국으로 나뉘어져 있었다.

19세기 초엽, 유렵 외교에 있어서의 보수 반동의 주역이었던 오스트리아의 메테르니히가 '도이칠란트(Deutshland)'란 한낱 지리적 개념에 지나지 않는다고 말한 것도 '도이칠란트'란 명칭이 실질적인 내용에 있어 얼마나 모호한 표현인가 하는 것을 잘 말해주고 있는 것이다. 그런데 그러한 정치적 현실과는 달리 독일이 낳은 세계적 문호 괴테는 하나의 국가로서 실제로는 존재하지 않은 '도이칠란트'의 위대함에 대해서 그의 제자 에커만에게 이렇게 말한 바 있다.

"나는 독일이 하나되지 않는 데 대해 결코 걱정하지 않는다.…… 독일의 타렐과 그로센(당시의 통화 단위)이 전국에서 똑같은 가치를 지닐 수 있도록 통일되어 내 여행 가방이 36개국을 열지 않은 채 다닐 수 있게 되었으면 좋겠다. 바이마르 시의 시민의 여권이 이웃 대국의 국경 관리에 의해서 하나의 외국인의 여권으로서 불충분하다고 보여지지 않도록 통일되었으면 좋겠다. 독일인의 나라들 사이에서 국내라든가 국외라는 등의 말이 어디에서도 오고가지 않았으면 좋겠다.…… 독일이 왜 위대한지 아는가? 놀라울 만큼의 국민 문화가 나라 어디에도 구석구석에 펼쳐져 있기 때문이다. 독일에는 전국에 스물 남짓한 대학이 고루 퍼져 있고, 백개 이상의 공립 도서관과 많은 미술관, 거기에다 모든 자연계를 망라한 박물관이 있다.…… 고등학교나 기술 공업학교가 넘쳐나도록 많다. 그리고 극장이 일흔 개가 넘는다……"라고 열거하면서 독일의 국민과 문화를 자랑했다.

괴테는 '독일의 나라들'이라는 표현을 했지만, 하나의 독일 즉 「도이칠란트」가 어느 지역에까지 펼쳐져 있는가에 대해서는 여러 이견(異見)이 있어 분분하다.

이와 관련하여 전전(戰前)의 독일 국가였던 <도이칠란트 위버 알레스(Deutschand über Alles>에는 그 넓이를 구체적으로 보여주고 있다. 이 노래는 칠바이마르 공화국 시대로부터 히틀러 시대에 이르기까지 국가로서 노래 불리워졌고, 전후에는 다만 서독에서만이 옛 음곡에 다른 가사를 붙여서 부르고 있다. 가사가 바뀌었다고는 하지만, 본래 원시(原詩)는 1절부터 3절까지 있는데 히틀러 시대에는 1절만이 주로 불리워졌고 전후에는 3절만이 불리워지고 있는 셈이다. 시대에 따라 가사는 바뀌었다고 하지만 옛 그대로의 하이든에 의해 작곡된 멜로디(皇帝 四重奏曲)는 정말 장엄하고 아름답다.

독일, 모든 것의 위에 있는,
세계의 모든 것 위에 군림하는 독일,
공격할 때에도, 지킬 때에도 항상
한 동포로서 팔짱을 굳게 낀다면!

마아스 강에서 메에멜 강까지
에츄 강에서 베르트 해협까지
독일, 모든 것의 위에 있고
세계의 모든 것 위에 군림하는 독일!

독일의 부인, 독일적 충성,
독일 와인과 독일의 노래여.
그 오랜 명성(名聲)을
세계에 계속 지키어서
우리들을 고무(鼓舞)하고 값진 일을 하게 하라.
우리들 삶을 누리는 한까지.
독일의 부인, 독일적 충성,
독일 와인과 독일의 노래여!

단결과 권리와 자유
독일인의 조국을 위하여!
그를 위해 우리 모두 힘쓰리라
한 겨레로서 마음과 행동을 함께 하여!

단결과 권리와 자유는
우리들의 행복의 보증.
이 행복의 광휘 속에 번영하라,
번영하라, 독일인의 조국이여!

이 노래의 1절만을 보면 곧 히틀러 독일을 연상하게 된다. 하지만 둘째 절, 세째 절을 읽고 또한 이 노래가 만들어진 사정을 돌이켜보면 본시 이 가사는 군국주의적 의미가 내포되지 않았음을 알 수 있다.

이 시가 이룩된 것은 1841년 브라운슈바이크 근처의 파라스레벤에서 태어난 아우구스트 H · 호프만이라는 독일어 교사에 의해 서였다고 한다. 함부르크에서 엘베 강을 따라 북해에 이르면 헬고란트라고 하는 외딴 섬이 있다. 지금은 여름철의 한 피서지가 되었지만, 이 북해의 거친 파도에 시달리는 이 절해의 고도(孤島)에서 일찌기 호프만은 아직도 통일을 이루지 못했던 당시 독일의 참상을 차탄한 나머지 그의 가슴속에 응결된 우국(憂國)의 정을 아프게 결정(結晶)했으리라. 하지만 아이러니칼하게도 이 시는 당시의 프러시아 왕국의 관헌에게 주목되어 그는 독일 제국(諸國)의 질서를 위협했다고 해서 교사직에서 쫓겨나 버렸다.

아뭏든 이 가사 속에는 도이칠란트의 범위가 뚜렷이 나타나 있다. 이 노래에 명시한 지역은 작시자가 살고 있었던 당시의 독일 여러 국가(오스트리아 제국을 포함해서)의 영역을 거의 포함하고 있다. 작시자는 이를 도이칠란트의 경계라고 생각했던 것이다. 하지만 지금은 소련, 폴란드, 홀랜드, 덴마아크, 오스트리아, 이탈리아, 프랑스 등의 영토로 조금씩 병합되어 버렸다.

호프만의 시는 1922년 독일의 국가로서 정식 채용되었다. 물론 당시의 독일이 작시자 호프만이 생각했던 도이칠란트보다는 훨씬 작은 영토를 지니고 있었지만 말이다.

1871년, 프러시아의 재상(宰相) 비스마르크가 게르만 민족 염원의 독일 통일을 이룩하고 도이칠란트(정식으로는 Das Deutsche Reich)가 처음으로 정치적인 실체(實體)로서 등장했지만 1945년 나찌 붕괴와 더불어 다시 가라앉고 말았다. 그러니까 통일 국가로서의 도이칠란트는 불과 75년 동안 연명했으며 그 짧은 기간 동안에 그 영토가 눈부시게 확대되기도 하고 엄청나게 줄어들기도 했다. 1949년 동 · 서 두 독일이 탄생되고 1973년에는 두 독일이 사실상 두 국가로서 국제적인 승인을 받았다.

서독측에서는 현실적으로는 두 국가의 존재를 인정하면서도 장래 통일에의 가능성을 기대하고 있었다. 이와는 달리 동독은 두 개의 국가의 존재에는 장래에도 변경되지 않기를 희망하고 있고, 이를 관철하려고 든다. 서독으로서는 장래 통일될 '도이칠란트'가 있고, 따라서 정식 국명으로 이 명칭이 들어 있는데 비해 동독은 언제나 '두 국가'를 전제로 내세웠다. 따라서 동독으로서는 '도이칠란트'라는 개념이란 무의미했다. 동독은 라이프찌히에 있었던 '도이칠란트'라는 호텔 명칭을 없앴고 독일 과학 아카데미를 DDR 아카데미로 변경한 것도 이러한 동기에서 였으리라.

마이 카에 의한 외국 여행이 일상 다반사(日常茶飯事)처럼 되어 잇는 유럽에서는 승용차 뒤쪽에 F(프랑스)라든가 I(이탈리아), B(벨지움) 등 커다란 머리글자를 붙여서 국명을 식별하려 하려고 했다. 독일은 '도이칠란트'의 두문자인 D이지만 1974년부터 동독은 D 마이크를 금지하고 정식 국명의 DDR을 마크로 채용했는데 이 역시 같은 동기에서였으리라. 통일을 전제로 한 통일 독일 '도이칠란트'라는 용어를 당시 동독으로서는 용인할 수 없기 때문이다. 스스로 서독보다 약체국임을 자인하고 있는 증좌이겠다.

물론 동독이 처음부터 '도이칠란트'라는 개념을 배척한 것은 아니었다. 1949년에 만든 그들의 헌법에는 「도이칠란트는 불가분의 민주 공화국」이라고 규정했고, 1964년의 동경 올림픽에서는 같은 국명으로 동 · 서독이 단일 팀으로 참석하여 통일 팀 국가로서 베토벤의 제9교향곡이 연주되었던 것은 너무나도 유명한 이야기였고, 같은 분단국인 우리들로서는 선망의 눈으로 바라보기도 했다. 그러나 이제는 자유 민주주의 체제하에서 급속도로 성장한 서독과는 도저히 일 대 일로 맞설 수 없음을 인지하게 되어 그와 같은 후퇴를 하기 시작한 것이다.

그러니까 오늘날 '도이칠란트'란 정치적 개념으로서는 현실적인 의미를 상실하고 말았다. 즉 이 명칭은 통일 독일을 전제로 하기 때문이다. 따라서 이는 한낱 지리적 명칭으로 한정되어 버리고 말았다. 그런데 이 나라에는 '도이칠란트'를 문화적 개념으로 파악하려고 드는 흐름이 면면이 이어왔고 지금도 문화에 관한 오스트리아 등 독일어 사용국가의 갭은 매우 좁다. 그러기에 오스트리아 각 대학에서 동독일의 문학이 공공연히 강의되고 있고, 동독 출신 작가들도 점차, 선전문학 성향만을 지양하는 경향(모든 작가가 카프카의 영향을 받고 있다)이고 특히 프렌츠도르프 같은 작가는 <젊은 베르테르의 새로운 슬픔>으로 전통에 복귀하는 등 문학적 통일은 이미 이룩되었다.

독일인은 오랫 동안 통일 국가로서 형성될 수 없었던 역사적인 경험 때문에 '도이칠란트'란 말에서 우리들이 생각하는 것과는 달리, 공통의 언어인 독일어라든가 공통의 독일 문화를 가진 겨레를 생각하는 경향이 농후하다. 1871년의 비스마르크에 의해 통일이 이루어지기 전까지는 통일 국가, 통일 국민이었던 때가 없었던 이 겨레로서는 이런 생각이 어쩌면 당연한 것인지도 모른다.

흔히 우리들은 '국민'이라고 하면 으레 '국가'를 생각하지만, 근세에 이르기까지 유럽에서는 국가라는 것이 충분히 여물지 않고 있었다. 그러니까 도리어 공통의 언어라든가 전통 문화에 의해서 이어진 민족을 '국민'으로서 파악하려는 경향이 있었다. 특히 국가의 형성이라는 점에 있어서는 매우 후진적인 독일로서는 이러한 사고 방식이 매우 강하며, 독일 고전주의에서 로망주의 사상가(헤르더, 피히테 등)에 이르기까지 이러한 흐름이 이어져 왔다. 20세기 독일의 세계적 역사학자 마이네케도 국민이라고 하는 개념을 「공통의 문화로 연결된 국민(Kulturnation)」과 「국가를 형성한 국민(Staatsnation)」으로 나누고 있다. 일찍이 국가적 통일을 이룩했던 영국이나 프랑스의 사상가에게는 이러한 발상(發想)이란 아예 존재하지 않았다. 따라서 이는 독일의 특수한 정치 사정을 반영하는 것이다.

이러한 사고 방식에 입각한다면 독일 '국민'이란 비스마르크의 통일 이전에도 이미 존재해 있었고, 현재 통일된 독일로서는 오스트리아를 포함한 하나의 독일 국민이 존재한다고 생각할 수 있으리라. 마르크화도 없어지고 유럽이 연합체로 하나되어 가는 마당에 이 같은 생각은 점차 퇴색될지도 모른다.

Ⅳ. 그 영광과 斜陽의 의미

상상의 진실성

나의 첫 영국 여행의 주된 목적은 영국 런던에서 개최된 바 있은 제41차 국제 펜클럽 회의에 참석하는 일이었다. '상상(想像)의 진실성(眞實性 The Truth of Imagination'을 주제(主題(로 한 이번 대회에는 48개국 54개 펜 센터에서 5백여 명의 대표들이 참가했었다.

당시 회의에서는 문학을 하는 작업 중에서 가장 중요한 요소로 평가되는 상상력(想像力)의 문제, 곧 문학과 상상과의 관계, 상상과 사회와의 관계 등을 다룸으로써 상당한 관심을 모았다.

당시 대회에 한국 대표는 전광용 교수를 단장으로 하여 모두 7명이 참석하여 분과별(시, 소설, 연극, 매스콤 등 4분과)로 토의에 참여했는데 여기서 논의된 내용의 대강을 간단히 소개해 보려고 한다.

문학이란 스티븐 스펜더가 기조연설에서 지적했듯이 다른 정신 작업, 예컨대 역사의 작업이라든가 철학의 작업과는 달리 상상력이라고 하는 것이 매우 중요한 것임은 췌언(贅言) 할 나위도 없다. 다만 철학에 있어서의 오성(悟性)이라든가 이성 등과 달리, 상상력에는 그런 직접적이고 보편적인 형태가 존재하는 것은 아니기 때문이다.

예를 들면 논리학처럼 어느 지역에서 어떤 특정한 개인에 의해서 고구되는 것이라고 하더라도 그것이 삼단논법(三段論法)이라든가 귀납법(歸納法)같은 것을 지니고 있다면 그것은 직접 사회성을 띠는 것이고, 급기야는 세계성을 지니는 보편적인 것으로 통용되는 것과는 좀 다른 것이다. 이는 예컨대 각 민족이 제각기 지니고 있는 신화(神話)의 형태가 다 다르다는 사실 자체 속에서도 잘 보여주고 있는 것이리라. 이 경우에는 개인의 상상력이라고 하기보다는 집단적인 이미지의 문제이겠지만.

이 상상력의 대체적인 골격 구조에 대해서는 사르트르가 이미 깊이 천착한 바 있는데, 그의 작업은 인간의 상상력의 형태와 기능을 되도록이면 명량(明亮)하게 윤곽지으려는 것으로, 이는 관념적인 세계에서 자기 자신의 시점을 맞추어 보려는 노력이었던 것이다.

펜 대회에서는 사르트르의 상상이론이 많이 인용되었는데 이미지를 현상학적(現象學的)으로 생각하는 사르트르가 이미지란 의식 속의 사실이 아니라 우리가 대상–현존하지 않는 대상–을 포착하는 의식의 형이라고 본 데 대한 논란이 있었다. 사르트르가 '현존하지 않는 상(像)'이라고 한 것은 이매지네이션의 본성이 대상물의 '유동대리물(類同代理物)'이며, 그 특징이 대상물의

'부재성(不在性), 공무화(空無化), 비현실성' 으로 보고 있기 때문이라고 해석된다.

그 근거로는 사르트르는 상상적 의식이란 그 대상물을 공무(空無)(아무것도 없는 상태)로서 조정한다는 생각을 하고 있는 탓으로 본 것이다.

그러니까 이매지네이션을 오히려 직관의 차원으로 내려온 감퇴된 의미이며 감정과 지식의 종합으로 보자는 것이다. 그리고 이미지의 상징성 역시 그 나름대로의 이미지의 특질을 지적한 우리 인간은 표상(表象)과 심상(心象)에 의해서가 자기 자신의 존재의 위치를 판단한다고 보는 것인데 이와 같은 의식 현상은 현실계와 비현실계, 즉 상상계의 두 세계의 대상을 지향하는 서로 다른 의식 태도로 설명되고, 지각적 의식(conscience perceptive)과 상상적 의식(conscience imaginate)과의 구별이 시도되기도 했다.

상상력의 문제는 실제 창작자들로서는 구체적인 창작과 실생활의 현장에 끌어내려 여러 차례 넘고 넘어가야 할 고비이기도 하지만, 실제로 사르트르의 논거를 바탕으로 하여 사물을 창조하는 인간의 현실을 놓고 볼 때 여러 모순이 노정되기도 했다.

여기서 독일의 작가들은 헤겔의 변증법(辨證法)을 들고 나왔고 동구권에서는 마르크스의 욕망과 노동과의 이론을 적용시키려고 했다. 아무튼 작가로서의 스스로의 자유는 무엇인가. 작중인물의 자유란 무엇인가 또는 소설의 전체란 무엇인가. 소설에서 묘사될 수 있는 사회의 전체란 무엇인가 등에 대해서 논의가 집중되었는데, 결국 '현세계는 상상력이 결핍되어 있어 비정화(非情化)의 시대로 치닫고 있다' 는 개회 기조연설회에서 스티븐 스펜더의 우려가 '상상의 자유는 인간의 가장 중요한 기능이며 권리'라는 것을 전제로 한 전체 토론에서도 그대로 나타났던 것이다.

이 대회에서는 '상상의 자유는 인간의 가장 중요한 기능이며 권리'라는 것을 주요 전제로 삼았지만 공상이라든가 그러한 상상력을 제나름대로 내부에서 전개해 나가는 경우, 가령 공상이라고 하는 것은 사르트르의 말처럼 대개 무제한하게 자유로운 것이어서 사회적인 규제나 과학의 법칙 같은 것이 무시될 수 있는 것이었다. 낮은 차원의 자유지만 그것은 완전한 자유이기도 하는 것이다. 그리고 그것은 매우 자기 중심적인 것이라고도 했다.

그런데 이러한 무제한의 자유라든가 자기 중심적인 이미지의 작용이 그대로 문학이 되고 예술일 수 있다고 생각하는 이들이 퍽 많다는 점이 지적되었다. 이는 작가에 따라 약간의 차이는 있겠지만 참석 문인들 중 비교적 많은 작가들이 오히려 역(逆)으로 무제한한 이미지를 요령있게 규제하는 방법을 발견하였을 때에 비로소 작품을 쓰기 시작하는 경우가 많으며 또한 일상 차원에서 공상하는 그 공상의 자기 중심성 같은 것을 정화 내지 억제하지 않고서는 그 이미지는 객관성을 지니지 못하는 것이라고 보고들 있었다.

서양의 문인들이 상상력 문제에 대해 언급할 때마다 사르트르, 헤겔(공산권에서는 마르크스 등) 등이 고찰한 영역을 넘어서지 못하고 있었는데, 동양의 문인들은 상상력 문제를 다루는데 있어서 매우 풍윤한 보고(寶庫)로서 불교의 경우를 예로 들어 관심을 사기도 했다. 불교에 있어서는 사르트르처럼 인간의 자유에 대한 증명을 함에 있어서는 그와는 역으로 모든 번뇌의 근원으로서의 상상적 작업을 말살한다는 의도하에서 인간의 상상 작업을 매우 상세하게 규명하고 있다는 점이 지적되었다.

당시 대회에서 이색적이었던 것은 필름 · 라디오 · 텔레비전 등이 분과토의의 대상으로 등장했다는 점이다. 여기에서도 상상력의 무제로서 토론이 진행되었는데 기능의 형태는 다르지만 필름이나 라디오 · 텔레비전 등 매스미디어도 상상력을 구상화함으로써 새로운 돌파구를 모색해야 한다는 결론이 지어지기도 했다.

상상이란 곧 예견하는 힘을 지니고 있는 것이고, 이는 또한 인류 사회의 발전으로 이어지는 힘이기 때문에 마땅히 중요시되어야 하며, 이는 췌언할 나위도 없이 문학의 본령일 뿐만이 아니라 인간 사회와 생활에 있어서도 요긴한 것으로 지적되기도 했다.

그럼에도 불구하고 현대인에게는 상상이 결핍되어 잇고 '힘과 힘의 균형으로 억지로 돌아가는 치차(齒車)와도 같은 비정서적이고 비인간적인 판국'이라는 점에 대한 우려가 표명되었다.

이러한 상황을 극복하는 길이란 결국 문학을 함에 있어서 그 본기능인 '상상의 날개(wing of imagination)'를 더욱 풍요롭게 넓혀 가야 한다는 것으로 결론이 도출되었다. 워낙 어려운 주제인 탓인지 명확한 결론의 도출은 기피된 듯한 인상이었다.

한편 펜 클럽에서는 31개국에 달하는 수감 문인에 대한 석방문제가 토의안건으로 상정되어 몇 차례에 걸쳐 집행위원회에서 논의되었으나, 당시 대회는 여느 때의 대회보다도 비정치적이었다고 평가되었다. 그러나 사회주의국가의 펜 대회에 대한 관심, 그리고 정치와 문학의 본질적인 이질감 등으로 말미암아 앞으로는 펜이 정치색을 짙게 풍기에 될 것으로 전망된다.

당시 대회에서 때마침 영국 더럼 대학에서 열린 동양 음악 축전에 참가했던 우리 국악 예술인(國樂藝術人)들이 세계 펜 회원들에게 우리의 전통적인 가락과 무용을 선사하여 우리 예술의 우수성을 과시해 준 것은 퍽 뜻깊은 일이었다고 생각하며, 런던의 공보관장의 숨은 노고 역시 컸다고 본다. 그리고 당시 대회에서 특기할 만한 일은 영 · 불어 이외에 처음으로 독어가 공용어로 사용되어 독일의 세계적 영향력을 과시했었다는 점이다.

영국인의 기질

어느 나라 사람도 그 기질을 일률적으로 말하기는 어렵다. 가령 프랑스 사람들이 멋쟁이라고 말하지만 실제로 가 보면 반드시 그런 것 같지는 않다.

영국인의 경우도 마찬가지인 것 같다. 영국인은 근면하고 합리적이라느니, 예절 바르고, 둔중하며, 모험을 즐겨한다는 등의 평판이 있지만 많은 영국인을 대하고 보면 결코 통틀어 어떤 기질을 말할 수는 없는 것 같다.

영국 · 영국인 하면 얼핏 신사, 셰익스피어, 축구, 안개, 의회 등을 연상하게 된다. 이는 매스미디어를 통한 이미지들이다. 딴은 어느 의미에서는 그렇게 통할 수 있는 개괄성이 거기에는 있다. 하지만 그렇게 형성된 이미지와 실상(實像) 사이에는 상당한 차이가 있다.

'영국 신사' 하면 우선 우리 머리에 떠오르는 것은 검은 실크햇에 연미복, 보우 타이에 우산을 든 모습을 연상한다. 내가 영국에 들렀을 때에는 여름인데도 미증유의 가뭄에 시달리고 있던 탓인지 쇼윈도우에서 조차도 우산을 보기가 힘들었다.

내가 영국에 머무는 동안 런던 시티에서 실크햇을 쓴 신사를 두어 사람 목격했을 뿐 그 밖의 지역에서는 모두가 티셔츠 등 간편한 복장 차림이 많았다. 런던 거리에는 넥타이를 매지 않는 신사들이 더 많이 눈에 띄었다.

옛날과는 달리 이제는 어떤 곳이나 넥타이 없이도 당당히 들어갈 수 있다. 내가 가 본 곳 중에서 다만 고급 레스토랑 심프슨만은 예외였다. 하지만 클로크 룸에서 넥타이를 빌려 주니까 이것도 매우 형식적인 셈이다.

영국의 저명한 철학자 토머스 브라운의 정의에 따르면 신사란 '명석한 사상, 청렴한 행위, 확고한 지조, 성실, 자비심 깊고 관대한 정직성을 충족하게 갖춘 사람' 이다. 이와 같은 속성을 지닌 신사가 아직도 영국에 있는지 잘 알 수는 없는 노릇이지만 영국 여러 도시의 거리에서 본 영국인들의 모습에선 영국인들의 모습에선 조금도 그런 기품을 느낄 수 없었다.

하지만 그들에게는 계급의식이 의연히 도사리고 있는 것 같다. 예를 들면 한 회사 안에도 간부와 일반 직원이 사용하는 식당이 다르고, 심지어는 변소까지 구별하는 곳조차 있었다. 웨일즈의 어느 회사 관리인은 한번도 자기 공장에 나가 본 일이 없다는 얘기를 듣고 새삼스레 그들의 계급의식을 실감할 수 있었다. 영국에는 아직도 특권층의 각종 명문 학교가 건재하고 있는 것도 이를 웅변으로 말해주는 셈이다.

가뭄 탓만이 아니라, 영국의 대표적인 상징이었던 안개가 없어져 간다는 것이다. 아직도 겨울철에는 이상기온 현상으로 말미암아 안개가 이따금 끼지만 예전처럼 눈앞조차 볼 수 없을 정도의 스모그 현상은 이제 좀처럼 없다는 것이다.

리버풀 시 같은 곳에서는 '축구는 종교'라고 말할 정도로 '축구' 하면 영국을 연상할 정도의 대표적 국기였지만 지금은 독일이나 라틴 아메리카보다 그 인기가 덜한 것 같고, 오히려 럭비에 열을 올리고 있는 듯했다. 그러고 보면 차츰 영국인의 이미지는 삼수 달라져 가고 있는 성 싶다. 하지만 유럽 여러 나라를 두루 편력하면서, 나는 특히 영국인과 프랑스인의 기질적인 차이를 어느 만큼은 느낄 수 있었다.

영국과 프랑스 두 나라는 나폴레옹 시대 이래의 원한관계 탓인지 기질의 차이 탓인지는 몰라도 서로가 별로 좋아하지 않는 것 같다. 그것은 우선 두 나라의 욕설에서 쉽사리 감득할 수 있다.

영국에서는 성병(性病)을 '프랑스 병'이라고 하고 프랑스 사람들을 헐뜯을 때에도 '프로기(개구리)!'(유럽에서는 유독 프랑스인들만이 개구리를 먹는다)라고 욕하며, 허가 없이 제멋대로 노는 것을 '프랑스 휴가'라고 빈정댄다. 그런가 하면 거칠고 맛이 없는 요리를 프랑스인들은 '영국식 요리'라고 꼬집는다.

영국은 섬나라이니만큼 유럽 대륙과는 좀 다른 분위기가 있는 것도 같다. 영국의 그림에서 이런 점을 느낄 수 있는 듯도 했다. 내가 생각하기에는 역구 회화(繪畵)는 수채화(水彩畵)에서 좋은 작품을 많이 찾아볼 수 있는 것 같다.

영국인이라고 하는 일반적이고 추상적인 하나의 존재를 가정(假定)한다고 하면 아마도 영국인에게는 극채색(極彩色)의 강렬한 빛깔이고 별로 어울리지 않는 것 같은 인상을 갖게 된다. 예컨대 영국의 풍경이란 내가 생각하기에는 유화(油畵)보다는 수채화에 더 어울리는 성질인 듯 싶다. 영국의 여름이나 초가을 경치는 우리나라와 견준다면 퍽 다채로운 빛깔이었다. 더군다나 유럽 대륙의 자연과는 어딘가 다른 분위기로서 그 위에 엷은 담채(淡彩)로 깔아 놓은 듯한 아늑함이 있다. 어떻게 보면 뭔가 엷은 구름에 덮혀 있는 듯이 느껴지는데, 이런 풍토 속에서 2천년 이상을 살아 온 영국인들은 은연중 대륙과는 다른 기질이 몸에 베이게 되었으리라.

흔히 영국인들은 장사에 능하기 때문에 타협을 잘한다고 하는데, 과연 영국인들은 그러한 타협 정신 속에서 사회적 조화를 이룩해 왔고, 가장 이상적인 민주주의를 꽃피워 왔다고 보겠다. 그런 가운데에서 그들은 합리성을 찾고 사회정의를 굳혀 왔다.

영국의 역사를 훑어보면 정쟁(政爭)이 접종했지만, 비록 정적(政敵)을 무찔렀다고 하더라도 정변 후에는 그 정적의 유족들을 극진히 보호하는 것을 전통으로 삼아 왔다고 한다.

그 한 예를 들면 엘리자베드 여왕 시대에 에섹스 백작이 여왕에 대한 모반죄(謀反罪)로 처형되었는데 그 미망인을 협박하는 자가 있어 그 미망인이 이를 호소한 결과 정부에서는 협박자를 즉시 체포하여 엄벌에 처했다는 것이다. 이 역시 좋은 의미에 있어서의 영국인의 전통적 기질이라고 하겠다.

그러한 준법정신 또는 결벽성은 공중도덕 면에서도 엿볼 수 있다. 런던 거리가 세계의 어느 거리보다 깨끗하다는 얘기를 흔히 듣게 된다. 그 비결은 거리의 곳곳마다 쓰레기통이 있고, 거기에는 으레 '쓰레기를 버리면 20파운드의 벌금을 부과함'이라고 붙어 있는 데 그 엄청난 벌금 때문만이 아니라 아마도 영국인들에겐 전통적인 준법정신이 몸에 배어 있기 때문일 것이다.

영국인의 두 얼굴

런던의 지하철은 언더그라운드 레일웨이라고 한다. 미국에서는 이를 서브웨이라고 부르고 우리나라에서도 미국식으로 지하철 입구에 으레 미식 영어로(Subway)라고 써붙여 놓았는데 영국에서는 지하의 보도를 서브웨이라고 부른다.

파리의 메트로와 더불어 런던의 지하철은 그 시설이나 규모에 있어 세계 제일이다. 런던 시내를 종횡으로 누비고 있어서 웬만한 곳은 다 지하철을 갈 수 있다.

지하철 역 표구내에서 차를 타는 플랫폼까지는 에스컬레이터와 리프트(미국식 영어로는 엘리베이터이고 우리는 지금 미국식으로 말하고 있다)고 약 50미터 이상 내려간다. 서클 라인 지표(地表)에서 가장 가까이 있는 지하철인데, 거기까지는 먼저 에스컬레이터로 내려간다.

급하지 않는 사람은 에스컬레이터 우측에서 서서 기계가 움직이는 대로 서 있었고, 용무가 급한 사람은 좌측의 비어 있는 쪽 계간을 밟고 오르내리고 있었다. 언제 어느 역에서도 이런 질서는 철저히 지켜지고 있었다. 아무리 복잡해도 이처럼 몸에 밴 습관 때문에 남을 밀치거나 또는 밀릴 필요도 없다.

이와 같은 질서를 특별히 영국적이라고 말할 수는 없지만(파리의 메트로 역시 마찬가지였으니까) 아무튼 공공 생활의 오랜 역사는 어느 나라든 질서를 낳게 하나 보다. 영국에서는 특히 신사의 나라답게 이런질서가 철저한 것을 보고, 한때 세상을 떠들썩하게 했던 서울역 제3계단 압사(壓死) 사건을 회고하면서 적이 부러운 생각이 들었다.

런던의 지하철은 삼중으로 뚫려 있기 때문에 처음에는 행선지의 폼을 찾지 못해 어리둥절해진다.

어느날 피카딜리 서커스에 가려고 에스컬레이터로 내려갔으나 생소한 역구내였기 때문에 방향 감각을 잃어 한참 동안 헤매다가 마지못해 지나가는 중년 부인에게 '어디서 타면 되느냐?' 고 물었더니, 그 부인은 발걸음을 반대 방향으로 돌려 나를 타는 곳까지 일부러 안내해 주더니 '여기 오는 어느 차로나 갈 수 있어(any train will take you)' 라고 말한 다음 '땡큐' 라고 덧붙이고는 빙긋 웃고는 사라졌다.

나는 지금도 그 부인의 고맙다는 말의 의미를 잘 모르겠다. 길을 물었을 때 신세를 진 쪽, 즉 물은 사람이 가르쳐 준 사람에게 고맙다는 인사를 하는 것이 도리일텐데, 가르쳐 준 쪽이 사의(謝意)를 표하는 건 잘 납득이 안갔다. 하기야 'thank you for asking me' 라는 말이 있는 걸 보면 이들에게는 일상 회화 끝에 고맙다는 말이 으레 붙는 것인지도 모른다.

뿐만 아니라 그들은 익스큐즈 미(excuse me)라든가 소오리(sorry)란 말 또한 곧잘 쓴다. 복잡한 길에서 부딪쳤을 때 서로가 미안하다는 말을 한다. 만원 버스에서 발을 잘못 밟은 쪽만이 아니라 밟힌 쪽에서도 미안하다고 한다니, 서로의 마음을 상하게 하지 않으려는 그들의 신사도를 여기 와서야 납득할 것 같다. 공동생활을 원활히 하려는 국민 각자의 노력의 결정이리라.

나는 런던에 온 지 불과 사흘 만에 지하철 타는 법을 완전히 익혀 버렸다. 런던에 유학한 일이 있는 정종화 교수는 내가 쉽사리 이를 익힌 것을 보고는 대견해 했다. '지하철을 자유자재로 타면 런던 시민이 다 된 겁니다' 라고 런던 주재 이재홍 공보관장도 사뭇 놀라운 표정이었다. 하긴 양병식씨는 일주일이 지나도록 같이 타고 다녔지만 알 수가 없어서 결국 포기한 걸 보면 복잡한 런던의 지하철망을 가히 짐작할 수 있으리라.

런던에서의 펜 회의가 거의 끝나갈 무렵 전광용, 신상웅 양씨와 함께 밤구경의 명소인 피카딜리의 소호에 놀러 갔던 일이 있었다. 나온 길에 고장의 명물 쇼를 하나 구경하고 가자는 전광용 교수의 제의에 따라 5파운드 따리 입장권을 사 가지고 홀 안에 들어가니 그 안에는 아무것도 없고, 험상궂게 생긴 한 종업원이 쇼를 보려면 여기서 진짜 입장권을 또 사야 한다고 말하는 것이 아닌가.

'아차, 속았구나' 하는 생각이 들어 우리 일행은 바로 이런 속임수 구경을 할 수 없으니 우리가 산 표를 돌려 달라고 했더니, 극장의 기도인 듯한 자가 달려와서 차마 입에 담지 못할 욕을 우리에게 퍼부었다. 맞싸울 수도 없어서 우리는 구경을 포기하고 씁쓸한 기분으로 돌아오고야 말았다.

지하철에서 친절히 안내하며 고맙다고까지 말했던 중년 부인과 소호의 살벌한 분위기를 돌이켜보면서 영국인의 두 개의 얼굴을 어떻게 해석해야 할지 자못 착잡했다.

P와 Q의 의미

길을 물었을 때 신세를 진 쪽이 가르쳐 준 사람에게 고맙다는 인사를 하는 것이 도리일텐데, 가르쳐 준 쪽이 고맙다고 하는 건 얼핏 납득이 안 가 어리둥절했던 피카딜리 서클 지하철 역의 폼에서의 일을 회의장에 돌아와서 영국 대표에게 그 얘기를 했더니, 영국에서는 어버이가 자식들에게 늘 'Watch P' s and Q' s'를 가르친다는 것이다.

P란 'Please'이고 Q란 'thank you'란 것이다. 우리는 '땡큐'라고 발음하지만 이곳 사람들이 의례적으로 하는 이 말은 'Q'로만 들린다.

이런 인사 치레는 비단 영국만이 아니라 프랑스에서는 'Q'에 해당한 'merci', 독일에서는 'danke', 이탈리아에서 'graci'와 'P'에 해당하는 'sil vous plait' 'bitte' 'prego'는 자주 들을 수 있다.

그러니까 유럽 여행자는 P, Q를 특히 유의해야 한다. 하지만 유럽을 여행하는 남성들은 모름지기 다른 의미의 P와 Q를 조심하라고 그 친구는 귀띔해 주었다. 즉 P는 'pimp'와 'prostitute'이고 Q는 'Queer'라는 것이다. 딴은 로마에서 이 P 때문에 퍽 신경을 곤두세우곤 했다.

유럽 사람들은 또한 미안하다는 말을 곧잘 쓴다. 복잡한 길에서 부딪혔을 때 서로가 미안하다는 말을 한다. 만원 버스에서 발을 밟은 쪽만이 아니라 밟힌 쪽에서도 'excuse me'라고 한다니, 서로의 마음을 상하지 않게 하려는 국민 각자의 노력의 결정(結晶)이리라. 만원버스에서 일부러 자리를 양보해 주어도 고맙다는 인사 한마디 없는 우리네의 형편과는 퍽 대조적이다.

그런데 우리는 미안하다는 뜻으로 'I am sorry'를 잘 쓰는데 가볍게 덧붙이는 인사 치레는 'excuse me'라야지 'I am sorry'는 자기의 과실을 인정하는 것이 되기 때문에 가려서 써야 한다.

영국 대사관의 한 직원이 부임 직후 스포츠카로 시골길을 달렸는데 거의 교통 표지판이 없어 마구 달렸다는 것이다. 이따금 네거리에 'give way' (길을 양보하라)는 표지가 있었지만 우리 식의 '우선 멈춤'에 해당하는 'stop' 표지가 있었더라면 브레이크 페달을 일단 밟았을 텐데, 이 'give way'의 듯을 모른 탓으로 그냥 달리다가 옆길에서 달려온 차와 충돌하여 두 차가 모두 앞 부분이 일그러졌다고 한다. 다행히 인명 피해는 없는 가벼운 사고였고, 서로의 잘못이었기 때문에 별 걱정을 안했었는데 그만 저쪽 운전자에게 'I am sorry'라고 말한 죄(?)로 꼼짝없이 전액 변상을 했다는 것이다.

유럽에 있어서 P와 Q의 의미를 이젠 제법 알 것만 같다.

두 명문 대학과 사립의 권위

옥스퍼드는 런던의 서북쪽, 기차로 한 시간, 케임브리지는 북쪽, 기차로 두 시간의 거리에 있는 유명한 대학촌이다.

옥스퍼스 대학이니, 케임브리지 대학이니 하고 말하지만 우리나라처럼 한 캠퍼스 안에 마련된 하나의 대학이 아니다. 옥스퍼드는 서른 개, 케임브리지는 스물 두개의 칼리지(단과 대학)가 있고 이를 총칭하여 대학이라고 한다.

이들 칼리지에는 제각기 학장과 교수가 따로 있어 독립 운영되고 있지만, 학생들은 다른 모든 칼리지의 강의를 자유로 청강할 수 있게 되어 있다.

대부분의 학생들은 각각 칼리지 안에 있는 학교 기숙사에 기숙하면서 교수들의 지도를 주야로 받고 있었고 식사도 교수들과 함께 나누고 있어 대화를 통한 인격적인 교류를 하고 있는 점이 퍽 부러웠다.

학생들은 바깥에 나갔다가도 밤 열시까지 꼭 기숙사에 돌아와야 한다. 만일 일분이라도 어기면 적지 않은 벌금을 물어야 한다.

이와 같은 독특한 제도는 중세의 승원(僧院)을 연상시키는데, 그도 그럴 것이 이 두 명문 대학은 모두가 중세의 승원이 발달되어 오늘에 이른 것이다.

어떤 칼리지의 건물이라 할지라도 학교 교사 같지 않는 중후한 무게를 지니고 있고 옛 승원처럼 고풍스럽다.

각 칼리지마다 예배당이 있는데, 교수가 학생들은 예배당에 예비하러 갈 때는 물론 홀에서 식사 때나 강의실 들어갈 때조차도 가운을 입어야 한다. 그러니까 이를 대학촌은 마지 중세의 사원촌(寺院村)처럼 역사의 앙금이 무겁게 침전되어 있다.

꾸불꾸불 비좁은 길을 가운을 입은 채 자전거를 타고 달리는 모습은 진풍경이다. 자전거 앞에 마련된 시장바구니에는 노트와 책들이 가득 실려 있다. 여기저기에 흩어져 있는 각 칼리지의 강의를 고루 청강하려면 자전거가 가장 편리한 교통수단일 것 같다. 학생들의 자전거는 대부분 낡아서 너덜너덜 했는데, 대개 선배들로부터 싸게 양도받기 때문이라고 한다.

옥스퍼드는 약 일만여, 케임브리지는 약 9천여의 학생들이 있고, 여자대학도 옥스퍼드에 다섯 개, 케임브리지에 세 개가 있다.

옥스퍼드의 칼리지는 너무 이곳저곳에 흩어져 있고, 거기에다 몇몇 공장이 진출하여 대학촌의 경치를 망가뜨려 놓고 있는 반면에 케임브리지 대학촌은 캠 강을 등 뒤에 안고 있어 아늑한 목장지대를 방불케 한다. 특히 캠 강변을 따라 광활하게 펼쳐진 목초지대인 '백스 Backs'는 케임브리지가 자랑하는 아름다운 경관

(景觀)이다.

강변에 늘어선 보리수(菩提樹)와 버드나무의 교묘한 어울림, 백조와 들오리들이 유유히 노니는 강을 누비는 남녀 학생들의 한가로운 뱃놀이 모습 등은 그대로 한 폭의 빼어난 풍경화와도 같다.

우리나라의 고등학교 학생들의 동경의 적(的)이 서울대학교에 입학하는 것임은 여기서 새삼스럽게 말할 나위도 없는 일이겠지만, 외국, 특히 구미 각국에 나가 보면 오히려 사립학교 중에 명문교가 더 많다.

앞에 든 옥스퍼드 · 케임브리지도 사립 명문교임은 누구나 다 아는 사실이다. 특히 영국에서는 엘리트 교육이 사립학교 중심으로 영위되고 있다.

엘리트 교육이라는 것이 과연 필요한가? 이와 같은 물음에 대해서 내가 만난 영국인 대다수는 여전히 긍정적인 대답을 하고 있었다. 교육의 평등화라는 세계적인 추세 속에서도 영국의 사립학교들은 점점 더 인기를 끌며 번창일로를 치닫고 있는 것 같다. 이는 지나간 몇 세기 동안 엘리트 교육이 만들어 놓은 영국의 학벌(學閥) 주의가 아직도 사회 각층에서 많은 영향력을 행사하고 있기 때문인 듯 싶다.

영국에는 현재 이튼, 윈체스터, 웨스트민스터, 해로우, 슈르스버리 등 이른바 사립 명문퍼블릭 스쿨들이 국공립 학교와는 달리 비싼 수럽료를 받고 학생들을 교육시키고 있다.

또 이러한 사립학교 대부분 학생들을 기숙사에 입사시켜 엄격한 훈도를 한다. 중산층을 비롯하여 상류 가정들이 이처럼 비싼 수업료를 무릅쓰고 자녀들을 사립학교에 보내는 경향이 갈수록

두드러지는 까닭은 중산층들은 공립학교 교육 등에서 보는 바와 같은 교육의 평등화 추세가 자녀들의 교육을 저질화(低質化)시켰다고 보기 때문이라고들 말한다.

수세기의 오랜 전통을 가진 영국의 각종 명문 사립학교들이 가장 막강한 영향력을 행사한 시기는 아마도 19세기였으리라고 여겨진다. 이 무렵 5대주 6대양에 해질 날이 없다는 대영제국을 건설하고 융성시킨 것은 바로 이들 사립학교 출신이었다. 1898년 영국 수상 로즈버리 경이 '명문 사립학교가 대영제국의 통치자를 키워냈다' 고 한 것은 결코 과장된 표현만은 아니다.

지금도 상류 사회의 영국 지배가 사립학교 신장세에 덕을 보고 있다는 비판을 듣기는 해도 명문 사립들이 영국에 많은 인재를 배출시킨 공적만은 아무도 부인하지를 않는다.

최근의 한 통계에 의하면 최근 십년 동안 각계에서 사립학교 출신들이 차지한 비율을 보면 외교관 · 의사들 중 3분의 2가 정부각료 · 교수 · 은행장 · 주교(主敎) · 대회사의 중역 중 4분의 3이, 판검사의 5분의 4가 사립학교 출신이었다.

우리나라에서도 한 때 '케이 에스 마크' 란 말이 있었듯이 여기서도 '이튼-옥스퍼드 출신' 혹은 '윈체스터-케임브리지 출신' 등이 많은 직장에서 환영받고 있다.

그러므로 영국에선 사립학교의 권위가 상상 이상으로 대단하며, 이와 같은 명문 사립학교를 중심으로 하는 영국의 엘리트 교육의 전통은 쉽사리 사라질 것 같지는 않아 보인다.

고교 평준화로 명문 고교가 사라져 학력 저하 운운하는 우리 교육계 일각의 비판을 상기하면서 교육의 어려움을 새삼스레 실감해 본다.

럭비 스쿨의 전통

나는 런던 펜 클럽 대회에 참석하게 된 것을 계기로, 오늘의 영국을 이룩하게 한 원동력이라고 할 옥스퍼드 · 케임브리지 대학과 럭비 학교를 꼭 방문하고 싶었다.

옥스퍼드나 케임브리지는 관광버스를 이용했지만 퍼블릭 스쿨은 좀처럼 외래자의 참관 허용되지 않는 것이 관례로 되어 있다. 더군다나 규율이 엄격한 명문교인 럭비 스툴의 경우는 더 말할 나위도 없다.

다행히 영국 문교부의 알선으로 참관이 가까스로 허용되었다. 대체로 중부 잉글랜드에 가면 런던 근방에 비해 건물의 빛깔이 한결 더 붉은 빛을 띠고 있다. 이 럭비의 마을 역시 붉은 벽돌집들이 즐비하여 중세풍의 탐탁한 분위기였다.

학교 구내에 들어가니 그러한 분위기가 더욱 차분하게 가라앉아 있었다. 구내 전체가 잔디밭이라고 할 만큼 온통 잔디로 뒤덮인 캠퍼스 여기저기에 2층 또는 3층의 붉은 벽돌집 교사가 퍽 짜임새 있게 정돈되어 있어 중후한 안정감을 느낄 수 있었다. 다만 2백50년 대의 혹심한 가뭄 때문에 잔디가 누렇게 말라 있는 품이 퍽 아쉬웠다.

비를 기대했던 여름철에도 한 방울의 비가 안 오자 영국에서는 음료수의 확보를 위해 나무나 풀에 급수하는 것을 금지하기에 이른 것이다.

규율을 잘 지키는 영국인들은 자기 집의 값진 나무가 말라죽는 것을 방치하고 있었다.

김용식 주영 대사의 초대로 대사관저의 정원도 예외 없이 메말라 있었다. 정원의 수도꼭지를 틀면 물이 콸콸 쏟아지는데 왜 잔디와 나무를 저렇게 죽이느냐고 김대사에게 넌지시 물었더니, 요얼마 전에 소련 대사관에서 정원에 물을 주다가 주민들에게 혼이 났다는 얘기를 하면서 영국인들의 준법정신을 설명해 주었던 일이 문득 생각나다.

이 학교의 학감도 메마른 잔디에 물을 뿌려주지 못하는 것을 퍽 안타까와 하면서 앞으로 한달만 더 가뭄이 계속된다면 이 넓은 잔디는 다 말라죽을 것이라고 장탄식이었다.

학감의 안내로 학료(學寮) 안을 둘러 보았다.

식당 벽에도 물을 아끼자는 포스터가 붙어 있어, 여기서도 물사정의 급박함을 실감나게 한다. 긴 식탁이 세 줄로 길게 놓여 이었고 한복판에는 좀 나지막한 식탁이 놓여 있었는데 여기서는 특별히 선발된 열한 명의 학생과 학료의 장이 서로 마주 앉게 되어 있다.

식사 시간이 아니었으므로 간단히 커피 한잔을 마시고 학생들의 개인 서재를 돌아다보았다.

서재는 침실 바깥 낭하를 따라 즐비해 있었다. 불과 한 평 남짓한, 마치 공중전화실과도 같은 방이었다. 두 사람이 한 방을 사용한다니까 서재라기보다는 학생들의 개인 사물을 쌓아두는 정도라고 한다. 비록 비좁기는 하지만 각 서재에는 서가에 책들이 정연히 놓여 있고 벽에는 가족 사진이 으레 붙어 있었다.

본격적인 학습 준비나 복습은 공동 자습실이나 도서실에서 하게 되어 있는데 이런 공동 시설은 퍽 호사스러웠다.

학교 안에서는 두 개의 교회가 있는데, 유명한 토마스 아놀드 박사가 교장으로 있을 때 지었다는 채플 한쪽의 큰 기둥 밑에는 시인 R 브루크(Brooke)의 부조상(浮彫像)과 함께 그의 시(If I should die, think only this of me)가 새겨져 있었다.

내가 죽는다면 다음과 같은 것만을 내게 대해 생각해다오.
외국의 전야(戰野) 어느 한구석이 있다는 것을
그건 영원히 영국이어라.
바로 그 기름진 땅에 감추어진 더욱 기름진 진애(塵埃).
영국이 낳았고, 품었고, 이룩했으며, 또한 의식을 부여한 진애.
한때 영국에 사랑할 꽃을 주고, 방황의 길을 준 진애.
영국의 공기를 호흡하는 영국인의 시체
강물에 씻기우고, 고향의 햇빛 축복을 받는…

스트레드 에이본의 셰익스피어의 기념관에서 셰익스피어 극을 관람하고 느꼈던 영국인의 조국에 대한 애정을 새삼 되새기게 했다.

브루크는 싸우다가 병사(病死)하긴 했지만 자작시의 예언으로 이향(異鄕)의 땅에서 쓰러졌다.

나는 그의 출신 학교의 채플 한구석에서 시 한 구절을 보고 문득 이처럼 강렬한 감명을 받았지만 이방인이 아니냐, 더군다나 같은 나라의 직접 모교 후배인 학생들은 어떠하랴, 자못 짐작이 갈 만하다.

영국 상류사회의 자제들은 이처럼 양육되고 있는 것이다. 군국주의라든가, 쇼비니즘과는 인연이 없는 그런 분위기였다. 나라 사랑하는 일이 얼마나 값지고 보람된 것인가를 가르치는 배움의 도장다운 분위기는 학교 전체에 갈려 있었다.

부루크의 이름은 작은 채플 벽에도 보였다. 이 채플은 제1차 세계대전 후에 전몰자(戰歿者)를 기리기 위해 세워진 것으로 제1차, 제2차 대전 때 전사한 이 학교 출신자들의 이름을 알파벳 순서로 벽에 새겨 놓은 것이다.

채플 앞의 넓은 잔디밭 운동장에는 방과 후의 즐거운 한때를 보내는 몇몇 학생들이 눈에 띌 뿐 조용했다.

'고요롭구나-뒤늦게 뛰노는 아이들의 소리 별로 안 들리고 (Silent-hardly a shout/ From a few boys late at their play'

일찍이 마슈 아놀드가 노래했던 광경은 백년이 지난 오늘에도 여전히 변함없었다.

템즈 강변에서

영국을 찾는 사람이면 누구나 런던을, 그리고 템즈 강변으로 발걸음을 옮기리다. 국회의사당 앞의 웨스트민스터 브리지, 로버트 테일러와 비비안 리 주연의 왕년의 명화 <애수(哀愁)>에서 여주인공이 투신자살한 워털루 브리지 등 숱한 유서 깊은 다리가 템즈 강에 가로 놓여 있지만 그 가운데에서도 가장 눈에 띄는 것은 유명한 런던 타워 브리지이다.

런던 탑은 오늘도 템즈 강변에 유럽 최고(最古)의 궁전, 성새(城塞) 그리고 감옥인 화이트 타워를 중심으로 스물 남짓한 탑을 잇는 견고한 모습을 과시하고 있다.

타워 햄릿이라고도 불리우는 이 유적은 11세기의 노르만디 정복 이래의 것이고 탑 안에 남아 있는 로마 시대의 축성 유구(築城遺構)까지 헤아린다면 기원전까지 거슬러 올라가는 역사의 앙금이 서린 곳이다. '영국 민족의 요람'이라고도 할 만큼 각 시대의 역사를 응축한 대영제국의 상징과도 같은 곳이다.

'비프카터(Beefcarter'라는 속칭으로 불리워지는 안내인(퇴역 군인 가운데서 선발된다고 한다)이 고풍스럽고도 화사한 의상을 걸치고 안내를 해준다. 일찍이 엘리자베드 여왕 1세의 총애를 받았던 월터 경이 13년 동안 이곳에 탑에 유폐되어 <영국사>를 썼으나 결국 처형되었고, 헨리 8세의 두 번째 왕비 앤, 다섯 번재 왕비 캐더린 하워드가 목을 잘리운 형장(刑場)이 영국 역사의 소용돌이를 잘 말해주고 있다.

<유토피아>로 유명한 토머스 모어나 하워드가 목을 잘리운 형장(刑場)이 영국 역사의 소용돌이를 잘 말해주고 있다.

<유토피아>로 유명한 토머스 모어나 엘리자베드 여왕의 총신(寵臣) 에섹스 백작도 여기서 처형되었다. 리챠드 3세가 두 소년-에드워드 5세와 요크 공(公)-을 죽였다고 전하는 방도 이탑 안에 있다. 먼 옛날 애기만이 아니다. 제2차 세계대전 중 히틀러의 오른팔이었던 헤스 부총통이 비행기로 스코틀랜드에 망명했다가 후에 이 런던 탑에 감금되기도 했다.

한편 웨이크필드 타워에는 영국 왕실의 보물인 왕관, 보주(寶珠) 등이 눈부시게 진령되어 있다. 세계 최대의 다이아몬드(530여 캐럿)의 휘황한 왕홀(王笏)은 지난날의 대영제국의 영화(榮華)를 웅변으로 말해주는 듯했다.

메인 타워인 화이트 탑에는 각 시대의 무기와 투구가 요란스럽게 진열되어 있다. 탑에서 내려다보니 성곽 뜰 안을 어정버정 걸어 다니는, 날을 수 없도록 날개를 적당히 잘라버린 까마귀 떼가 한결 눈에 띈다. 예부터 왕실의 손으로 보호되고 있는 이 새는 모이 값이 연금으로 지급된다. 이곳 까마귀들이 멸종되는 날 대영제국도 멸망한다는 묘한 전언(傳言) 때문이라는 것이다.

나는 고딕풍의 타워 브리지 위에서 통통배가 오르내리는 템즈강을 굽어보며 역사의 무상함을 새삼스레 느껴본다.

런던 탑 주변 런던시는 신용과 전통으로 연 2백억 불을 움직이는 국제 금융의 심장으로 현대식 고층 빌딩이 즐비 · 점철하여, 신구(新舊)의 공존 속에 묘한 금석감(今昔感)이 교차한다. 런던은 파리처럼 깔끔한 것도 아니고 로마처럼 고색창연한 것도 아니지만, 뭔지 모를 매력있는 도시다.

이승에 이처럼 아름다움이 또 있으랴.
이처럼 장엄하게 가슴치는 이 광경에
마음 끌리지 않는 이는 혼이 둔해진 자
이제 이 시가의 새벽의 아름다움을
옷처럼 몸에 걸쳐 본다.
배, 탑, 고루(高樓), 극장, 사원 등은
조용히 그리고 분명하게
아스라한 벌판과 창공을 향해 활짝 열어젖히고
모두가 연기 없는 대기 속에 찬연히 빛난다.
골짜기, 바위, 언덕을 물들인다.
참으로 이처럼 깊고 고요로움을 내 일찍이 보지도
느끼지도 못했거니
템즈강은 유유히 마음속에 흐른다.
아! 저 집들조차 잠드는 것처럼
대도시의 마음도 아직 조용히 잠들어 있구나.

워즈워드 <웨스트민스터 다리 위에서>

이 시는 <서장가요집>의 작자 윌리엄 워즈워드가 새벽녘에 런던을 떠나 프랑스로 여행하려할 때 런던에의 애착과 그 아름다움을 노래한 시이다.

유럽을 대표하는 3대 도시라고 하면 런던 · 파리 · 로마를 누구나 손꼽는다. 파리와 로마가 밝고 호사하고 고아(古雅)하고 정돈된 도시미를 보이는 데 비해 런던은 어쩐지 다듬어져 있지 않고 퇴색된 듯한 느낌이 드는 도시다.

내가 처음으로 런던 땅을 밟은 것은 한여름 대낮이었고, 심한 가뭄으로 초목들도 선록을 잃어 초췌했었으므로 더욱 그렇게 보였는지 모른다. 파리나 로마에 비해 런던은 눈에 띄는 기념비적 건물도 적고, 더군다나 파리에 견주면 가로도 비좁고 꾸불꾸불하며, 날이 이슥해지지가 무섭게 가게는 문을 닫아버려서 쇼핑하기도 힘들어진다. 밤이 요란한 파리와는 달리 피카딜리 서클 등 몇 군데의 번화가를 제외한 런던 시가는 죽은 듯이 조용해진다. 그러나 고요로움이 보다 영국적이고 차분한 안정감을 갖게도 한다.

영국인이 그러하듯이 런던이라는 곳은 쉽사리 헤아리기 힘든 도시인 것 같다. 하지만 여유있고 자신에 넘쳐 역사의 영광과 함께 차분한 앙금이 서린 묵직함이 도사려 있고, 퇴색한 듯한 외관(外觀)의 그늘에 그 무엇인가가 감추어져 있는 듯한 무게를 지닌 도시라고 느껴진다.

차분히 파고들수록 재미나는 도시이다. 영국인은 바로 그러한 성격의 국민이듯이 말이다.

장중한 빅 벤 소리

내가 처음 런던에 묵었던 호텔은 웨스트민스터 사원에서 서쪽으로 뻗은 빅토리아 스트리트 뒷길에 있었는데, 호텔 테라스에서도 국회의사당의 시계탑이 바라보이는 거리였으므로 빅 벤(Big Ben)의 종소리가 제법 크게 들려 왔다. 이 국회의사당 탑 위 웨스트민스터 클록의 큰 시계종은 직경 9피트, 무게 13.5톤으로 1856년에 제작된 것이다.

그 이튿날 이곳에서 약 1킬로미터 남짓 떨어진 크롬웰 거리(Cromwell road)에 있는 펜 회의장인 펜타 호텔로 옮겼을 때에도 이 빅 벤의 종소리를 은은히 들을 수 있었다.

이 종소리가 과연 런던의 어느 구석까지 들리는지 자못 궁금했다.

제임스 조이스(James Joice와 함께 '의식의 흐름(Stream of

Consciousness'의 수법을 써서 20세기의 문학에 새로운 심리주의 분야를 개척한 여류 소설가 버지니어 울프(Virginia Woolf)의 장편소설<댈러웨이 부인>에는 이 대 시계의 종소리 묘사가 매우 빈번히 나온다. 울프는 이 작품에서 샘티머스의 하루와 클라리사의 하루를 극적으로 대조시켜 보는 대담한 실험을 하고 있는데 '인생 · 런던 · 6월의 한 때'를 매우 사랑하는 클라리사와 전쟁 때문에 발광하여 죽음의 망집(妄執)에 사로잡힌 샘티머스의 어두운 마음의 대비를 통해 2차원인 삶의 복잡한 표정을 훌륭히 부조(浮彫)시켜 나갔다. 그러한 작품 전체의 결구(結構)를 하나하나 매듭지어 보는 역할을 빅 벤의 소리가 담당하고 있는 것은 퍽 흥미롭다. 또 이 소설에는 여주인공인 댈러웨이 부인등 작중 인물이 아침부터 저녁까지 하루 종일 여러 시각에 런던시의 여러 장소에서 이 시종(時鐘)을 듣는 장면이 나오는데, 이 작품을 읽어보면서 빅 벤을 연상하고 그 가청(可聽)거리를 한가할 때 런던 지도를 펴 놓고 측정해 보면 퍽 재미있을 것 같다. 이 작품에도 묘사되었듯이 이 장중한 종소리는 정서적인 런던 시민에게는 더할 나위 없이 보배로운 것이지만, 나그네에게는 뭔가 모를 우수(憂愁)를 자아내준다.

영국 펜 본부의 안내로 회의 틈틈이 문학 투어(tour 旅行)를 했다. 첫날에는 창문이 넓은 관광버스에 분승에 하여 알버트(Albert) 다리가 놓여 있는 템스 강 북안(北岸)의 로열 호스피틀(Royal Hospital)거리 근방에 산재해 있는 문학가들의 집을 방문했다.

차가 번화가를 누비고 가는 동안 백발이 성성한 안내인은 이번 대회의 주제가 된 시인 키이츠(John Keats)가 그의 친구 베일리(Benjamin Bailey)에게 보낸 편지를 멋지게 낭송했다. 이 글에서 키이츠는 마음의 자애로움과 상상의 진실성만큼 성스러운 것은 없다.(I am certain of nothing but of holiness of the Heart's affections and the truth of Imagination)고 강조했던 것이다. 버킹검(Buckinghum) 궁전 앞을 지나 녹지대에 들어섰을 때 공원 한 모서리에 정열의 시인 바이런의 동상이 보이자 안내인은 사뭇 흥분된 어조로 '여기 키이츠에 버금하는 아니 그보다 더 로맨틱 했던 바이런의 동상이 있습니다'라고 말하면서 바이런의 유명한 <잘 있으라(Fare the well)>를 멋들어지게 암송하자, 박수가 터져 나왔다. 나중에 안 얘기지만 그 안내인은 안내를 멋있게 하려고 술을 마셔 거나해 있었다는 것이다.

첼시 교(Chelsea Bridge) 서쪽, 템즈 북안(北岸)의 녹지에는 16세기 초의 영국의 산업사회를 비판하고 이상적인 국가상을 그린 <유토피아>로 유명한 토머스 모어(Thomas More)의 동상이 있고, 여기서 조금 더 걸어가면 바터시(Battersea)다. 근처의 이축(移築)된 그의 생가가 있다. 건물의 현관문 위에는 이 집의 건설자 크로스비(Sir John Crosby)와 모어의 상(像)이 부조(浮彫)되어 있고 그 옆에 또 하나의 모어 동상이 서 있다. 모어는 런던 태생이지만 반역죄로 런던탑에 감금되었다가 단두대(斷頭臺)의 이슬로 사라지자, 그의 집이 퇴락해 버렸으나 다행히 그가 사들여 살던 크로스비홀이 여기에 옮겨져 보존되고 있는 것이다.

안에 들어가니 1941년 전격 전(Blitzkrieg)이라 이름한 독일 공군의 대공습 때 폭파를 모면한 구교회의 일부가 조립되어 있었다. 이것은 모어가 개인용 예배당으로 만든 부분이다. 남쪽 벽에는 16세기에 제작된 그의 기념비와 함께 새 회당의 그림이 걸려 있어 신구(新舊)가 잘 조화를 이루고 있었다.

칼라일의 다락방과 키이츠의 집

모어의 집 바로 근처 체인(Cheyne)거리 24번지에는 <의상(衣裳哲學 Sartor Resartus)>로 유명한 대수필가 토머스 칼라일(Thomsa Carlyle)이 47년간에 걸쳐 기거했던 집이 그대로 보존되어 있다. 그의 집 못 미쳐 체인윅 소공원에는 그의 동상이 우뚝 서 있고, 그의 집 현관문 왼쪽에는 그의 근엄한 모습이 부조되어 있다.

현관문을 들어서니 현관 오른쪽 벽에는 생전에 칼라일이 쓰고 다녔던 몇 개의 모자와 스틱이 걸려 있었다. 방안에는 칼라일 부처가 애용했던 가구 · 책 · 원고지 · 스케치 등이 전시되어 있는데, 이 집에서 제일 인상적인 것은 지붕밑 다락방 서재였다. 칼라일이 1853년 근처의 소음(騷音)을 막기 위해 170파운드를 들여 개축한 이 서재는 이 집의 4층에 해당되는 좌우는 낮고 중앙은 높은데 마치 말의 갈기털처럼 묘한 형태로 되어 있고, 중앙에서 직선으로 흘러 내리는 광선이 조명처럼 눈부셨다.

맨 아래층에 있는 식당은 시인 테니슨(Alfred Tennyson)이 처음으로 칼라일을 방문했을 때 여기서 담배와 술을 나누면서 장시간 환담했다는 곳으로 유명하다. 뒤뜰에 나가면 돌담에 둘러싸인 10평 남짓한 네모진 좁은 뜰이 있는데 그는 자주 여기에 나와 독서도 하고 책상을 마당에 내놓고 집필을 했다 한다.

그는 이곳에서 <과거와 현재(Past and Present)>를 집필했다고 하는데, 이 저서에서 그는 과거와의 대조로 근대 산업사회의 위기적 상황을 비판했는데, 역사 속에서 인간적 진실을 파악하려 한 그의 태도는 오늘날에 와서도 큰 의미를 갖는다.

마당 한구석에는 그의 부인과 애견(愛犬) 네로가 매장되어 있다. 1866년 부인이 먼저 세상을 떠나자 갑자기 활력을 상실한 그는 작위(爵位)나 서훈(敍勳) 등 일체의 영예를 사양하고 조용히 이 집에 칩거하고 있다가 1881년 2월 4일 타계했다. 곧 웨스트민스터 사원에 영장(榮葬)키로 결정되었으나 고인의 유언에 따라 그의 고향에 매장되었다.

이 근처에는 <애덤 비드 Adam Bede>로 유명한 여류 소설사 조지 엘리(George Eliot)이 잠시 살다간 집도 있다. 영국에서는 문인들이 잠간 살다 간 집도 누가 살든 둥근 청색의 표지판을 반드시 달게 되어 있다.

런던에 머무는 동안에 키이츠가 <나이팅게일의 노래(To Nightingale)>를 지었다는 그의 집과 그 근처에 있는 시인 윌리엄 엠프슨(William Empson)의 집을 방문하고 싶었다. 자유 시간을 틈타 넬슨 제독 동상과 라이온 상이 있는 트라팔가(Trafalga) 광장을 거쳐 고본(古本) 서점이 많은 차링크로스(Charing Cross)를 섭렵한 다음 옥스퍼드 거리를 가로질러 함스테드 거리(Hampstead road)를 한참 올라가다가 왼쪽으로 돌면 키이츠 그로브에 이르는데, 그 좌측에 키이츠의 집(키이츠 기념관)이 있었다.

마침 일요일이었기 때문에 유감스럽게도 기념관은 닫혀 있었다. 울타리 틈으로 안쪽을 들여다보았다. 백악(白堊)의 아담한 2층 건물이었고 현관문 언저리는 담쟁이덩굴로 예쁘게 둘러싸여 있는 품이 멋있었다. 키이츠가 그 나무 그늘에서 <나이팅게일의 노래>를 지었다고 하는 말베리의 나무는 담과 건물 사이의 잔디에 묘하게 구부러져 퍼져나가 이 때문에 집 왼쪽 끝은 가리워져 있었다. 키이츠의 라이프 마스크, 사랑의 편지, 머리털, 가구, 원고지 등이 진열되어 있다는 내부를 못본 것이 아쉬웠지만 <나이팅게일의 노래>의 분위기를 엿볼 수 있어 다행이었다.

이 골목에서 큰길로 나가면 바로 I · A 리처즈(Richards)의 계통을 이은 비평가요, 지적인 시풍으로 현대인의 심리를 묘파(描破)하는 시인 엠프슨의 집이 보인다. 3층으로 된 붉은 벽돌집으로 지붕 위에 몇 개의 커다란 사각 굴뚝이 우뚝한 전형적인 영국풍의 집이었다. 대단한 저택이었다. 시인이 이 정도의 집을 지니고 있는 것을 보면 영국 문인들의 생활수준을 가히 짐작할 수 있을 것 같다. 초인종을 눌러 보았으나 아무런 응답이 없었다. 일요일이라 아마도 집을 비우고 야외에 나간 모양이었다.

이 두 차례의 허탕을 만회(?)하기 위해 이곳에서 멀지 않은 파딩턴(Paddington)역에서 브리스톨(Bristol) 행의 기차를 탔다. 포프(Alexander Pope), 데포(Daniel Defore), 필딩(Henry Fielding) 등의 대작가가 활약했던 이른바 '18세기의 문인들의 사교장' 이었던 바드(Bath)에 가기 위해서였다.

약 40분 만에 바드 스파(Spa) 역에 도착했다. 구(舊)시가는 에이븐(Avon) 강으로 둘러싸여 있고 중심가에 로마의 공공(公共) 욕장(浴場)터가 있었다.

셰익스피어의 영광

브리타니아를 정복했던 로마군이 이 안개 짙은 지방에 이탈리아식 풍물을 재현(再現)시켜 보려고 기원전 54년경 이곳에 아쿼수리(Aquae Sulis)라고 하는 온천지를 건설했다. '수리'란 미네르바 신과 동일시되고 하는 여신(女神)이기도 하다.

로마에서 보았던 카라칼라 욕장(Term di Caracalla) 터의 규모나 한꺼번에 3천명을 수용했다는 디오클레티아누스(Diocle-tianus) 욕장에 견준다면 그 규모는 보잘 것 없지만 수면 82피트에 욕조(浴槽) 40피트를 둘러싼 1백10피트에 68피트의 홀이 그리이스 양식 원주(圓柱)를 두르고 있는 광경은 장관이었다. 로마의 욕장이 건강 촉진의 목적에서 출발했다가 후에 향락의 장소가 되었듯이 여기도 18세기에 이르면 <로빈슨 크루소>의 작가 데포가 1722년의 작품에서 '영국 각지에서 뭇 남녀들이 건강을 위해서만이 아니라 향락을 위해 여기에 모였다' 고 한다.

여기서 동남으로 1마일쯤 가면 프라이어 파크(Prior Park)에 이른다. 이 건물은 바드의 은인 앨런(Ralph Allen)이 조영(造營)한 것으로 포프나 필딩이 자주 초대되어 기거하던 곳이라고 한다. 필딩의 <톰 존스 Tom Jones>에 나오는 올워디(Allworthy)가 바로 앨런이며 이 근처에 있는 위드콤(Widcombe)교회도 이 작품에 자주 나온다.

영국의 온 식민지와 바꿀 수 없다던 세계적 문호 셰익스피어의 고향 스트레트포드 어폰 에이븐(Stratford-upon-Avon)은 런던에서 관광 버스가 매일 수십 대씩 떠난다.

기차로는 파딩턴 역에서 2시간 남짓밖에 안 걸린다.

중세풍의 조용한 마을 월익(Warwick)에서 내려 셰익스피어의 고향 버스 터미널에 내리면 연간 25만여 명의 관광객을 끌어들이는(이 마을 인구는 2만도 채 못 된다) 마을 거리에서 외국 관광객으로 붐비고 있었다. 터미널 근처에는 미국 자본의 힐튼 호텔이 새로 건립되어 있었다.

버스 터미널에서 브리지 스트리트를 따라 서쪽으로 걸어가면 좌측에서 뻗은 하이 스트리트와 마주친다. 이 거리를 건너 오른편으로 돌면 셰익스피어의 생가가 있다.

집 안뜰에는 그의 작품과 관계 있는 화초가 무성하고, 낡은 오크 목재의 계단을 따라 2층으로 올라가면 문호 탄생의 방이 있고 그 창가에는 저명한 문인들의 사인들이 있다. 여기서 하이 스트리트를 다시 내려가면 셰익스피어의 만년의 집인 뉴 플레이스(New Place)가 있고 그 뜨락에는 기념비가 세워져 있다. 그 맞은편 쪽에는 '매의 집' (Falcon Inn)이 옛 모습대로 남아 있다. 셰익스피어가 자주 다니던 술집이다. 이 술집 주인이 셰익스피어의 장례를 치렀다고 한다.

그 근처에 문호가 배운 그래머 스쿨(Grammar school)도 있는데, 생가(生家)보다는 이 근방이 보다 셰익스피어 시대의 면모를 느낄 수 있다.

에이븐 강가에 있는 셰익스피어 기념극장에서 연극 <한 여름 밤의 꿈>을 구경했다. 영국에서는 영화관이나 음악회가 끝나면 영국 국가를 으레 연주하는데, 이날 여기서 들은 국가는 여느 때와는 달리 자연스럽고 가슴을 치는 감동 같은 것을 느낄 수 있었다. 이 위대한 문호를 낳은 국가, 이 훌륭한 작품을 연출해서 보여준 영국에 대한 감사의 정이 우러나오면서 벅찬 감회에 사로잡혀 국가가 끝난 뒤에도 한참동안 저립(佇立)해 있었다. 예술의 위대함, 셰익스피어의 위대함에 새삼 감동하면서.

에딘버러 그리고 스코트와 매리

ㅁ 스코틀랜드의 자랑 스코트

런던의 킹스 크로스 역에서 급행으로 여섯 시간 남짓 북상하면 스코틀랜드의 수도 에딘버러에 도착한다. 거칠고 투박하지만 옛부터 문학과 예술을 사랑했던 이 고장 사람들의 흔적이 도처에 베어 있는 많은 기념유적들과 스코틀랜드 왕가의 비극적인 역사가 스며 있는 고풍스러운 성곽들이 잘 짜여진 문화의 중심지다. '북유럽의 아테네'라고 불리울만큼 아름다운 경치와 중세의 우아한 기품을 지니고 있기도 한 도시다.

에딘버러 구시가의 웨이벌리 역에서 중심가인 프린세스 스트리트로 접어들면 고전과 현대의 건축이 조화롭게 즐비해 있다. 길 한 켠에는 시민들을 위한 상점들이 늘어서 있고 다른 한쪽에는 에딘버러상을 배경으로 시인 스코트를 기리는 고딕 양식의 기념비, 마운드와 갤러리, 로스 야외극장들이 있다.

일찍이 스코트는 이미 젊은 시절에 스코틀랜드의 민요와 민화를 깊이 연구했는데 애국적인 작품들로 스코틀랜드 사람들의 감상적인 국가 감정에 불을 붙였고, <아이반호>로 일약 유명해졌다. 그는 계관 시인 워즈워드와 깊은 친교 관계를 맺고 있었다. 문호 괴테로 그를 극구 칭찬할 만큼 당시 영국 뿐만이 아니라 전 유럽에 널리 알려지고 그의 작품이 애독되고 있었다.

하지만 1826년 그는 동업자의 사업 실패로 말미암아 심한 경제적인 어려움에 봉착하게 되었고, 급기야는 글을 써서 빚을 갚겠다는 약속을 하고서야 채귀의 시달림에서 벗어나 무리한 집필 생활을 계속하다가 그로부터 7년 후에 죽음에 이르고야 만다. 그가 죽은 후 그의 채무는 저작권으로 충당되기는 했으며, 갑작스런 비극적 죽음을 애도하는 시민들이 성금을 각출하여 그의 애국심을 찬양하는 기념탑를 세웠는데, 지금도 에딘버러시 남쪽 언덕에 아담한 공원에 올연히 서 있다.

<호면(湖面)의 미인>과 <아이반호>의 작품 무대가 이 근방에 널려 있다. 이 근처에서 조망되는 옛 성은 시인 로버트 번즈가 '불굴의 모습으로 우뚝 솟은 위람한 성벽'이라고 노래부를 만큼 위용(威容)임을 실감케 한다.

장난감 병사가 같은 복장으로 관광객들의 인기를 모우고 있는 정문을 에딘버러의 상징인 성곽의 정문에 들어서면 안내 테이프를 나누어 준다. 우선 성벽을 따라 걸어가다 청동기 시대 숲으로 둘러싸였던 에딘버러에 이미 인류가 정착해 있었다는 사실에 놀라웠다. 이는 고고학적으로도 증명되었다고 하는데 '에딘버러'라

는 이름 자체가 어떻게 유래되었는지에 대해서는 확실치 않다고 한다.

ㅁ 에딘버러성과 메리여왕

아무튼 이 거대한 암석 위의 고성 에딘버러의 비롯됨이었고 주위 협곡의 물은 도시 방위의 역할을 담당하다가 18세기에 이르러 분쟁이 자주 일어나고, 또 다시 평화의 시가지가 도래하면서 점차 개조되어 프린세스가를 이룩하게 했다는 것이다. 여러 차례에 걸친 적에 침공에 의해 파괴되고 또 개보축된 이 성곽은 바로 스코틀랜드의 역사를 상징하면서는 대유적이기도 하다.

현재는 그 일부가 군부대로 사용되고 있는데, 변사를 끼고 돌면 스코틀랜드에서 가장 오래된 교회 건축물인 세인트 마가렛 채플이 있고 그 남쪽에는 사각의 크라운 스퀘어 광장이 있다. 광장 남동 쪽에는 후에 잉글랜드 왕위를 계승하게 되는 제임스 6세가 태어난 퀸 매리 아파트멘트가 있다. 왕이 태어난 방의 천정에는 왕 이름의 머리 글자와 '제국의 여왕'인 어머니 매리의 두문자인 M자가 장관에 둘러싸여 새겨져 있다.

스코틀랜드 여행 시 관광객을 가장 감동시키는 사연은 '비극의 여왕' 매리에 관한 얘기일 것이다. 불과 다섯살 밖에 안된 어린 나이에 약혼한 후 헨리 8세의 유일한 상속자인 여섯살의 에드워등과 정략 결혼의 희생양으로 6일만의 여왕이 되었다가 헨리왕의 죽음으로 프랑스로 건너가 열 다섯살에 결혼하여 프랑소와 2세의 왕비가 되어 '왕관과 화사'가 프랑스 궁전의 중심에 자리한지 불과 2년, 남편의 갑작스런 죽음으로 귀국한 매리 여왕의 재혼에는 정치와 종교 문제가 얽혀 있다.

그녀 자신은 당초 랍스부르크 가의 황태자 돈 카를로스와의 결혼을 희망했지만 그렇게 되면 잉글랜드 왕위 계승권을 상실하게 된다는 누이 엘리자베스의 주장 때문에 단념하고, 그 후 단레이 경과 재혼했으나 이 또한 엘리자베스의 반대를 무릅쓰고 감행했기 때문에 종교적으로도 잉글랜드 여왕과의 대립이 심화되면서 비극이 잉태된다.

당시 격동과 불확실의 스코틀랜드를 대표한 매리 여왕은 스코틀랜드, 잉글랜드 그리고 프랑스와의 분쟁이 빚어낸 희생물이었다. 역사가 마이클 존은 젊은 메리를 "자연스러움, 부드러움, 우아함, 고상함, 프랑스 궁전에서 배웠던 예절과 자연스러움, 즐거움과 관대함으로 말미암아 그녀와 가까이하는 사람은 누구나 그녀가 풍기는 자랑할 수 없는 신묘한 매력, 아름다움과 사랑스러움에 매료되고야 만다"라고 차탄하기도 했다.

신이 이같은 아름다움과 사랑스러움을 시새워였는지, 남편 단레이는 암살되고 곧 이은 보스웰과의 결혼에 분노한 군주들은 메리를 록레번성에 갇운 후 퇴위를 강요했으나 몰래 도주하여 엘리자베스 여왕의 보호를 받으며 복권을 기다렸으나 빙턴 암살 음모에 연루되었다고 하여 1587년 단두대의 이슬로 사라지게 된다.

이 같은 갖은 왕실을 둘러싼 음모와 피비린내나는 정쟁을 곧잘 영국 소설의 소재로 원용되고 있는데, 자칫 그 역사가 왜곡되기도 한다. 예컨대 영국의 대문호 셰익스피어는 "역사적 진실인 진실의 핵심은 맥베스의 손에 의해 던컨이 죽었다는 사실"이라고 서술한 라파엘 홀린세드의 왜곡된 서술을 그대로 믿고 맥베스를 매우 난폭하고 이성을 잃은 야심가로 묘사한 4대 비극 중의 하나인 <맥베스>를 완성한 것이다. 1040년 맥베스는 던컨 1세를 살해함으로써 스코틀랜드의 왕위에 올랐으나 1054년에 던컨 1세의 아들인 말콤 3세에게 노스 움버랜드 전에서 패배의 쓴 맛을 맛보게 된다. 말콤 3세는 즉시 맥베스로부터 왕관을 뺏지 않았으나 그를 심리적 공황에 빠지게 한 다음 살해하고 결국 왕위를 차지하게 한다. 비참한 복수극이었다.

맥베스가 통치할 당시만 해도 스코틀랜드는 잉글랜드의 영향을 받지 않고 독립 상태를 누릴 수 있었다. 만일 맥베스가 잉글랜드 군대의 도움을 받은 말콤 3세에게 패하지 않았다러면 스코틀랜드는 독립국으로 남아있었을텐데 라며 국수주의적인 스코틀랜드인을 지금도 이 사실(史實)을 아쉬워한다. 역사에서 가정(假定)이란 있을 수 없지만 만일 그랬더라면 오늘의 영국은 다른 형태를 지니고 있을 것이다. 이처럼 파란만장한 역사를 간직한 에딘버러는 많은 역사적 유물과 사화(史話)를 간직하고 있다. 그래서 중세풍의 우아한 기풍을 지금껏 니니고 있는 이 도시를 유네스코가 세계문화유산 도시로 선정한 것이리라. 특히 에딘버러성 앞에서 단레이 살해 등 비극의 무대인 홀리루드 하우스(성)까지의 '로얄 마일'을 거닐어 보면 그 까닭을 쉽게 이해할 수 있을 것이다.

또한 이 도시는 유명한 '에딘버러 축제'로 세계에 널리 알려져 있어 관광객이 끊이지를 않는다. 꼭 축제 기간이 아니더라면 이 거리의 분위기는 연중 축제 같은 느낌이 든다. 그 밖에도 이 도시에는 흄의 무덤,《국부론》으로 유명한 아담 스미스의 생가 등이 있다.

런던의 장난감 군인

영국에 머무르는 동안 펜 본부의 안내로 틈틈이 앞에서 서술한 문학 투어(tour 旅行)를 즐길 수 있었다. 첫날에는 창문이 넓은 관광버스에 분승하여 알버트 다리가 놓여 있는 템즈 강 북안(北岸)의 로열 호스피틀 거리 근방에 흩어져 있는 옛 문호들이 살던 길을 방문할 수 있어 영국체류 중 가장 보람 있는 날이었다.

이 여행 중 폐가가 되다시피 했던 토마스 모어의 집을 크로스비가 사들여 이를 개축(改築)해서 보존되고 있는 것은 퍽 감명적이었다.

검은 곰의 털로 만든 큰 모자와 붉은 자켓을 걸친 장난감 군인과도 같은 위병들의 교대로 관광 명소가 된 버킹검 궁전 앞에는 그 교대 시간에 맞추어 10시 반쯤에 가 보았다.

위병 교대식 광경을 찍기 위해 많은 관광객들이 모여 붐비고 있었다. 광장에는 빅토리아 여왕의 거대한 대리석상이 우뚝 솟아 있었다.

이 궁전을 왕국으로 정한 여왕의 1837년으로부터 1901년에 이르는 치세는 대영제국의 황금시대였으며 오늘날 우리가 보는 이 거대한 런던의 모습도 이 무렵에 그 기초를 닦았다고 한다.

64년이라는 장기간에 걸친 여왕의 통치 기간 중 국내적으로는 18세기 후반 이후의 산업혁명이 열매를 거두고 자본주의가 고도로 발달했으며 대외적으로는 식민주의의 팽창과 더불어 세계 최강국의 위치를 굳히게 되었다.

특히 이 시기에 자연과학의 급격한 발전으로 기계문명이 촉진됨으로써 전통적 사고의 붕괴를 초래하기도 했지만, 그러나 반면에 빅토리아적 도덕성이라고 일컬은 보수적 실천 도덕이 체면과 중용의 덕을 강조하며 국민의 정신적 안전판이 되어 물질적 안일을 비판없이 받아들이게 하는 역할도 하고 있는 듯이 보였다.

여창에서 느낀 시적 이미지

런던의 피카딜리 서커스(둥근 광장)는 어쩐지 요염한 데가 있어서 언짢지만 케임브리지 서커스나 옥스퍼드 서커스는 피카딜리 등의 잡답함과는 다른 '대도시의 즐거움'을 맛볼 수 있다. 마치 스티븐슨의 작품에서 곧잘 묘사되었듯이 바로 그런 즐거움 같은 것을 느낄 수 있다.

뿐만 아니라 스티븐슨은 '지상에 있는 그 자체'의 즐거움에 곧잘 젖곤했다. 그의 이와 같은 '호젓함'의 내감각(內感覺)은 '밤', '계절', '대도시의 모습', '전원 풍경', '구름', '바람', 등에도 짙게 응결된 그런 '두쇠에르(doucur)'다. 즉, 이 지상의 감미로움이 스민 '밤'과 '숲'과 '보리밭'과 '새벽녘의 냄새', 그리고 '밤비에 젖어 떠는 장미꽃'과 같은 '두쇠에르' 속에 그는 늘 탐닉해 있었다.

스티븐슨은 이와 같은 포에지에 충만해 있으면서 '호젓함', '가슴 뛰는 발랄함', '섬 해지는 무서움', '장엄한 아름다움' 등이 거기에서 우러나왔던 것이다. 디킨즈, 모음 등의 소설에서처럼 그런 '즐거움'과 '재미' (이 한여름 오후 무료할 때 즐거움을 예상하면서 읽어보려고 하는 소설의 재미)를 맛볼 수 있다.

스티븐슨의 마흔 넷의 생애는 그러한 것이었다. 늘 머나먼 곳을 동경하는 기분—먼 고장이 여러 마을의 숱한 사람들의 숙명(宿命)을 이상하게도 그리웁게 느끼면서 지켜보는 마음—이 이상스런 그리움을 부각시키려고 하는 형태로 묘사해 본 여러 가지 인생.

산다는 그 자체가 시(詩)인 것이다. 다른 모든 것을 깡 그리 떨쳐버리고 이 '감미로운 맛(douceur)' 만을 추구한다. 친한 벗들과 만나 식사를 나누고, 입고 싶은 좋은 옷을 입고, 사랑하고, 산책하고, 여행도 하고, 한가롭게 책을 읽기도 하고, 일하는—이런 모든 것이 '감미로운 맛'에의 매체(媒體)이다.

스티븐슨처럼 인생은 어쩌면 재미있기도 하고 즐겁기도 하며, 또한 멋 있다. 옥스퍼드나 케임브리지 서커스를 거닐면서 마치 환상적인 옛이야기처럼 삶의 호젓함을 느낀다.

콜린 윌슨의 <시와 신비주의>를 읽으면서도 내가 추구하고 있었던 '감미로운 노래의 영역'을 생각해 보았고, 또한 그런 영역이란 도스토예프스키가 추구하기도 했던 것으로, 지상에서 영원을 실현하는 것이라는 느낌이 든다.

어쨌든 문제는 우리들이 참으로 포지에(poesie)에 포착되어 청징하기도 발랄하며 또한 자유로운 기분이 될 수 있느냐의 여부에 달려 있다고 하겠다.

나는 그것을 '이데(idée)'의 '이마쥬(image)'의 결합이라고 이해한다. 즉 포에지는 '모든 게 호젓하다', '푸른 숲과 대지가 좋다' 등에 의해서 표현되는 이 지상의 생의 절대적인 긍정에 있고, 거기에서 움터 온 것이다. 그것은 현실의 삶에 흡수된 것에 대해 그 바깥에 나와서 그것을 '이마쥬'로 포착하여 '이데'의 매체로 삼는다. 그리하여 계속해서 그리하여 계속해서 포에지의 영역을 지켜 나간다.

하지만 때로는(때로는 이라고 하기 보다는 대부분은) 평범한 산문적인 회색의 일상 속에 실추(失墜)된다.

윌슨이 기지로 이 시적인 영역에서 눈뜨는 것을 외부에서 여러모로 썼다고 하는데, 나의 겨우에는 어디까지나 이 '이데'와 '이마쥬'의 결합에 의해서 그 속에 상상적으로 몸을 옮겨 놓음으로써 실현이 되는 것 같다.

'이마쥬=이데'란 순일(純一)한 것이 되고 현실 밖으로 뛰쳐나온다. 현실이 한 장의 그림이 된다. 우리는 일상 속에 파고들면 들수록 포에지는 우러나오지 않는다. 여기에서 탈각하여 '무(無) 속의 결핍' 속에 몸을 맡겨야 한다. 그리하여 흔히 자유로이 방황할 때 비로소 자유로운 희열이 우러나오는 게 아닐까!

인간이 소아(小我) 속에 칩거하여 안주(安住)하는 한 절대로 삶의 참 희열이란 없을 것 같다. 일체를 깡그리 버리고 자기 방기(放棄)가 철저히 이루어져 최저의 지점에까지 이르러야만 한다. 그 최저 지점에서 비로소 이 세상의 삶의 보람이 터득될 것 같다. 이때 비로소 이승에 있는 그대로의 은총적 존재로 받아들여질 것이다.

이 '포에지'에의 도취만이 시의 원천이다. 이 희열의 감정, 이 보람, 이 감사의 염(念)이야말로 시의 풍윤한 파동이다.

불평 불만이란 이러해야 할텐데 그러하지 못할 때 일어난다. 그런 욕심, 욕구를 깡그리 없애고 모든 것을 버려야 한다. 병들건, 어떤 언짢은 일이 있건 간에, 모든 것을 버리고 주어진 것에 만족하고 이를 은총적 존재로 느끼는 곳에서 시는 탄생할 것 같다. 여행에서 느끼는 고독감 탓일까, 아니면 유럽의 기독교적 분위기 탓일까….

아무튼 스스로를 일단 내동댕이치고 이 멋진 이승을(스티븐슨 같이) 바람처럼 희열 속에 흘러가는 것이다. 푸른 하늘을 보고 느끼는 희열을 빈털터리가 되어도 절대 빼앗기지 않는다. 병상에 누어 있을 때에도 표상(飄爽)한 바람의 감촉은 느껴진다. 그런 정조(情調)를 잃는다는 것은 자기 욕망 때문이다.

'없음의 결핍' 속에 몸을 맡기고 현재 속에서 생을 관조하며 늘 최저 지점에서 맴돌면서 자기를 버리고 일상 밖에 서서 대도시라든가, 구름, 푸른 하늘 등을 이마쥬로써 바라보고, 거기에 희열과 관대함과 자유와 인간의 생의 활발함을 나는 환기시켜 본다.

나는 불만, 불유쾌함을 불러일으킬 만한 현실적 관계를 초월한다. 실용적 세계의 주제로서의 의지 주체인 자기를 내동댕이쳐 본다. 세계를 오로지 이마쥬화 한다. '죽음에서 깨어났을 때' 와도 같은 기쁨, 신선함, 삶 그 자체가 멋있다고 보람된다는 그런 점에서—.

왜 그렇게 될 수 있을까? 이 이유는 단순하다. '있다' 고 하는 것은 '좋은 것' 이기 때문이다.

이 낮은 데서부터의 상승감(上昇感), 이것을 항상 잘 지탱해야 한다.

이 절대적인 최저의 지점에 몸을 맡긴 채 거기에서 은총적인 아름답고 즐겁고 멋있는 '경탄할 만한 것(merveille)'에 찬 마음으로 나는 이 지구를 바라보고 싶다. 그런 마음일 수 있을 때 비로소 성층권을 나는 비행기의 둥그런 창 밖으로 굽어보는 뭉게구름이 멈칫 동화적 존재로 느껴질 수 있을 것이다.

찰스 디킨즈의 집

문득 빅토리아 조(朝) 문학의 대표적 작가 찰스 디킨즈 생각이 머리에 떠올라 그의 살던 집을 안내해 달라고 부탁했다. 대영박물관 근처에 있다고 해서 둘을 한꺼번에 볼 수 있으면 일거양득이라 생각하여 예정했던 크리스탈 팰러스(水晶宮) 관람을 뒤로 미루고 러셀 스퀘어 쪽으로 향했다. 런던 대학 본부 건물이 보이는 광장 근처 대영박물관엘 먼저 들렀다.

과시 대영제국의 막강한 힘으로 전 세계에서 수집한 전리품(戰利品)의 전시장이라고 이를 만했다. 물론 입장료는 무료였다.

소장품의 내용이 가장 충실한 이 세계 문명의 보고를 찾는 관람객은 사계절 어느 때고 늘 이렇게 붐빈다고 안내인은 일러준다. 이 많은 입장객에게 입장료를 받아들인다면 엄청난 수입이 되리라고 혼자서 생각해 보았다. 대영박물관은 세계 무비(無比)의 고고학적 유물을 갖고 있는 박물관으로서 뿐만이 아니라 방대한 양의 학술 및 문학 서적을 소장하고 있는 도서관이기도 한 점에 새삼 놀랐다.

박물관 관람을 마친 후 광장 북쪽에 있는 타비스톡 하우스에 들렀다. 디킨즈가 1850년부터 약 10년 동안 살았다는 이 집은 런던과 파리를 무대로 해서 시드니 카튼의 헌신적 사랑을 그린 역사소설 <두 도시의 이야기>의 산실로도 유명한데 현재는 영국 의학협회에서 사용하고 있었다. 왜 다른 문학가의 집처럼 보존이 잘 안되어 있느냐고 안내인에게 물었더니 디킨즈 하우스는 따로 또 있다는 것이다. 1837년부터 수년간 살았다는 킹스 크로스 역 남쪽 그레인즈 인 로우드 서쪽 다우티 스트리트 48번으로 발길을 재촉했다. 이 집은 박물관으로서 잘 보관되어 있었다. 정의감과 선린(善隣)의 정에 넘친 사회 순화의 소설 <올리버 트위스트(Oliver Twist)>를 집필한 곳이 바로 집이라고 한다.

칼라일의 집처럼 그의 유물이 잘 보관되어 있었다. 이 집을 나와 1841년의 그의 작품 <골동품상>의 모델이 된 점포를 구경했다. 그레인즈 인 로우드에서 하이 홀보온 가로 꺾여지는 오른쪽 모서리에 있는 링컨 법학원의 뒤켠 포츠머드 스트리트에 있는 이 가게는 1567년에 세워진 것으로 낡고 허술한 집이었다. 주위의 현대식 건물 때문에 더욱 초라해 보이는 이 집은 정부의 특별한 배려에 의해 그대로 원형이 보존되어 있다는 것이다. 한낱 문학 작품의 모델을 이처럼 소중히 여기는 영국민의 자국 문학에 대한 긍지를 새삼 느끼며 감탄을 금할 수가 없었다.

우리는 다시 차를 타고 노던 라인의 함스테드 연못이 있고, 4백 43피트의 언덕 꼭대기에는 디킨즈가 자주 찾아갔다는 잭 스트로즈 캐슬이라는 파브가 있고 디킨즈의 방이라고 이름 지어진 방도 그대로 남아 있었다.

디킨즈가 이 방에서 그의 전기(傳記)를 남긴 죤 포스터와 비프스테이크를 먹었다고 한다. 여기서 다시 하이게이트 연못을 돌아 하이게이트 웨스트 힐의 거리에 나서면 그 동쪽에 하이게이트 묘지가 있는데 그 안에 디킨즈의 묘지가 있었다.

이튿날 내킨 김에 디킨즈의 고향까지 답사키로 하고 워털루 역에서 영국 남해안의 포츠머드 행 기차를 탔다. 한 시간 남짓 만에 인구 20여만의 아담한 군항(軍港) 도시에 내렸다. 역전의 번화한 코머셜 로우드를 남쪽으로 10분쯤 걸어가니 상점가가 끝나는 곳 좌측에 디킨즈의 생가가 있었다. 이 집 주변의 빅토리아 시대의 벽돌집은 거의 자취를 감추고 현대식 건물이 즐비해 있었지만, 디킨즈의 집만은 빅토리아의 고풍을 그대로 간직하고 있었다. 연립식의 2층 건물은 어려웠던 그의 어린 시절을 연상케 한다.

일층 서재에는 그가 사용했던 책상이 있고, 옆방에는 식탁과 큰 시계가 보였으며, 2층의 태어났던 방에는 침대가 그대로 놓여 있었다.

런던처럼 방문객 별로 없었으며, 문지기 청년은 조용히 앉아 책읽기에 골몰하고 있었다. 디킨즈가 이 집에서 살았던 기간은 약 2년 남짓으로 1814년에 해군 경리부의 서기로 있던 아버지가 런던으로 전근, 1817년에는 다시 켄트주의 채탐으로 옮겨 그는 이곳에서 소년 시절을 보냈다고 한다.

기왕 디킨즈의 발자취를 추적하는 김에 그곳까지 가 보기로 하고 다시 런던으로 돌아와 차링크로스 역에서 도버 행 열차를 타고 50분 만에 채탐에 내렸다. 타고 온 기차가 지나간 터널 위 언덕에 디킨즈가 살던 집이 있었다. 채스터를 이웃하고 석고질의 밝은 언덕을 뒤에 둔 이 아담한 도시의 거리와 부근의 풍물은 디킨즈의 마음에 깊은 인상을 주어 그의 자서전적 대표작인 <데이빗 코퍼필드(David Coperfield)>에 크게 반영되어 있다.

그 당시 그가 살고 있던 집에서는 바다가 한눈에 내려다보이며 잉글랜드의 정원이라고 불리는 켄트의 아늑한 풍경도 부감할 수 있다. 훗날 디킨즈는 이 무렵을 거의 유일한 행복했던 추억의 시절로서 그리워했던 그것은 어려웠던 그의 가정생활이 좀 나아진 때문만이 아니라, 이 고장 자체가 매우 정겨웠기 때문인 것 같다. 그러나 얼마 안 가서 집안 살림이 다시 기울어 이윽고 파탄에 이르자, 그는 구두약 공장의 직공으로 나가야 했고, 아마도 이 무렵에 받은 충격 때문에 그의 여러 작품에 내포된 기묘한 아이러니가 싹튼 것이리라.

언덕을 내려와 인접한 로체스터의 하이 스트리트 일각에 있는 이스트게이트 하우스에 들렀다. 여기에는 초오크의 갓스 힐에 있는 디킨즈 종언(終焉)의 집에서 옮겨 온 스위스의 산장풍의 서재가 있었다. 다시 하이 스트리트를 북상하여 로체스터 성에 오르면 메드웨이 강 저쪽에 백아(白亞)의 단애(斷崖)가 펼쳐진 곳에 채탐 마을이 멀리 보인다. 여기서 바라보이는 광경을 그는 <데이빗 커퍼필드>에서 '꿈처럼 보였다' 고 묘사했던 것이다.

성에서 내려와 차를 타고 30분 남짓 만에 바닷가에 조그마한 마을에 이르렀다. 인구 2만도 체 안되는 이 동해안의 휴양지는 디킨즈 가 '세계에서 가장 자유롭고 신선하며 알뜰한 곳' 이라 예찬했던 곳으로 작품 <바나비 러지>를 쓴 고장이며, 잔교 위의 단애에 남은 1853년작 <쓸쓸한 집>은 동명의 작품을 구상한 곳이기도 하다. 또한 빅토리아 퍼페이드의 서쪽 끝에는 또 하나의 디킨즈 하우스가 있다.

워즈워드의 고향

다시 런던으로 돌아와 이번에는 유스턴 역에서 칼라일 행 열차를 타고 옥슨호움을 거쳐 약 세시간 만에 윈더미어에 닿았다. 칼라일, 디킨즈와 마찬가지로 기계 문명의 비안간성에 반항은 죤러스킨의 임종의 고장이며 낭만주의의 대시인 윌리엄 워즈워드 등이 그지없이 사랑했던 땅을 꼭 밟고 싶어서였다. 이곳은 호수지방으로 국립공원의 입구로서, 인구 6천의 암블사이드에 있는 세인트메리 교회에는 워즈워드와 마슈 아놀드를 기념하는 창을 만들어 놓고 있었다. 여기서 북쪽으로 약 1마일쯤 호수가에 라이달 마운트라는 고장이 있다. 조그마한 시골 교회 바로 뒤쪽에 워즈워드가 1813년부터 80년 경까지 살던 집이 그대로 보존되어 있다. 호수가를 산책하다가 감기에 걸려 80년의 화려한 생애를 마친 집이 바로 여기라는 안내인의 설명에 가슴이 뭉클해 옴을 느꼈다.

그의 집 주변 풍경은 정말 아름다웠다. 그는 다른 고장에 가서 살 때에는 틈틈이 고향에 돌아와 이 고장의 자연을 즐기는 것을 가장 큰 낙으로 삼았다고 한다. 영국의 낭만주의를 싹트게 한 자연의 시인다운 서정이 족히 싹을 만한 고장이다.

호수의 대안에 솟은 산에 먹구름이 걸려 있었다. 오랜 가뭄 때문에 시달리던 탓인지 안내인은 나더러 저 먹구름을 보라면서 적이 안타까와 했다. 구름 한점 없는 하늘보다는 날씨의 변화에 민감했던 워즈워드의 시정(詩情)을 음미하기에는 오히려 알맞은 풍경이라고 나는 혼자 속으로 생각하면서 그의 <서정가요집>에서 읽었던 한 구절을 뇌어 보았다.

얼떨결에 불안에 휩싸여
초원의 풀잎이 스치는 소리에도
나는 소스라쳐 놀랐거니
저 하늘에 걸린 먹구름에도
나는 이렇게 떨고……

이곳에서 호반을 따라 북쪽으로 1마일 남짓 걸어가면 조그마한 마을이 있고 그 어귀에 '비둘기의 집'이 보존되어 있다. 이 집은 워즈워드가 1799년부터 약 10년간 살았던 곳인데, 그후 디킨즈를 외경(畏敬)했던 <영국 아편 흡연자의 고백>으로 유명한 토마스 드 퀸시(Thomas De Quincy)가 1827년까지 살았던 집이기도 하다.

근처 세인트 오스월드 교회에는 기념 비판(碑版)이 있었고, 이 교회 묘지에는 워즈워드와 그 처자의 묘지가 있었고, 그의 벗 새뮤얼 코울리지의 장남 하트리 코울리지 시인의 묘지도 보였다.

워즈워드가 일상적인 자연 묘사를 주로 한 데 반해, 코울리지는 초자연적이고 초연실적인 주제를 즐겨 선택하긴 했지만, 워즈워드의 영향을 크게 받았고 퍽 가까운 사이였다는데, 워즈워드의 집도 이곳에서 그다지 멀지 않았다. 시골 버스를 타고 호수 북부의 중심지인 케직에 이르렀다. 이 마을 메인 스트리트의 그레타 홀은 지금은 이 지방학교의 일부지만 1800년까지는 코울리지가 살았고, 그후 43년까지는 계관(桂冠) 시인 사우디가 살았던 곳이기도 하다. 이처럼 유명한 선배 또는 동료 작가의 집을 인계해서 사는 영국 문인들의 습벽을 퍽 흥미롭다고 생각했다.

이곳 스테이션 스트리트의 박물관에는 사우디의 유품과 워즈워드의 원고지가 전시되어 있었다. 여기서 북동쪽으로 10마일 가량 가면 워즈워드의 생가가 있는 코커마우스에 이른다. 메인 스트리트에 면한 그의 생가는 그대로 보존되어 있지만 그의 혼이 몰입했던 자연과는 거리가 먼 곳이라고 느꼈다.

1830년 라이달의 교회를 찾은 11살의 소년 죤 러스킨은 거기에서 워즈워드의 모습을 처음 보았지만 러스킨이 워즈워드와 가까이하게 된 것은 1839년 워즈워드가 옥스퍼드 대학에 명예 학위를 받으러 왔을 때였다.

그후 러스킨은 워즈워드를 무척 사숙했고, 그는 그의 출세작 <근대 화가론>의 표제지에 워즈워드의 시를 넣기까지 했다.

러스킨도 이 호수 지방을 사랑했고, 특히 어더웬트 호반(湖畔)의 경치를 '유럽에서 가장 아름다운 삼경(三景)' 중의 하나라고 찬미해 마지 않았다.

황혼에 물든 영국의 풍정

러스킨이 1871년부터 1900년에 사거(死去)할 때까지 살던 집이 코니스톤 호반의 브란트우드에 그대로 보존되어 있었다. '나는 호수와 그 근처의 산들을 제일 좋아한다'고 늘 말했다고 하는데, 이 호반 산록에 있는 그의 산장에서는 호수 대안에 코니스톤 올드만과 웨더람의 산등성이를 조망할 수 있었다.

러스킨은 이 집에서 집필한 <세인트 조지 신조>에서 '지상에 있는 모든 평온한 생활을 돕고, 온갖 자연미를 보호하는 데 최선의 노력기울인다'고 천명했는데 이는 '우리들의 도시는 궁전에 대신하여 방직 기계가 숲을 이룬 황야다. 그런데도 사람들은 헐벗고 있다. 우리의 짙푸른 숲은 공장의 매연으로 시들어 가고 사람들은 굶주리고 시달린다'라고 한 사회 비평에 대응하는 것이다. 그는 '기계의 시대'를 비판한 칼라일의 제자였던 것이다. 이건 또

'발명 시대의 창조물이 강력한 기계로서 조립되고, 생산되고, 또 한 전쟁과 같은 탐욕으로 쉴새없이 주야로 파괴하는 일에 힘쓰고 있다' 고 개탄한 워즈워드와도 공통되는 낭만주의적 반항이다.

1900년 1월 20일 악성 인플루엔자에 걸린 러스킨은 <근대 화가론>에서 극구 옹호했던 화가 터너의 그림으로 장식된 그의 방에서 조용히 눈을 감았다.

정부에서는 그를 웨스트민스터 사원에 영장(榮葬)하려고 했으나, 그의 유언에 따라 그가 평생토록 아끼고 사랑하던 이 아름다운 마을 교회에 묻혔다.

새찬 비바람 속에 집례(執禮)되었던 장례식에 이 마을 사람들이 거의 모두 나와서 그의 명복을 빌었다고 교회 목사는 내게 일러 주었다. 이 날도 이 교회 뜰에 세워진 앵글로색슨 양식의 십자가 묘표(墓標) 앞에는 마을 아낙네들이 묵도하는 모습을 볼 수 있었다. 이 교회에서 약 100야드 떨어진 곳에 있는 러스킨 박물관에는 그의 많은 유품들이 전시되어 있었다.

이처럼 낭만주의자들이 반항에도 아랑곳없이 영국의 '기계시대' 는 진행을 멎지 않고 '세계의 공장' 으로 영국의 번영이 유니온 잭이 해질 날이 없는 광대한 식민지의 토대 위에 구축되어 나갔다. 오랜 가뭄으로 누렇게 시든 영국의 자연 풍경을 바라보면서, 이제는 정치적으로나 경제적으로 사양화의 길은 치닫는 듯한 노대국의 편린을 보는 것 같아 애련한 느낌이 들었다.

역사의 앙금 서린 영국

ㅁ 옛 것에 대한 애착

코벨트 가든 시장 근처의 세인트 폴 사원 정문 앞에서 재미있는 비석 하나를 발견했다.

이 비문에는 다음과 같은 글이 새겨져 있었다.

이 지점 근처에서는
인형극이 곧잘 상연되었는데
새뮤얼 핍스가
1692년에 여기서 관람했다.

그리고 조그마한 글자로 '이 게시는 연극연구협회 · 모범연극

조합에 의해서 새겨진 것이다' 라고 덧붙여져 있다.

새뮤얼 핍스는 17세기의 영국의 관리요, 일기 작가이기도 했다. 뭇 사람들이 붐비는 요란한 장바닥에 버려진 하잘것없는 이 비석은 통행에 여간에 지장을 주는 것이 아니었는데도 오랫동안 옮겨지지 않는 채 그대로 그 자리에 놓여져 있는 것을 보고 나는 새삼스레 영국인의 전통의식을 실감할 수 있었다.

일반적으로 영국인에게 있어서는 '오랜(old)' 이라고 하는 말이 미국인에게 있어 '새로운(new)' 이라는 말이 지니고 있는 뉘앙스와도 비슷한 것 같다. 그것은 마치 그리이스 신화에 나오는 반인반조(半人半鳥)의 바다의 저령인 사이렌이 부르는 노래 소리와도 같은 매력을 제각기 지니고 있는 듯 싶다.

영국 정부에서는 오랜 유습(遺習)이나 제도를 고치려고 들 때마다 늘 맹렬한 반대에 부딪쳐서 좌절되곤 한다. 영국은 새로운 그레고리아 역(曆)을 채용한 마지막 서구 국가였다. 통화의 십진법(十進法)에의 개혁 문제 역시 한 세기 이상을 논란한 끝에 가까스로 실현되었지만 아직도 완전한 보급이 안될 정도로 영국인은 보수적이다.

하지만 영국에서 보는 많은 것들은 생각보다는 그렇게 숱하지는 않다. 대영제국의 자랑인 국회의사당은 템즈 강 기슭에 올연(兀然)히 서 있는 고딕 건축의 옛스러운 환상이고 운명의 고동(鼓動)과도 같은 빅 벤의 종을 간직하고 있다. 건물 안 복도는 복잡하기 이를 데 없었다. 과연 시대를 지나 직접 중세의 노인이 된 것과 같은 정도인 것이다.

웨스트민스터 궁전의 역사는 매우 교훈적이다. 몇 세기 전의 옛날 재무 재판소 장부는 종이와 펜이 아니었고 V자형의 봉(棒)으로 기록했다. 그것은 마치 로빈슨 크루소가 무인도에 있을 때 날

짜를 기록하는 방법과 같은 원시적인 것이었다. 이를 개혁하는 데에도 족히 1세기는 걸렸다고 한다.

이와 같은 옛것에의 집착은 영국인으로 하여금 수집벽(蒐集癖)을 갖게 했는디도 모른다. 이 수집 취미는 영국의 전국적인 풍조인 것 같다. 런던 거리에는 각종 카드의 수집가, 우표 수집가는 물론, 하다 못해 성냥갑 · 담배갑 · 맥주와 치즈 라벨 수집가들의 특수한 수요에 응하는 점포들이 적잖이 눈에 띈다.

마치 찰스 디킨즈의 <위대한 유산>에 나오는 하뷔샴 양의 집에 온 손님처럼 영국에 와 보면 절로 수집벽의 충동을 느낀다.

마침 <다일즈>지에 다음과 같은 기사가 나와 있는 것을 보고 짐짓 놀랐다. 즉 어느 바다 새의 알이 세계적으로 겨우 일흔 다섯 개밖에 없는데 그 가운데 마흔 다섯 개를 영국이 소유하고 있고 미국 열 네 개, 프랑스는 일곱 개, 독일이 다섯 개, 홀랜드가 두 개, 그리고 덴마아크, 포르투갈, 스위스가 각각 한 개씩엔데, 어제 매출된 여섯 개의 알이 전북 영국 수집가에 의해서 매수되었다고 자랑삼아 보도하고 있었다. 이 하나로도 영국의 수집열을 가히 짐작할 수 있겠다.

이처럼 영국 사람은 수집 취미에 열광적이다. 특히 그들은 과거를 수집하고, 과거에 골몰하고 과거를 창작해 낸다.

ㅁ 고고학에의 관심

우리나라 대학에서는 가장 인기없는 학과의 하나가 고고학과

(考古學科)이지만, 영국에서는 고고학자가 되는 것이 선망(羨望)의 적처럼 되어 있다. 최근 런던의 국민학생과 중학생들을 상대로 「장래에 어떤 사람이 되고 싶으냐」는 설문을 낸 결과를 집계해 보니 세 학생 가운데 한 사람 꼴로 고고학자가 되고 싶다는 놀라운 사실이 밝혀졌다는 것이다. 이는 아마도 영국 BBC 방송국의 인기 프로의 하나인 「고고학 강좌」의 영향 탓이라고 풀이되고 있다. 이 프로의 담당자인 고고학자 M · 윌러 경과 케임브리지 대학의 G · 다이엘 교수는 영국 가정에서는 대 스타 이상의 명성을 떨치고 있었다.

또한 영국 고고학자들의 업적은 세계적으로 널리 알려진 사실이다. 쿠 노소의 궁전, 울의 죽음의 동굴, 니므루드의 날개 달린 사자, 사탈 위유크의 신석기시대의 집락(集落), 바빌로니아 홍수의 기록판 등의 세기적인 발굴 및 발견은 모두 영국 고고학자의 빛나는 업적들이다.

현대적 고분 발굴의 기술은 P 리비어스가 개척했고 토기편(土器片)의 엄밀한 분류는 F · 피트리가 체계화했고, O · G · S · 클로포드 대위는 항공사진의 고고학적 가능성을 처음으로 생각해 냈다. 영국의 암호 해독자들이 처음으로 미케네의 선(線) 문학B를 해독해 냈다. 이러한 과거에의 도전을 「근대 고고학의 에베레스트」라고 세계적인 성가(聲價)를 올린지도 이미 오래인 것이다. 세계 열강으로서 영국은 이제 가장 사양(斜陽)의 길을 내닫고 있기는 하지만 고고학만은 의연히 해질 날이 없는 제국으로 군림하고 있다.

영국은 지금 경제적으로 매우 어려운 고비에 놓여 있지만, 아직도 막대한 비용을 들여서 예루살렘과 이라크, 앙카라와 동 아프리카, 이집트와 페르샤, 그리고 물론 아테네와 로마 등지에 고고학의 전진기지(前進基地)를 유지하고 확충하는 데 조금도 인색해하지 않는다. 물론 이는 모두가 영국 고대유물 연구위원회를 통해서 엄격히 통제를 받는다고 한다.

국내에서는 발굴 작업을 추진하기 위해서 각 주(州)마다 고고학 협회가 설립되어 정부의 고대 기념비 감독서(古代記念碑監督署)와 고대유물 연구협회(古代遺物硏究協會)가 착실히 고고학 연구원을 훈련 · 보충하고 있다.

영국은 지중해 연안만큼 풍부한 고고학적 자료를 지니고 있지는 못하지만 지중해 연안국들이 미처 자기네들의 유물을 찾기 전에 영국인은 가는 족족 개가를 올리고 있고, M · 윌러 경이 말한 것처럼 「만약 영국 자체가 고대문명의 연구에 있어서 주요한 전장(戰場)이 못되고, 또한 앞으로도 그럴는지는 모르지만, 영국은 우리들의 야전군(野戰軍)으로서 적어도 이상적인 훈련장」이라고 이를 정도로 고고학과 문화인류학에 대한 관심과 교육이 대단한데 놀라움을 금할 수가 없었다.

하지만 이 「야전군」은 영국에 대해서도 몇 가지 흥미있는 성찰을 보여주는 많은 발견을 제시하고 있다. 그 하나는 영불해협(英佛海峽)의 폭(幅)이 결정적인 중요성을 지니고 있다는 사실이다.

이 해협은 지리적으로 볼 때 지호지간(指呼之間)에 있는 좁은 해협이지만 많은 침입자들이 일단 이 섬에 들어오면 이를 쉽사리 동화해 버릴 만큼 넓은 공간이기도 하다. V · 고든 챠일드는 <유럽 문명의 여명>이란 명저에서 이를 잘 설명해 주고 있다.

전투적인 비카 족 등의 도래(渡來) 등 많은 침략자들이 이 섬에 들어와서 동화되었고 로마군 역시 영국을 정복했지만 그 주민들을 로마화하는 데는 실패하고 말았다. 다만 로마군은 로마의 몇가지 가치있는 유물을 이 섬 나라에 남겨 놓았을 뿐이다. 즉 웨일즈의 도로망, 그리고 런던과 같은 전통의 앙금 서린 중후한 여러 도시들이 바로 그것이다.

로마시대를 연상할 수 있는 풍경은 영국 여행 중 도처에서 엿볼 수가 있었다. – 시골의 별장, 교회, 욕장(浴場), 극장, 도시의 벽, 이정표(里程表), 해협의 성채(城砦), 그리고 등대조차에서도 이를 느낄 수 있는 것들이 많았다. 七천 마일에 달하는 로마시대의 도로가 현 지도 상에도 실려 있다. 영국을 자동차로 드라이브할 때, 곧장 일직선으로 길게 뻗어 있는 도로를 달리면 으레 안내인은 이 도로를 만든 최초의 기사(技師)는 아마도 라틴계 사람이었을 것이라고 설명한다. 하지만 이런 대사업에도 불구하고 이들에 대한 기록이 연국에선 별로 찾아볼 수 없다고 하는데, 아마도 이는 그들이 영국에 동화되어 도래인(渡來人)이기를 꺼려했기 때문이었는디도 모를 일이다.

ㅁ 세계를 망라한 보배 창고

부름즈베리에 있는 과거의 창고, 즉 대영박물관은 전술한 것처럼 세계를 망라한 엄청난 고대 유물의 보고(寶庫)이다. 이 박물관은 엄청난 그 규모와는 달리 겉모양이 거무죽죽하게 퇴색해 보인다. 19세기 영국의 대비평가 월터 페이터가 이곳에 와서 「그 아무리 대단한 존재라 할지라도 영원히 젊어 있을 수는 없나 보다!」라고 개탄한 곳이기도 하다.

그만큼 이 박물관에는 고대의 앙금이 그대로 서려 있다. 입구에 들어가 계단 쪽을 바라보면 커다란 이집트의 조상(彫像)이 우뚝 저립해 있다. 그리스에서 운반해 온 엘긴 대리석 부조(浮彫)를 위해서 마련한 새로운 건물의 일각 역시 얼음집처럼 싸늘했고 조각상들은 시체실에 놓인 시체처럼 음산해 보였다.

위층의 바빌로니아 실은 퍽 인상적이다. 이곳에는 칼디아의 울에서 경(卿)이 발견한 슈멜의 보물이 전시되어 있다. 1922년 레오나르도 경은 우연히도 이 죽음의 동굴을 발견했다. 거기에는 일흔 네 사람의 뼈다귀가 고스란히 그대로 흩어져 있었다. 대부분 여자의 골격이었다. 이들은 아마도 영주(領主) 또는 가장(家長)과 함께 살해된 것으로 추측되고 있다.

그런데 바로 이 동굴에는 어울리지 않는 희한한 유물이 발굴되었다. 즉 금빛으로 된 꽃의 향내를 맡으려고 앞다리를 들고 뒷다리로 서 있는 산양(山羊)과 황소의 머리로 장식된 수금(竪琴)이 바로 그것인데, 이 악기는 이제까지 발견된 가운데 가장 오랜 것으로 알려져 있다. 그리고 연주자는 각각 일곱까지 헤아릴 수 있는 계산기가 붙은 게임판을 지니고 있다.

이 처참한 학살의 현장에 있던 악기라는 점에서 소름끼치는 전율 같은 것을 느끼게도 한다. 이 학살 장소에서의 유품는 지금으로부터 약 四천 五백여년 전의 것으로, 트로이 함락보다 천년이나 앞섰던 시대의 것이다.

위층의 어둠침침한 벽의 그늘에는 아스테가 족의 유품 컬렉션이 있었다. 퍽 이채로운 이 유품들은 콜티스의 멕시코 정복 시대에 기독교의 왕에게 감명을 주기 위해서 보내 온 재보(財寶)들이다. 비취를 박아넣은 두개골(頭蓋骨)과 인골로 만든 단검(短劍) 등은 등골이 오싹해지는 끔찍한 것이었다. 작은 박물관 같으면 가장 좋은 자리에 전시할 법도 한 진귀한 것들인데도 이곳에는 하도 진귀한 것들이 많아서 한쪽 구석에 놓여 있는 것이다.

이 근처의 밀든 홀에서 제4세기 로마인 또는 로마화한 브리튼 사람의 가족들이 썼다는 대형 은그릇들이 전시되어 눈길을 모으고 있었다. 직경 三피트쯤은 되어 보이는 이 그릇은 당시 사람들의 음식량을 짐작하게 하여 그저 놀라울 따름이었다. 이 그릇에는 여러 이교도(異教徒)의 붐비는 모습들이 그려져 있어 이채로왔다.

세계의 여러 유명 박물관들은 그 나름대로 각각 고유한 컬렉션을 자랑하고 있으나 이 대영박물관의 경우는 세계 각 문명의 유물을 골고루 갖추고 있어서 범(汎) 문명적인 성격을 지니고 있는 점이 특수하다.

파리의 루브르는 회화와 조각이 주가 된 미술관으로서의 특성이 있고 뉴욕의 메트로폴리탄은 고고학적인 자료와 회화 사상의 명작들을 골고루 전시하고 있는데, 이 대영박물관은 각종 고고학적 자료, 옛 문서, 희귀한 초판본의 책 등을 주로 전시하고 회화나 미술, 조각품 등은 상설 전시하지 않고 있는 점이 세계의 다른 유명 박물관과 유별되는 점이기도 하다.

전시 방법은 각종 유물이 항상 전시되는 상설 전시와 특별한 목적을 위해서 하나 또는 몇 개의 전시실을 치우고 하는 특별 전시가 접종하여 열린다.

상설 전시에는 유물들이 품목별, 출토 지역별, 그리고 시대별로 잘 분류되어 전시되고 있었다.

아래층의 동쪽 회랑(廻廊)에는 세계적 희귀본, 세계 역대 우표가 놀랄 만큼 수집 · 전시되어 베토벤 등이 명곡을 썼던 육필 악보가 내 눈길을 끌었다.

이곳에서 본 우리나라 대형 불화(佛畵)도 길이 잊을 수 없는 감명이었다.

신용과 질서

영국은 노쇠하여 병들어도 런던 시티만은 생동하고 있었다. 불과 한 평방 마일에 지나지 않는 이 구역이야말로 시들어 가는 영국을 지탱하는 대심장의 구실을 담당하고 있는 듯싶다.

템즈 강 좌안, 런던 타워 근처에 있는 이 시티는 온통 은행 간판들로 꽉 차 있다. 유명한 영란(英蘭) 은행을 비롯해서 낯익은 로이드 · 웨스트민스터 · 버클리 은행 등이 즐비해 있는데, 이 시티 안에서 연간 2백억 달러 이상의 「유로화」가 움직인다니 참으로 놀랍다.

제 아무리 정교한 컴퓨터나 과학적인 관리 방법이라 할지라도 런던 시티의 고색창연한 전통이나 질서를 따르지 못한다는 것이다. 시티는 오로지 신용과 불문율에 의해서 돈을 빌리고 빌려준다고 한다.

런던 시티는 런던 안에 있지만 독특한 위치에 놓여 있는 구역이다. 시장(市長)도 따로 있고 경찰도 따로 있다. 그러니까 완전한 상업금융 구역으로서 낮에는 백여만의 인구가 붐비지만 밤만 되면 썰물처럼 사람들이 빠져나가 만 명 정도만이 상주(常住)한다.

이곳은 오랜 옛날부터 상업 · 금융의 중심도시였지만 제2차 세계대전 이후 유러 달러 시장이 이룩되고 난 다음부터 더욱 세계 금융 센터로서의 자리를 굳히게 되었다.

런던 시티에 유러 달러 시장이 이룩된 것은 영국 상인의 빈틈없는 운영력과 확고한 신용 때문이다. 지나간 30년대의 대공황 때에 세계 각처에서 은행 파산이 접종했지만 이곳에서는 단이곳한 건도 없었다 한다. 그만큼 이곳 은행들은 완벽한 신용을 자랑한다. 이러한 신용 때문에 대전 이후 이곳에는 저절로 「유로화」 시장이 형성되기에 이르렀다.

석유 파동으로 아랍 산유국(産油國)들이 벼락부자가 되었을 때 그 엄청난 돈을 가장 안심하고 맡길 수 있는 곳이 바로 이 런던 시티의 은행이라고 믿기에 이른 것이다.

병든 영국 경제는 신용하지 않지만 런던 시티의 금융 시장에 대한 신용만은 아직도 확고 부동하다. 이곳은 바로 세계 금융의 저수지인 것이다.

세계적인 문호 셰익스피어가 다듬은 영어는 그 어휘 또한 다양하여 문학적이지만, 또한 「영어는 장사꾼의 말」이라는 말이 있듯이 영국인은 장사에 능하다. 이제는 유럽 가운데에서도 조그마한 나라로 퇴색해 버렸지만, 한때는 유니온 잭이 해질 날이 없을 정도의 대국이었고 세계의 상권(商權)을 쥐고 흔들었다.

그러한 잔영(殘影)을 이 런던 시티에서 느낄 수 있다.

그렇지만 일단 런던 거리에서 무슨 물건을 사자면 그처럼 불편한 곳이 없다는 생각이 든다. 영국인들은 우리나라 사람들처럼 악착스럽게 돈을 벌어 보겠다는 생각이 별로 없는 것 같은 생각이 든다. 다시 말해서 필요하면 와서 사 가라는 식의 배짱이다.

런던의 상점은 오후 여섯 시만 되면 일제히 문을 닫는다. 백화점은 물론 조그마한 상점에 이르기까지 깡그리 철시 상태가 된다. 물론 관광객을 위한 상점이나 약품이나 일용 잡화를 파는 몇몇 상점은 열려 있지만 말이다.

상점들은 문을 닫은 다음에도 쇼윈도우에 불을 켜 놓고 모든 상품을 가격표와 함께 진열해 놓는다. 거리를 지나는 행인들은 밤에 「아이 쇼핑」을 한다. 눈여겨 두었다가 점심 시간 같은 때 물건을 산다. 상점에 들어가 보면 우리나라처럼 점원이 많지 않다. 현금수납원(캐셔) 한 명이 지키고 있을 뿐이다. 손님들은 필요한 물건을 골라 캐셔에게 가지고 가서 돈을 지불해야 한다.

그런데 여기서도 영국인들의 특성이 잘 나타난다. 두 사람 이상이 밀리면 곧 줄을 선다. 이처럼 영국인들은 어디서나 둘 이상이 모이면 줄을 서서 차례를 기다리는 습관이 있다.

그건 택시를 탈 때는 물론 노점에서 물건을 사는 경우에도 마찬가지이다. 하지만 대부분의 노점은 큰 상점처럼 그렇게 붐비지는 않는다. 런던 서민들은 구석구석까지 발달한 수퍼 마켓이 있는데도 불구하고 싼값과 자유로운 분위기를 찾아 노점을 이용한다. 인기 있는 노점 앞에서는 제법 마치 무슨 배급이나 타려는 사람들처럼 길게 줄지어 늘어서 있는 영국 시민들의 행렬을 보고 영국이 어려운 상황 속에서도 지탱해 나가고 있는 그 저력(底力)을 짐작할 수 있을 것 같았다.

런던 거리의 상념

어제 차링크로스 서점가에서 샀던 콜린 윌슨(Colin Wilson)의 <시와 신비주의(Poetry and Mysticism)>를 다시 뒤적거려 보았다. <성(性)의 일기>, <아웃사이더>, <지성과 반항> 등은 우리나라에도 번역 소개되어 읽어보았지만, 이런 시론이 있는 줄은 짐짓 몰랐다.

「앵그리 영 맨」의 세대를 대변하는 영국 평론가의 작품을 본고장에서 읽은 감회 탓인지, 내가 추구하고 있었던 것이 무엇인가를 이 책은 말해 주고 있는 것 같다.

「요행스럽게도 나는 장황한 논의를 할 필요성을 느끼지 않는다. 나는 비교적 간단하게 이를 정의할 수 있다. G · K · 채스턴이 『막연한 좋은 소식』이라고 한 것을 문득 생각하게 된다. 그건 모든 게 좋다는 당돌한 감정이다. 세상이 그렇게 보이지 않는 사람이란 정말이지 어리석은자이며 일종의 색맹(色盲)이라고 여겨진다. 그것을 가장 확실히 맛볼 수 있는 것은 성적(性的) 절정감의 소용돌이 속에서이다. 나는 이따금 대기 속에서 봄을 느꼈을 때 그런 기분을 맛본다. 이제부터 쉰다, 라고 생각했을 때에도 그런 기분을 느낀다. 병상(病床)에서 일어났을 때에도 가끔 이런 기분에 젖는다. 포오의 <군중의 사람>의 첫 문단(文段)을 보라. 윌리엄 B · 예이츠는 런던의 커피숍에 앉았을 때, 이따금 아무런 이유도 없이 이런 기분에 젖곤 했다 한다.

나의 쉰 살의 해는 왔다가 그리고 갔다. 나의 고독 속에서 침윤(浸潤)되어 붐비는 런던 커피숍에 나는 앉아 있었다. 대리석의 테이블 톱 위에는 책 한권이 펼쳐져 있었고, 컵은 빈 채로였다. 나는 점포를 둘러보고 길 바깥을 바라보고 있었다. 그때 문득 내 몸은 희열에 불타 올랐다. 그리하여 이십 분 남짓 동안 행복감에 도취되어 나는 축복받는 것 같은 느낌이었고, 누군가를 축복해 줄 수 있을 것 같은 기분이었다.

「…… 이들 모든 예에서 매우 명료하게 드러나는 것은 어떤 사물을 있는 그대로 바라보았을 때 우리들은 창졸간에 즐거워하라는 명령을 체험하고 있다는 그런 감정이 있다」

이 몇 귀절을 런던 한복판에서 읽으면서 나 자신도 뭔지 모를 세찬 환희 같은 것을 느낄 수 있었다.

내가 추구하고 있었던 것은(펜 토론회 이후) 윌슨 류로 말한다면 시의 원천이 기도한 이 「생의 희열」의 감정이 아닐까. 물론 그런 감정은 서울에서의 일상생활 가운데(특히 연세 숲에서 있을 때)에서도 이따금 세차게 느끼곤 했다.

하지만 나는 그것을 더욱 근저(根底)에서 그것이 인간의 항상스런 상태일 수 있게 지탱되도록 하기 위해서는 어떤 조건이 필요할까에 대하여 자문해 온 것이 아닐까. 어떤 사람들에게는 절망의 시대처럼 보이기도 하고, 추악함과 경련(痙攣)과 배덕(背德)과 도로(徒勞)밖에는 현실을 있는 그대로 바라보고 환희의 감정을 경험한다고 하는 것은, 그 자체가 골계(滑稽)이고 그로테스크한 것이 아닐는지 모르겠다.

그러나, 한편으로 시란 인간 존재의 긍정적인 부르짖음에서 비롯되는 것도 사실이다. 예컨대 「절망」이라고 부르짖었다고 해도 그것은 그렇게 외침으로써 실은 희망의 실체가 부정적인 형태로 존재하는 것을 고백하고 있는 것처럼, 인간은 비참한 것을 노래하고 악(惡)에 전율하고 있는 동안은 아직도 인간은 희망을 운위하고 있는지도 모른다.

요컨대 문제는 그러한 것의 전체를 딛고 선 그 위에 보다 격렬한 환희의 감정에 의해서 인간 존재를 포괄하는 것이 아니어서는 안된다. 매일매일의 불안, 위구(危懼), 공포를 눈앞에 두고 이를 초월하고 극복할 만한 깊은 신뢰에 의해 수호된 환희의 근원을 발견하는 것이 아니어서는 안된다. 하지만 과연 그것이 종교 없이는 가능한 것일까.

어디까지나 이성(理性)의 광휘(光輝) 아래에서 자기 도취나 자기 기만에 빠지지 말고 환희의 상태를 지탱할 수는 것일까.

나는 헉슬리가 그의 작품에서 자주 묘사했던 하이드 공원 언저리를 거닐면서 젊은이 · 학생들이 정답게 짝지어 걸어가는 모습을 바라보며, 만일 내가 예이츠라면 지금 이 순간 행복감에 충만하여 버킹검 거리의 무성한 플라타너스의 가로수도, 바이런 상 근처의 분수의 눈부심도, 카페의 테라스에 가득히 앉아 있는 사람들도, 축복받은 존재로서 뼈아픈 환희의 상념을 맛볼 수 있으리라.

그렇지만 아무렇게든 기분을 전환시켜 보아도, 하이드 공원에서 그로스베노 거리를 지나 버킹검 가를 따라 거닐고 있을 때 엄습해 왔던 감미로운 희열의 감정은 이미 어디론가 흩날려 버렸고, 나는 다만 「있는 그대로의」 런던 거리를 평범한 현실로서 바라보고 있을 따름이었다.

콜린 윌슨은 다음과 같이 서술하고 있다.

"오든은 <W · B · 예이츠의 추억> 속에서 그의 시에 있어서의 작용을 이렇게 정의하고 있다.

고통의 환희 속에서
인간의 실패를 노래하라

마음의 사막 속에서
회유의 샘을 뿜어내라

나날의 질곡 속에서
자유로운 인간이 얼마나 멋있는가를
발견하는가를 가르쳐라

시는 상상력에 의한 감정의 부조(浮彫)다. 시란 인간이 얼마나 멋있는가를 가르치지만 그것은 과학처럼 우주의 경이(驚異)를 시현(示顯)하는 것에 의하지 않고, 원망(願望) · 성취의 환상(幻想)을 창출한다"

만일 그렇다고 한다면 나도 또한 이 순간에 원망 · 성취의 환상을 통하여 이 런던의 거리들을 눈여겨봄으로써 이 시적인 지복(至福)을 누릴 수 있을는지도 모른다. 이 복잡하고도 끝없이 넓은 그러면서도 도시 한복판 이곳저곳에 원시림이 무성하고 곳곳에 역사의 앙금이 서려 있는, 이 고전적이고 단아(端雅)한 도시는 뭔가 원망 · 성취의 환상에 잠겨 있는 듯싶다.

그러다가도 문득 숲을 지나 잡답한 번화가에 이르면 다시 서울에서와 같은 현실을 느낀다. 하지만 그것은 욕망과 경제 법칙과 나날의 번민 속에 깊숙히 침전한 물적 토대 위에 숱한 층을 쌓아올린 인간적인 현실이 아니라면, 한낱 자의(恣意)로 재량(裁量)될 수 있는 공소(空疎)한 환영에 지나지 않으리라.

정신을 허약하게 만드는 것은 오로지 자의성이라는 사실을 나는 작품을 만들면서(문학 작품이든, 미술 작품이든) 터득하게 된다. 예술 작품을 만든다는 것은 확고한 외적 법칙을 스스로 이룩해 나가면서, 거기에 스스로를 따르게 하는 이중적 극기(克己)의 작업이라고 나는 생각한다.

그런데 의미에서는 외계란 결코 아름다와서는 안된다. 섣부른 겉치레로는 정신을 풍윤하게 할 수 없다.

나날의 현실은 오히려 평판(平板)과 같은 것으로, 추하고 어리석은 편이다. 여기에서 참스런 시의 과제가 비롯된다. 시의 괴로움과 기쁨이 잉태되는 것도 바로 여기서부터일 것이다.

그렇다고 한다면 내가 한산한 여름철 런던의 숲이 있는 거리와 번화가를 거닐면서 「있는 그대로」의 거리에서 사람들을 바라보는 것은 호젓한 일이다. 다만 중요한 것은 그 평범한, 놀라울 것 하나 없는 상황과 풍경에서 예이츠의 눈에 비친 런던의 잡답함처럼 돌연 해옥감을 환기시킬 수도 있다.

하긴 어느 짧은 순간, 그런 환희가 가슴을 스치고 달아나긴 했다. 하지만 그것이 마음의 자연스런 상태로서 항상 그러할 수 있을까.

그렇게 할 수 잇는 사람은 훌륭한 성인 군자나 뛰어난 종교가만이 아닐까. 이성(理性)에 의해, 의지에 의해 명석하게 사고하는 것을 업으로 해야 하는 우리네 같은 직업인으로서는 어쩌면 한낱 역설(逆說)로 끝나 버리는 것은 아닐는지.

나는 물론 성급한 해답을 기대하고 있지는 않다. 그렇지만 때로는 참기 힘든 갈증이 오늘과 같은 나날의 사막 속에 일순의 환영(幻影)을 그리고 싶은 충동을 불러일으켰다.

런던 내셔널 갤러리에서 놀란 그림

세계적인 규모를 자랑하는 런던의 내셔널 갤러리의 엄청난 소장품에 놀라움을 금할 길이 없었지만 그중에서도 가장 나의 시선을 끈 것은 유채화(油彩畵)의 창시자로 알려진 얀 판 아이크의 유채 판화 <아르놀피니 부부의 초상>이었다. 1434년 작인 이 화면의 박진력 있는 묘사하는 유화의 기법을 개발한 거장답게 철저한 사실주의의 흔적이 역력했다.

아이크에 의해 유화의 기법(그가 그의 작품의 눈부신 화면을 이룩하기 위해 어떤 媒材를 썼는지에 대해서는 여러 가지 假說이 있으나, 아직까지 확실히 모를 정도다)이 등장되면 회화의 표현 능력이 비약적으로 발전되기에 이르렀다고 하니 세계 미술사상 그의 위치를 가히 짐작할만하다.

그런 의미에서 중세 이래의 심볼 표현의 전통을 계승하면서 이를 일상적인 표현으로 끌어들여 새로운 시민적 실내 초상화를 창출(創出)해 낸 이 그림은 가위 새로운 회화 시대의 도래를 고한 획기적인 각품임에 틀림없다.

조그마한 화집의 복사화로 눈에 익은 그림이지만 82×59센티미터의 실물을 놓고 보니 그저 감개 무량할 따름이다.

이 화면에서는 모든 것이 마법(魔法)의 세계처럼 빛나 보였다.

무대는 별스런 변화도 없는 플랑드르의 부유한 상인 집의 내부로서 플랑드르 풍의 예복을 걸친 부부가 손을 쥐고 있다.

방 내부에는 부유층의 요란스런 장식물이 별로 보이지 않고 다만 호화로운 샹들리에와 뒷 벽면에 걸어놓은 凸면 거울과 다채로운 시트 등이 이 집 주인의 취미와 재력을 엿볼 수 있게 한다. 그리고 그 모든 장식물과 두 사람이 걸친 의상 등이 놀랍도록 정교하게 그려져 있다.

화면 왼쪽 창에서 흘러들어오는 북국스런 둔탁한 햇빛을 받아 반짝이는 샹들리에의 경질(硬質)한 금속 빛깔, 남자의 옷소매에 붙인 모피라든지, 부인의 모리를 뒤덮은 하얀 베일의 레에스 장식 등 손을 뻗쳐서 만져 보고 싶은 충동을 문득 느끼게 하는 생동적인 박진력에 넘쳐 있다.

이렇게 생각한다는 것은 아마도 내가 이미 아이크의 표현의 마술에 걸려들어 버렸다는 것을 의미하리라. 내가 어느샌가 오백여 년 전의 옛으로 돌아가 이 집의 손님이 돼버린 것이다. 높이 80㎝ 남짓한 이 화면 속에 내가 어느덧 끌려들어가 버린 것이다.

아이크는 이 작품을 그릴 때 어쩌면 이러한 효과를 계산에 넣었는지도 모를 일이다. 세세한 것에 이르기까지 철저하게 그린 사실성과 아울러 화면의 구도 전체가 보는 이를 끌어당기는 힘이 이 그림에는 분명히 있다. 천정과 벽으로 둘러싸인 사각형 방의 원근법적(遠近法的) 구성은 그 앞에 선 사람에게도 확대되어 그 부부와 통일한 공간에 있는 것처럼 착각하게 만든다.

더욱 놀라운 것은 벽에 걸린 조그마한 면경에는 불룩한 형태로 그 안 왼쪽에 열려진 창과 오른편의 붉은 침대와, 천정의 샹들리에도 비친다. 그리고 부부의 뒷모습도 섬세히 묘사했으며, 뿐만 아니라 그 뒤에 이 방의 입구가 반영되어 있고 막 문을 열고 두 사람이 들어오고 있는 모습까지 분명히 보인다.

즉, 이 화면만으로는 이 부부가 서 있는 방의 안쪽 반만 그려져 있는데, 이 거울을 통해서 방 전체가 재현되어 있는 것이다. 일찌기 화집에서는 전혀 느껴 보지 못한 절묘함이다. 「백문(百聞)이 불여일견(不如一見)」임을 새삼 수긍케 한다.

이 방을 바라보던 화가의 시점(視點)은 바로 입구 문 있는 데일 것이다. 그러고 보면 감상자도 역시 마찬가지 위치에 서 있는 셈이다. 내가 이 작품 앞에 섰을 때 부부가 있는 방에 초대된 듯한 인상을 받은 것도 아마 이 때문이리라.

거울에 비친 내방자 가운데 한 사람은 필시 아이크 자신이었는지도 모른다. 이를 증명이라도 하는 듯이, 거울 위 벽면을 유심히 보니 고딕 풍의 장식 문자로 「Johqnnes de eyck fuit hic,1434」라고 라틴어로 씌어져 있다.

이것은 이른바 화가의 서명이다. 중세에는 작품에 화가의 이름을 서명하는 예는 예외적인 경우를 제외하고는 매우 드물었던 것이 르네상스 기에 이르자 차츰 서명을 하게 되었는데, 이는 중세 때에는 한낱 무명의 환쟁이에 불과했던 화가가 차츰 오롯한 예술가로 성장해 가는 과정을 보여주는 것이라고 하겠다.

이 서명을 위효하고 여러 의론이 분분하고 심지어는 그림의 부부는 바로 아이크 부부라는 주장까지 있으나 현재 베를린 미술관에 아르놀피니의 반신상이 남아 있으므로 어림없는 주장이다.

그러면 무엇 때문에 아이크가 이 방에 왔을까 하는 점이다.

첫째, 이 그림의 두 모델은 완전히 전신상으로 그려져 있다는 점이 주목된다. 초상화라고 하면 반신상을 그리는 것이 예사이고 한꺼번에 두 전신상을 그리는 예는 거의 없다.

둘째로는 이 작품처럼 뚜렷한 현실적 실내라고 하는 무대 설정 속에 초상화를 그리지는 않는다. 대개 당시의 초상화는(지금도 그렇듯이) 무지의 배경에다 그렸다. 뒤에 <모나리자>처럼 자연의 풍경을 배경으로 그리는 예는 있지만 실내는 거의 없다.

세째로는 두 사람이 다만 실내에 서 있는 것이 아니라 무엇인가 맹세를 하고 있는 듯한 태도이다. 등장 인물이 뭔가 행위하는 초상화란 이 시대에는 거의 없었다.

이와 같은 특징을 종합해 보면 혼인의 의식임에 분명하다. 이렇게 되면 이 엄숙한 의식에 초대된 두 내방자의 의미도 분명해진다. 그는 그저 놀려고 이곳에 온 것이 아니라 이 신성한 의식의 증인으로서 입회하기 위해서 온 셈이 된다. 그래서 이 이상한 서명의 문구도 뚜렷한 의미를 지니게 된다.

자세히 보니 이와 같은 화면의 특수한 의미를 한층 분명히 하기 위해서 여러 가지 상징이 그려져 있다. 우선 금속 빛깔도 선명한 샹들리에를 유심히 보니 창밖은 밝은 대낮이고 방안은 밝을텐데도 이 샹들리에에는 촛불이 한 자루 꽂혀 있다. 물론 이는 방안을 밝게 하기 위해 켜놓은 것이 아니라, 중세 이래 혼례의 촉대(燭臺)라고 불리워지는 혼인의 심볼이다.

그 밖에도 거울 옆에 걸어 놓은 로자리오의 주수(珠數)라든가 의자 등에 새겨진 합장한 성녀(聖女) 마가레테의 목조상(木彫像)과 그 밑에 성스런 향유를 뿌린 성쇄모(聖刷毛)가 걸려 있는 등 그 섬세함이 그저 놀랍기만 하다.

벗기 힘든 귀족근성

오늘의 영국 예술은 혼란과 변화의 소용돌이 속에 허덕이고 있는 것 같았다. 즉 전반적인 상황은 영국 자신의 모습과 매우 흡사한 데가 있다. 그것은 어느 의미에 있어서는 힘찬 활력의 징표이기도 하고 다른 의미에 있어서는 심각한 국민적인 질환의 반영이기도 하다. 이를테면 여러가지 어려움(특히 정치적 · 경제적 곤란) 때문에 정신 착란에 가까운 국가적인 질병 같은 것에 걸려 있다고 비유하는 것이 어떨까.

신번영 시대의 국민이 보다 풍윤한 지적 생활을 새로이 추구하고 있음은 영국 어느 곳에 가봐도 곧 느낄 수 있었다. 런던이 국민들의 문화적 기회를 독점하고 있었던 것은 이젠 옛날의 이야기이고 지금은 어느 지방 도시에 가 보아도 고급 미술관이 한 둘씩 꼭 있었다.

또한 영국에는 이제까지 별로 없었던 상설 심포니 오케스트라 숱하게 늘어나고 있고, 런던의 오페라 상연 회수는 세계 각도시 가운데 가장 많다고 하며 새로운 연극의 상연수도 연극붐이 일고 있는 뉴욕을 능가한다. 새로운 극작가나 배우의 출현이 환영, 장려되고 있다.

신간 도서의 수도 세계 제일이며, 영국인이 공공 도서관에서 빌려 보는 수는 연간 5억부라는 경이적인 숫자를 기록하고 있다.

이와 같은 오늘날의 영국 문화의 발효(發酵) 상태를 요약하면 그것은 대사회 혁명의 일부이며 또한 하나의 징후라고 어느 문명 비평가는 신문 칼럼을 통해 주장하고 있었다. 그의 주장에 따른다면 모든 예술과 이를 판단하는 기준이란 사회 기구의 밑바닥에 솟구치는 강력한 추진력에 즉응하고 있다는 것이다. 이러한 관점에서 본다면 영국은 그 전통적인 계급 문화를 버리고 새로운 「대중문화」에로 발돋움하고 있다고도 볼 수 있다.

실제로 그러한 기운은 나그네로서는 잘 느낄 수 없는 일이고, 어쩌면 사회학적 관찰로서만이 가능할는지도 모른다. 영국 사회와 영국인의 성격은 너무나도 복잡해서 환경이나 태도의 미묘한 상위에 부응될 만한 풍윤함을 그들은 지니고 있으며, 기본적으로는 매우 끈기가 있어서 이러한 종류의 간단한 분석만으로는 그 동향을 충분히 파악할 수 없음은 물론이다.

영국 문화계가 변화를 일으키는 징조로는 새로운 작가들의 작품 내용이라고 한다. 단 시일 동안의 영국 체류에서 이를 습득하기란 매우 어려운 일이긴 하지만 새로운 작가의 작품 배경, 그 극본이나 소설에 나오는 등장 인물의 태도, 어쩌면 지저분하기조차 한 환경 등을 보면 「현실적」인 연극이나 소설을 추구하는 새로운 계층이 영국 사회의 저변에서 차츰 움터가고 있음을 말해주는 것이기도 하다.

비교적 보수적이라는 <타임즈>지의 문예 특집판(Literary Supplement)에서도 이러한 경향에 대해 '그것은 중산 계층 관객이나 독자들의 취미의 혁명이다. 그들은 일찌기 전위적이라고 비난했던 작품 속으로 차츰 끌려 들어가고 있다' 라고 코멘트한 기사를 볼 수 있었다.

요즘 많은 대중의 인기를 얻고 있는 노동 계층 출신의 아놀드 페스카는 소년 시절을 런던의 이스트 엔드 빈민가에서 보냈다고 하는데 그는 잡지 <앙코르>에서 그 무렵이 그립다고 서술했다. 그는 이 글에서 전형적인 영국인이 자기보다도 상위에 있는 계층 사람들을 대할 때 취하는 태도의 저류도 흐르는 질투와 동경의 미묘한 심정을 퍽 잘 설명하고 있다. '내가 꿈꾸는 세계의 어딘가에는 이러한 가정이 있을 것이다. 그런 가정이란 몇몇 그룹이 음악을 연주하고 연극도 할 수 있는 그런 넓이의 발코니, 친구들을 맞아 들일 수 있는 여유 있는 방이 있는 엘리자베드 왕조의 큰 저택에서 사는 가정이다. … 귀족은 품위 있고 또한 위엄과 감격을 지니면서 살아 가는 방법을 알고 있고 … 우리들은 귀족 폐지를 주창하기보다는 우리들 모두가 귀족이 되어 감격스런 인생을 보낼 수 있도록 여유롭고 충분한 시간과 장소를 가지고 위엄 있는 삶을 영위하는 게 좋다' 라고.

어쩌면 영국이란 나라는 제법 개방적인 사회에 접어들어 있어도 여전히 보수적일 수밖에 없는 사회인지도 모른다.

매우 뿌리 깊은 영국의 계층 사회의 보수성은 이처럼 쉽사리 흔들리지 않고 있다. 이들 특권층은 아직도 여러 분야와 많은 기관을 독점해 왔고, 이 점은 지금도 마찬가지인 것 같다. 그 가운데에는 잉글랜드 교회 · 육군 · 일부 대학 · 엘리뜨 학교 · 관료 · <더 타임즈>와 같은 언론 기관 · 「시티」라고 불리워지는 전술한 런던의 금융가 등이다.

이와 같은 특권 지배 체제의 하부 구조의 하나로 문단(文壇)이 있다. 거기에는 어느 시기에 이름을 떨치고 그들 서로가 인정하는 작가 · 시인 · 극작가 · 비평가 · 편집인 등으로 구성되어 있다. 오십 년대의 「앵그리 영맨」이 문단에 대해 큰 소리를 질렀던 당시에도 보수적인 문단은 중류나 상류 계층 출신자로 구성되어 있었다. 그들은 별로 고초를 겪지 않은 즐거운 소년 시절을 보냈다. 유명한 퍼블릭 스쿨을 거쳐 옥스퍼드나 케임브리지 대학을 나온 「신사의 나라, 영국」의 기준과 분위기가 깡그리 몸에 벤 사람들이다.

물론 그들 가운데에는 별로 유복하지 못한 어린 시절을 보낸 사람도 더러 있긴 하지만 그들 역시 일류교를 다니는 동안에 귀족적 사상과 스타일을 익혀 「신사」가 되어 버린 자들이다. 그들은 실제의 경험을 통해서, 또는 사교를 통해서 전통적인 지배체제하의 전형적인 인간형이 절로 되고 만다. 이러한 인간형을 <더 타임즈 리터러리 서플먼트> 기자는 다음과 같이 묘사했다.

'그들의 회상은 유모(乳母)들, 보리수 나무 그늘에서 마신 차 맛, 크리케트의 타구음(打球音), 옥스퍼드나 케임브리지 대학에서의 위트 넘치는 회화로 가득 차 있을 따름이다.'

‘기성’과 고등교육문제

오늘날 영국의 문화적 · 사회적 변화에 수반하여 「기성(establishment)」이란 말이 빈번하게 사용되고 있는 것 같다.

영국 국내의 움직임에 대해서 조금이라도 관심을 갖고 있는 이라면 누구나 이 말이 지니는 뉘앙스를 이해하고 있으리라.

하지만 이 쉬운 낱말을 구체적으로 설명하라고 하면 그 누구도 한 마디로 쉽사리 대답하기는 어렵다. 내가 만난 영국인들조차 그 답은 일정치가 않았다.

나더러 간단히 말하라면 「이스타블리쉬먼트」란 영국의 국민성과 영국이 세계에 내민 얼굴을 결정짓는 요소로 되어 있는 태도, 습관, 제도 등을 의미하는 것이 아닐까 하는 생각이 든다.

「이스타블리쉬먼트」란 제목의 여러 학자 · 문인 · 평론가들의 논문집까지 나와 있는 것을 보면 영국인들 사이에서도 이 문제가 얼마나 심각하게 논의되고 있는가를 잘 알 수 있다.

요즘 부쩍 많이 쓰이고 있는 이 말이 지니는 의미에 대해서 적어도 내가 펜 회의 때 만난 영국 작가나 편집인들들은 이런 화제만 꺼내면 퍽 열을 올리고 있었다. 아마도 이와 같은 관심은 요즘 이곳의 한 사회 현상인 것도 같았다. 헨디 페어리라는 주간지 기고가(寄稿家)는, '이 말이 너무 지나치게 유행되어 왔던 것 같아요. 대학 교수, 소설가, 시인, 극작가, 작곡가, 연주가, 배우, 극평가, 문학평론가, 화가, 악단 지휘자, 심지어는 골동품상에 이르기까지 이 말을 자기네들이 제일 싫어하는 권력가들을 지칭하는 말로도 요즘은 쓰고 있으니까요' 라고 못마땅해 하기도 했다.

이처럼 남용되기도 하고 또한 정의하기도 힘든 이 말은 본시 국교회(國敎會), 즉 법률적으로 기초가 굳어진(이스타블리시된) 잉글랜드 교회라는 뜻에서 비롯되었다고 한다. 일찌기(1534년) 국왕 헨리 8세가 로마 카톨릭 교회와 인연을 끊고, 잉글랜드 교회를 독립시킨 이래 이 종교 단체는 본질적으로 국가와 동일시되었을 뿐만이 아니라 영국의 생활이나, 정부를 지배해 온 사회 단체나 경제 단체와도 동일시되어 왔다.

영국을 통치하는 국왕도 「신앙의 옹호자」로서 대대로 법률상 이 국교회의 일원이어야만 했다.

여러가지 의미를 내포하는 「이스태블리시먼트」는 으레 국교회로부터 품위 있는 「레저」에까지 확대된다. 국교회 성직자들의 사회적 지위의 범위는 요즘에도 계속 확대되고 있다는데, 전형적인 교회 목사는 전통적으로 중류 또는 상류 계층 출신의 「신사」였고, 지금도 마찬가지라는 것이다. 그들은 훌륭한 각급 학교에서 크리케트와 럭비를 배웠고 옥스퍼드와 케임브리지 대학의 연례 행사인 보트 경주는 마치 우리나라의 연고전(延高戰) 처럼, 아니 그보다 더 요란하다. 그들은 물론 두 학교 중 어느 한 대학에 다닌 사람들이다.

영국의 지배 체제가 끈질긴 것은 그 소속원들이 몇 대에 걸쳐서 굳게 다져져 왔기 때문이다.

이곳 사람들이 일반적으로 말하는 지배체제가 지니는 최고의 미덕(美德)은 잉글랜드의 엘리트 학교 즉 퍼블릭 스쿨의 운동장에서 배운 것이라고들 만한다. 영국의 지배체제를 지탱하는 정신의 본질이란, 워털루 전투는 '이튼 학교의 운동장에서 이긴 것이다' 라는 유명한 웰링튼 공작의 말 속에 잘 나타나 있다. 이러한 표현 속에는 지배체제에 대한 몇 가지 기본 개념이 내포되어 있다고 보는데 그것을 이렇게 요약할 수 있을 것 같다. 즉 전투에서 이긴 것은 물론 장교이지 병사는 아니다. 장교는 반드시 신사라야 한다. 그들은 신사가 되기 위해 이튼 등 명문 퍼블릭 스쿨에서 수업했다. 이들 학교에서는 럭비 등 힘겨운 운동과 체벌(體罰), 라틴어, 그리스어 등 지 · 체 · 덕육(知 · 體 · 德育)을 엄격히 받았다. 그 결과 양질의 영국인 전형의 성격과 전시나 평화시를 막론하고 한 단 아래에 있는 계층 사람들을 지휘할 충분한 적응력이 터득된다는 것이다.

오늘날 영국에서는 모든 분야에서 서서히 변화가 움터가고 있으므로 이러한 전통적인 지배체제 역시 조금씩은 달라져 가고는 있었다. 가령 이튼 등의 퍼블릭 스쿨을 나오지 못했고, 크리케트를 해보지 못한 「비신사」라 할지라도 이제는 육군 장교가 될 수 있다는 것이다. 하지만 내가 만난 각계의 지도층 인사들은 아직도 거의 모두가 퍼블릭 스쿨 출신들이었고, 불행히도 퍼블릭 스쿨을 다니지 못한 사람들은 되도록이면 이를 은폐하려 들었으며, 딴은 그렇게 처세하는 것이 유리하다고 들었다.

영국에서는 아직도 문벌(門閥) · 학벌(學閥)이 매우 중요시 되고 있는 것 같았다. 특히 잉글랜드가 더 심한 듯했다. 잉글랜드는 스코틀랜드나 웨일즈보다는 지배 체제와 이에 수반되는 사항들이 더욱 뿌리 깊기 때문이라는 것이다.

하류층 출신의 잉글랜드인이 체제 밖의 사람이라는 사실에서 야기되는 사회적인 핸디캡을 말끔히 씻어내기란 아직도 이곳에서는 퍽 어려운 일인 것처럼 느껴졌다. 일찌기 험구 극작가 버나드 쇼오가 '잉글랜드 사람이 말을 하면 반드시 다른 잉글랜드 사람이 말참견하고 미워하며 깔본다'라고 한 말은 이러한 저간의 사정을 잘 설명해주고 있다.

하지만 사회적 · 경제적으로 향상하는 길은 어떤 일을 수행할 수 있는 능력만 갖추고 있다면 이 나라에서도 길은 열려 있는 듯했다. 그것은 고등교육을 받는 일이다. 그래서 영국 역시 대학에 진학하려는 학생들이 자꾸만 늘어나고 있는 실정이라고 한다.

영국의 대학제도는 퍽 간단하게 요약될 수 있음을 이곳에 와서 나는 실감했다. 즉 옥스퍼드와 케임브리지 두 대학과 기타 대학들로 나뉜다.

영국의 대학은 우리나라처럼 국 · 공립, 사립의 종합 대학, 각종 단과 대학 등의 구별이 없다. 대학 수준은 유럽이나 미국 수준보다 한결 더 높다고들 만나는 교수마다 자부하고 있었다.

그러나 영국의 대학 교육은 이제까지 일반 교양 부문에 중점을 두고 있었으므로 기술 부문이나 응용과학 분야의 교육은 독일이나 미국 수준에 미치지 못한다고 대학 순례를 동행했던 독일인 평론가 C씨가 내게 귀띔해 주었다.

케임브리지의 한 인문분야의 교양학 교수는 '가령 기술 공예 같은 것이 다른 본격적 학문과 동등한 대우를 받거나 응용과학이 적어도 학문상 인문과학과 동등하게 존중된다면 곤란하다' 고 힘주어 강조하고 있었다. 그에 반해 옥스퍼드 대학 교수로 강력한 개혁론자이기도 하다는 비어린 교수는 이렇게 자기 심정을 내게 조용히 술회해 주었다.

'구식의 영국 일반 교육은 대학에서 훌륭한 인재들을 많이 배출해 냈지요. 교양 있고 지적(知的)이며, 책임감이 강한 인간, 민완관료, 품위 있는 고귀한 프로페션(교수 · 법률가 등 고급 직종) 계층을 낳았던 것만은 사실이애요, 하지만 이 교육제도는 기술 교육의 향상이라는 점에 대해서는 별로 신경을 써오지 않았어요, 기술분야란 직업과 직결되는 저급하고 시야가 좁은 배움이라고들 여겨 왔지요. 영국 교육의 약점은 바로 이런 데에 있었어요. 몽테뉴나 H · 월포올과 같은 생애만을 동경하고 추구하기에는 세상이 너무 변모했어요. 한국이 기술과 무역 면에서 영국을 육박하고 있는 것은 기술 교육의 강화 탓 아니겠어요? 학문의 현대화란 휴머니즘의 현대판이 아니겠어요? 이러한 전문화 교육이 비인간적(또는 비인문적)이라고 비난 하고 기술 부문을 포함한 전문가를 양산(量産)해 내지 않는다면 우리 영국의 쇠퇴는 더욱 가속화될 것 같아요'

라고 장탄식이었다. 머잖아 영국도 과학 발달에 따른 불가피한 세계 추세를 조만간 어쩔 수 없이 따르게 되리라.

어느 나라나 다 마찬가지이겠지만, 영국에서도 교육의 확대를 요구하는 압력이 결국은 대학에 집중된다. 일찌기 별로 신통한 교육을 받지 못했던 사회층의 젊은이들이 이젠 우리도 대학교육을 받을 권리가 있다고 여기게 되었고 그러한 경향은 나날이 증대되고 있다는 것이다. 이른바 선발(選拔) 교육이라는 사고 방식이 대학 부문에서 큰 시련을 겪게 된 것이다.

교육이나 학문의 수준이 저하되지 않고 교육 시설을 되도록이면 확장하여 새로운 대학을 많이 세워야 한다는 것이 요즘 영국에서는 어디서나 큰 화제거리였다.

옥스퍼드와 케임브리지라는 명문만이 대학이라는 생각은 영국민들의 마음 속에 깊이 뿌리박혀 들어가려는 경쟁은 점점 더 격화되고 있다는 것이다.

옥스퍼드와 케임브리지가 「옥스포 케임브리지」라는 합쳐진 명칭으로 친하게 지내고 있는 것이 결코 우연이 아님을 새삼 현장에 와서 보고 느꼈다. 우리나라에서 「연고」냐 「고연」이냐 하고 다투는 것과는 퍽 대조적이다.

옥스퍼드와 케임브리지가 이처럼 너무나도 부각되어 있기 때문에 런던 대학을 비롯하여 지방의 이른바 「붉은 벽돌」 대학들의 존재가 희미해져 가고 있다. 이들 대학이 강철과 유리로 만드는 근대 건축술이 개발되기 이전의 건물들이어서 대부분 붉은 벽돌의 교사들로 되어 있어 이곳에선 이런 명칭으로 부르고 있었다.

「우리들은 옥스포 케임브리지보다 학문적으로 조금도 뒤지지 않아요. 그러하지만 옥스포케임브리지에는 우리들이 도저히 손에 넣을 수 없는 그 무엇이 있어요' 라고 개탄한 어느 지방 대학 교수의 푸념처럼 영국에 있어서의 명문 대학의 전통은 그렇게 쉽사리 무너질 것 같지는 않다.

■ 저자 약력

- 연세대 국문학과 및 동대학원 졸, 문학박사
- 전주대 · 연세대 교수 역임
- 하버드대 · 컬럼비아대 · 시드니대 교환 교수 역임
- 호주국립대 객원교수로 3여 년 간 한국어문학 강의
- 현대시인상 · 평론가협회상 · 시조시협회상 등 수상
- 교육공로상 · 국민훈장 등 서훈
- 시집, 기행문집, 평론집 등 저서 100여 권
- 여행인클럽 · 한국여행작가협회장 역임

커피 한 잔의 풍경

초판인쇄 : 2010년 10월 10일
초판발행 : 2010년 10월 15일

지 은 이 : 전 규 태
펴 낸 이 : 서 정 환
펴 낸 곳 : 수필과비평사

출판등록 : 1984년 8월 17일 제28호
주　　소 : 110-340 서울시 종로구 익선동 30-6
운현신화타워 빌딩 2층 208호
인 터 넷 : 전자우편 shina@shin-a.co.kr
전　　화 : (02) 3675-5633, 3675-5635

값 12,000원
ISBN 978-89-5925-758-4 03810